발견을 위한 한국어 의미론

명정희(明廷姬)

서강대학교 국어국문학과를 졸업한 후, 같은 대학원에서 국어학 전공으로 박사 학위를 받았다. 서강대학교, 가천대학교, 가톨릭대학교, 서울사이버대학교 등에서 강의했으며, 현재 서강대학교 언어정보연구소 학술연구교수로 재직 중이다. 한국어 의미론과 통사론의 접면을 심층적으로 탐구하고 있으며, 최근에는 한국어 문장구조와 의미, 운율의 상호작용에 대해서도 연구하고 있다.

서강학술총서

152

발견을 위한 한국어 의미론

명정희 지음

서강대학교출판부

서강학술총서 152

발견을 위한 한국어 의미론

초판 1쇄 발행 | 2025년 3월 27일

지 은 이 | 명정희
발 행 인 | 심종혁
편 집 인 | 하상응
발 행 처 | 서강대학교출판부
등록 번호 | 제2002-000170호

주 소 | 서울특별시 마포구 백범로 35(신수동)
전 화 | (02) 705-8212
팩 스 | (02) 705-8612

ISBN 978-89-7273-401-7 94700
ISBN 978-89-7273-139-9 (세트)

값 32,000원

* 잘못된 책은 구입하신 곳에서 바꿔드립니다.

* '서강학술총서'는 SK SUPEX 기금의 후원으로 제작됩니다.

책머리에

의미와 한국어 이야기다. 의미란 무엇이고, 인간이 의미를 구성하고 이해하는 과정은 어떻게 이루어지는 것인지, 우리가 사고하고 소통하는 데 사용하는 한국어 어휘와 문장, 다양한 구문들은 어떠한 의미를 지니고 있는지 이야기한다. 그래서 다른 생물 종과 달리 인간만이 지닌 언어 능력을 어떻게 바라볼 것인지 탐구하고, 언어 능력을 확인할 수 있는 새로운 한국어 의미 현상은 무엇이 있는지 발견하고자 한다.

이 책은 인간 언어가 전달하는 의미 현상이 궁금한 독자, 한국어라는 언어를 깊이 있게 알아 보고 싶은 독자, 의미를 설명하는 다양한 이론 중 형식 의미론의 기본적인 아이디어를 이해하고 싶은 독자들에게 특히 도움이 될 것이다. 이 책은 다음 두 가지를 염두에 두고 썼기 때문이다.

토대

언어는 우리의 사고와 소통의 근간이다. 글을 쓰며 스스로의 생각을 정리하기도 하고, 대화를 하며 다른 이와 서로 감정과 생각을 나누기도 한다. 이렇게 언어로 소통한다는 것은 의미를 주고받는 것이다. 한국어라는 개별 언어를 깊이 있게 들여다봄으로써, 우리의 모든 일상을 둘러싸고 있는 의미 현상의 본질을 이해하는 데 도움이 되기를 바라며 썼다.

관점

의미론은 본질적으로 언어학의 기반 위에 논리학, 철학, 심리학 분야의 성과를 바탕으로 성장하며 융합된 매력적인 학문이다. 의미를 설명하는 방향도 논리학적 관점인지, 심리학적 관점인지에 따라 달라진다. 이 책에서는 특히 논리학적 개념을 토대로 하는 형식 의미론의 핵심 아이디어들에 집중했다. 독자들이 의미를 설명하는 이론을 이해해서 이를 응용하여 문학, 컴퓨터과학, 경영학, 법학 등의 다양한 분야를 탐구하는 데 새로운 관점을 갖추는 계기가 되기를 바라며 썼다.

* * *

논리는 이미지가 나쁘다. 특히 인간의 언어처럼 삶의 비논리적 측면이 많이 녹아 있는 현상을 논리와 형식주의로 다루려고 하면 웃음거리가 되기 십상이다. 독자들도 형식 의미론에서 문장의 의미 도출 과정을 보고 '이게 의미야? 왜 의미를 이렇게 복잡하게 설명해야 하지?'라고 물을 수도 있다. 그러나 복잡해 보이는 문장 의미 도출 과정은 언어의 의미를 정밀하고 명확하게 표현함으로써 언어를 체계적으로 연구할 수 있는 도구가 된다. 또한 문장 의미 도출 과정을 이해한 후에는 그것이 모든 언어 현상을 포괄하지 못한다는 한계를 느낄 수도 있다. 하지만 이러한 한계는 형식 의미론이 예외적인 현상보다는 언어의 보편적인 본질을 다루기 때문에 나타난다. 이는 일반적인 언어 현상의 원리를 밝히는 데 집중할 수 있게 해준다.

이 책은 여러 형식적 기호를 나열하기보다는, 우리가 사용하는 언어의 의미를 바라보는 형식 의미론의 핵심적인 관점을 제시하고 함께 경험하는 데 중점을 둔다. 이런 맥락에서 국어학을 학술적으로 연구하는 전문가뿐만 아니라 언어 자체에 관심이 있는 이들이라면 누구나 이해할 수 있도록 논의를 진행하고자 한다. 그러기 위하여 형식 의미론의 전문 용어 자체보다는, 그러한 용어가 필요한 이유와 원리에 초점을 맞출 것이다. 그러면 독자들은 전문 용어보다 흥미로운 언어 현상 자체에 주목할 수 있을 것이다. 이를 통해 한국어가 보여주는 여러 의미 현상이 어떻게 체계적으로 설명될 수 있는지 발견하는 즐거움을 함께 누리기 바란다.

* * *

이 책은 앞서 출판된 이정훈 선생님의 『발견을 위한 한국어 문법론』, 정한데로 선생님의 『발견을 위한 한국어 단어형성론』의 궤를 잇는 '발견 시리즈'이다.

'발견'은 모든 연구 과정의 동기이자 연구를 지속하는 원동력이다. 연구 대상을 발견하고, 무작위하게 나열된 현상 안에서 특정한 패턴을 발견하며, 이를 설명하는 이론을 발견하고, 새로운 현상에 가설을 적용할 수 있다는 사실을 발견하는 것. 이 모든 과정이 '발견'의 연속이다. 이 책의 각 장은 [여는 대화]로 시작한다. 이는 독자들이 언어 자료 안에서 재미있는 언어 현상을 먼저 발견하기를 바라는 마음으로 썼다.

『발견을 위한 한국어 의미론』은 총 4부로 구성된다. 먼저 1부 '토대'에서는 '의미'의 의미를 탐구하고, 의미를 바라보는 관점과 의미와 세계의 관계를 논의한다. 또한 단어와 문장의 의미를 논의하기 위한 기본 개념들을 두루 논의한다. 1부는 이후 전개되는 논의의 기초가 되는 의미규칙과 통사규칙의 관계, 문장의 의미 해석 규칙인 합성성 원리에 대해 논의하여 이 책의 가장 핵심적인 내용을 제시한다.

이어 2부 '어휘의 의미'에서는 문장을 구성하는 핵심적인 어휘인 술어의 의미에 대해 다룬다. 여기서는 형식 의미론만으로는 포괄할 수 없는 술어의 의미 특성을 논의하며 어휘개념구조에 대해 논의한다.

3부 '문장의 의미'에서는 한국어 조사와 어미의 의미가 문장 의미 해석에 미치는 영향을 살핀다. 특히 양상, 시제, 상과 관련된 내용을 다루면서 가능세계의 개념과 내포 의미론적 관점을 상세히 논의한다.

마지막으로 4부 '구문의 의미'에서는 앞선 1부~3부의 논의를 토대로 한국어 보조용언 구문, 의존명사 구문에서 발견되는 주요한 의미 현상 몇 가지를 선택하여 면밀히 분석한다. 이 부분은 필자의 기존 논문 가운데 일부를 선별하여 수정한 것이다.

* * *

이 책은 기존의 많은 연구 성과들의 도움을 받아 집필했다. 그 과정에서 기존 연구들을 제대로 이해하고 반영하려 노력하였으나, 잘못 이해한 부분이 있을 수 있다. 미흡한 부분들은 독자 여러분의 지적과 충고를 바탕으로 지속적으로 보완해 나갈 것을 약속드린다.

이 책은 많은 분들의 귀중한 도움으로 완성될 수 있었다. 이 책을 시작하기 전부터 함께 토론해 주시고, 학문의 길을 인도해 주시며 한없이 베풀어 주시는 이정훈 선생님께 깊은 감사의 말씀을 올린다. 선생님께서는 거친 원고를 읽어주시고, 소중한 코멘트를 주셨으며 잘못된 부분들을 바로잡아 주셨다. 물론 이 책에 오류가 있다면 그것은 온전히 필자의 책임이다.

집필 과정에 지속적으로 관심과 조언을 주신 정한데로 선생님께도 감사하다. 일일이 언급하지 못했으나 함께 연구하며 서로를 응원해 준 동료와 선후배에게 감사하다.

그리고 강의실에서 초롱초롱한 눈빛으로 수업을 들으며 소중한 질문들을 던져 준 서강대학교 학생들에게 감사하다. 서강대학교에서 진행한 〈국어의미론〉 강의 내용이 이 책의 동기이자 기본이 되어 주었다. 학생들의 질문들은 끊임없이 나를 공부시키고, 성장시킨다.

또한 부족한 원고를 책으로 출판하는 데 동의해 준 서강학술총서 발행위원회와 서강대학교 출판부, 정교한 편집을 이끌어준 도서출판 하우에도 감사드린다.

마지막으로, 공부와 집필에 전념할 수 있도록 든든한 지원군이 되어 준 가족들에게 감사하다. 무엇보다 나의 삶을 의미 있게 만들어주는, 사랑하는 남편에게 고마운 마음을 전하며 이 책을 선물한다. 늘 응원해 주는 그에게 다음에는 좀 더 보람찬 기쁨을 선물하리라 다짐한다.

2025년 1월 10일

명정희

목 차

1부

토대

1장

의미란 무엇인가?

여는 대화 1

옹자와 은우는 대학교 동창회에 왔다.

은우: 오늘 동창회에 사람들 정말 많이 왔다.

옹자: 그러게. 오랜만에 동기들 볼 생각하니까 설렌다!

은우: 어! 우영우다!

옹자: 우영우? 우영우가 뭐야?

은우: 우영우가 우영우지, 뭐긴 뭐야.

옹자: 우영우가 사람 이름이야?

은우: 그래. 우영우가 박은빈이야. 저기 하얀색 옷 입은 사람 보이지? 저 사람이 우영우야.

옹자: 그렇구나. 박은빈~ 이제 기억난다! 그런데 왜 박은빈이 우영우야?

은우: TV 드라마에 나와. '우영우' 진짜 재미있었는데.
'우영우' 안 봤어?

옹자: 응, 안 봤어.

은우: '우영우'라는 드라마에 박은빈이 우영우로 나와. 한번 봐봐. 정말 재미있으니까.

옹자: 알겠어. 집에 가자마자 '우영우' 봐야겠다!

여는 대화 2

은우는 옹자를 좋아하는데 옹자의 마음을 잘 모르겠다.

은우: 우리 잠깐 이야기 좀 할까?

옹자: 그래. 무슨 말 하려고 이렇게 분위기를 잡는 거야?

은우: 다른 게 아니라, 요즘 우리가 매일 만나고 연락도 계속 하고 있잖아?

옹자: 그렇지? 근데 왜?

은우: 그래서 나는 우리가 삼귀는 사이라고 생각했어. 맞지?

옹자: 너랑 내가 삼귄다니? 그게 무슨 뜻이야?

은우: 그러니까 내 말은 우리가 사귀기 바로 직전 단계에 있는 관계라고 생각했다고.

옹자: 하하하! '삼귀다'가 신조어구나~! 재미있다. 그러니까 그 말은 우리가 사귀기 전에 썸타는 상태에 있는 사람들 중 하나라는 뜻이네?

은우: 그래! 나 지금 진지하니까 진지하게 대답해 줘.

옹자: 음, 미안하지만 나는 그 말이 우리한테는 성립하지 않는 것 같아.

은우: 뭐? 왜? 매일 만나고 연락하면 삼귀는 거 맞잖아.

옹자: 나는 '너랑 내가 삼귄다'가 성립하려면 은빈이나 태우처럼 매일 데이트를 해야 한다고 생각해. 이 세상의 수많은 삼귀는 사람들의 그룹에 우리가 들어갈 것 같지는 않아...

은우: 그래. 알겠어. 슬프지만 친구로라도 잘 지내자.

옹자: 그러자.

1. 도입

우리는 수많은 사람들과 소통하며 살아간다. 이것이 가능한 이유는 대화하는 사람들이 서로의 언어 표현을 이해하기 때문이다. 그래서 만일 상대방의 말이 무슨 뜻인지 이해할 수 없을 때에는 대화하고 있던 주제를 잠시 미루어 두고, 이해하지 못한 표현의 의미를 되묻거나 스스로 문맥을 통해 그 뜻을 파악하려 노력한다. 이런 점에서 의미(meaning)는 인간이 언어를 통해 소통하는 과정에서 인식하고 전달하는 핵심 요소다. 하지만 의미를 전달하는 수단인 단어(words), 구(phrases), 문장(sentences)과 같은 언어 표현은 쉽게 지각할 수 있는 것들인 반면, 의미 자체는 보이지 않는 추상적인 인식의 대상이라 이해하기가 쉽지 않다.

따라서 의미는 소통의 중심에 있지만, 그것을 탐구하고 이해하려면 체계적인 연구가 필요하다. 의미론(semantics)은 언어 표현의 의미를 연구하는 학문이다. 의미론의 궁극적 목적은 의미의 형성 및 해석 과정을 체계적으로 분석하고 설명하는 것이다.

그렇다면 의미론 연구의 대상인 '의미'란 도대체 무엇인가? 이 장에서는 이 질문에 대한 답을 제시함으로써 이어지는 논의의 토대를 다지고자 한다. 이를 위하여 의미와 세계의 관계에 대한 기본적인 수준의 논의에서 출발하여 점차 자료를 확대해 가며 이론을 다듬어나가는 방향을 취한다.

2. 어휘의 의미와 세계

2.1. 단어의 의미

의미는 언어로 의사소통하는 과정에서 인식하고 전달되는 대상이다. 이렇게 의미를 정의하면, 아래 예에서 보듯이 의미의 범위에 들어오는 대상이 매우 방대하고 추상적이다.

(1) 가. 선생님의 말씀은 하나하나 다 의미가 있다.
 나. 아까 네가 "좋아하는 사람은 있지만 고백할 수 없다."라고 했잖아. 그게 무슨 의미야?
 다. 내가 아까 한 말이 협박의 의미는 아니었어.
 라. 이도는 세종대왕을 의미한다.

위의 예에서 보듯이 '의미'라는 말은 일상 언어에서도 매우 폭넓게 사용되고 있다. 체계적이고 과학적인 의미 연구를 위해서는 일상 언어에서 사용되는 용어와 학술 용어를 구별하여 의미론의 연구 대상인 '의미'의 특성을 구체화해야 한다. 이를 위해 (1가)~(1라)에 쓰인 '의미'의 뜻을 분류해 보자.

(1가)의 '의미'는 선생님 말씀의 가치를 나타낸다. 구체적으로 선생님의 말씀과 그것이 청자에게 미치는 긍정적 영향 사이의 관계를 나타낸다. 이러한 용법은 일상 언어에서 흔히 사용되지만 이 책에서 다루고자 하는 의미의 범위에는 포함되지 않는다.

한편 (1나)의 '의미'는 발화된 말과 그 말이 함축하는 바 사이의 관계를 나타내며, (1다)의 '의미'는 화자의 발화와 그것을 통해 수행하고자 한 행위 사이의 관계를 나타낸다. 이 두 경우의 '의미'는 화자의 의도와 밀접하게 연관되어 있어, 언어 표현 자체가 지니는 의미와는 구별된다. 이러한 발화자 중심의 의미는 이 책에서 종종 다루게 될 예정이지만, 이 책에서 직접적으로 다루는 대상은 아니다.

마지막으로 (1라)의 '의미'는 이도와 세종대왕이 각각 지시하는 대상 사이의 관계를 나타낸다. 여기서 '의미하다(means the same as)'는 이도와 세종대왕이 지시(reference)하는 지시물(referent)이 동일함을 의미한다. 이 장에서는 주로 (1라)에 나타난 의미를 중점적으로 탐구하고자 한다.

(1라)에서처럼 단어의 의미는 그 단어가 지시하는 실제 대상과 밀접한 관련이 있다. 예를 들어 (1라)의 문장이 전달하는 의미를 이해하기 위해서는 이도와 세종대왕이라는 언어 표현이 각각 지시하는 실제 인물을 알아야 한다. 이처럼 언어 표현의 의미를 그것이 지시하는 세계 속 지시물(referent)이라고 설명하는 관점을 '지시설'이라고 한다.

의미가 세계 속의 어떤 것을 지시하는 것이라고 보았을 때 단어의 의미를 해석하는 과정은 단어와 세계 속의 대상을 연결시키는 것과 같다. 이는 아이들의 언어 습득 과정을 통해 쉽게 이해할 수 있다. 예를 들어 말을 배우기 시작한 아이가 엄마에게 지나가는 고양이를 가리키며 "저게 뭐야?"라고 묻는다고 하자. 엄마는 "저건 고양이야."라고 대답함으로써 '고양이'라는 단어와 실제 고양이를 직접 연결시켜 준다.

Poe AI를 사용해 생성된 이미지

이후 아이는 고양이와 비슷한 특징을 가진 동물을 볼 때마다 "고양이! 고양이!"라고 말할 것이다. 이처럼 단어의 의미를 안다는 것은 그 단어가 지시하는 대상을 다른 대상들과 구별할 수 있는 특징을 아는 것이고, 그 지식을 바탕으로 단어와 세계 속 실제 대상을 올바르게 연결할 수 있는 것이다. 이런 점에서 언어의 지시적 기능은 의미 이해에서 핵심적인 역할을 한다.

이러한 단어의 의미 해석 과정을 현실세계에서 우리가 사용하는 자연 언어(natural language)의 예를 가지고 좀 더 생각해 보자.[1]

1 자연 언어(natural language)는 인간이 일반적으로 사용하는 한국어, 영어, 중국어 등의 언어를 말한다. 이와 대조적으로 인공 언어(artificial language)는 특정 목적을 위해 의도적으로 설계된 언어를 뜻한다. 인공 언어의 예로는 프로그래밍 언어인 파이썬(Python), C, C++ 등이 있으며, 형식 논리에서 사용되는 논리 기호 체계도 여기에 포함된다.

(2) 가. 프레게는 위대한 논리학자였다.

나. [A] 졸업하면 어디에서 일하고 싶어요?

[B] 국립국어원이나 국립한글박물관에서 일하고 싶어요.

다. [A] 어떤 영화를 좋아하세요?

[B] 해리포터요. 해리포터가 너무 귀여워서 좋아해요.

(2)의 밑줄 친 '프레게', '국립국어원', '국립한글박물관', '해리포터'는 모두 이름(name)이다. 단어의 의미가 그것이 지시하는 대상이라고 할 때, (2가)~(2다)의 밑줄 친 이름이 나타내는 의미는 무엇인가?

(2가)의 '프레게'라는 고유 이름은 오래 전에 죽은 독일의 철학자를 지시할 것이다. 여러분들 중 누군가는 (2가)의 '프레게'가 어떻게 1848년에 태어난 그 철학자를 지시하는지 확신할 수 있냐고 반문할 수도 있다. 물론 '위대한 논리학자'라는 명사구에 의하여 설명될 수 있는 사람은 현실세계의 '프레게' 외에 또 다른 가능세계에 있는 누군가가 될 수도 있다.[2] 그러나 분명한 것은 (2가)를 발화한 화자가 '프레게'라는 고

2 '위대한 논리학자'는 한정 기술(definite description)구에 속한다. 확정 기술구라고도 번역되는 한정 기술구는 '한국의 대통령', '햄릿의 저자', '내가 2025년에 발간한 책', '내가 어제 만난 사람'과 같이 특정 사람이나 사물, 그것들의 집단을 가리키는 명사구이다. 한정 기술구는 이름과 마찬가지로 하나의 대상을 가리키지만, 이름과 달리 그 대상이 만족하는 조건을 기술함으로써 하나의 대상을 가리킨다. 영어에서 한정 기술구는 주로 정관사 'the'를 통해 명시적으로 표현된다. 한정 기술구 이론에 대한 심층적 이해를 위해서 러셀(Russell)의 「지시에 관하여」(On Denoting, 1905)를, 이에 대한 비판적 검토를 위해서는 스트로슨(Strawson)의 「지칭에 관하여」(On Referring, 1950)를 참고할 수 있다.

유 이름을 사용하여 지칭하고자 하는 사람은 화자가 떠올린 그 특정 인물로 한정된다는 것이다. 특정한 고유 이름에 의해 지칭되는 대상은 한 번에 여러 개체일 수 없으며, 우리가 생각해 볼 수 있는 모든 가능한 세계에서 동일한 하나의 대상만을 가리킨다. 크립키(Kripke)는 이처럼 현실세계와 가능세계를 막론하고 항상 동일한 대상을 지시하는 고유 이름의 특징을 바탕으로 고유 이름을 '고정 지시어(rigid designator)'라고 주장했다.[3]

한편 고유 이름은 (2나)B에 쓰인 '국립국어원'이나 '국립한글박물관'처럼 기관을 지시할 수도 있고 (2다)B의 '해리포터'처럼 영화를 지시할 수도 있다. 그런데 (2다)B에 쓰인 '해리포터'를 자세히 본 사람은 눈치챘겠지만, 현실세계에서는 하나의 고유 이름이 하나의 대상만 지시하지 않고 여러 대상을 동시에 지시하는 흥미로운 현상을 발견할 수 있다. (2다)B에서 '해리포터'라는 이름은 영화 작품을 가리키면서 동시에 그 작품의 주인공인 '해리포터'라는 인물도 지시한다. 이러한 현상은 우리가 실제로 사용하는 자연 언어에서는 고유 이름의 의미가 단 하나의 대상으로 고정되지 않을 수 있다는 점을 보여준다. 따라서 언

3 크립키는 이름과 한정 기술구의 지시 방식이 다르다고 보았다. 크립키에 따르면 이름은 고정 지시어로 모든 가능세계에서 동일한 대상을 지칭하는 반면, 한정 기술구는 가능세계마다 다른 대상을 지시한다. 예를 들어 '아리스토텔레스'라는 이름은 모든 가능세계에서 동일한 인물을 가리키지만 '플라톤의 유명한 제자'라는 한정 기술구는 아리스토텔레스 외의 다른 사람을 지칭할 수도 있다. 이러한 특성 때문에 크립키는 한정 기술구를 비고정 지시어(non-rigid designator)로 분류했다. 이와 관련된 논의는 『이름과 필연』(Naming and Necessity, 1980)에서 확인할 수 있다.

어 표현의 의미를 정확히 이해하기 위해서는 화자가 그 이름으로 지시하고자 하는 대상이 무엇인지, 그리고 대화가 이루어지는 사회 문화적 맥락이 무엇인지를 함께 고려해야 한다.

우리의 언어 현상에서 이름과 그것이 지시하는 대상 간의 관계에는 두 가지 특징이 있다. 첫째, 실제로 존재하는 대상인데도 그것을 가리키는 이름이 존재하지 않는 경우가 있다. 둘째, 전혀 다른 대상들인데도 우연히 같은 이름을 가지게 되는 경우도 있다. 아래 (3가)와 (3나)를 통해 그 예를 살펴보자.

(3) 가. Ⓐ (고고학 발굴 현장에서): 팀장님! 여기 4지점 북쪽 2구역에서 무언가 나왔습니다!

Ⓑ 오! 토기의 파편이군요. 신라 시대 것으로 보이는데, 일단 현장 기록 좀 해 주세요.

Ⓐ 그럼 일단 '청자 계열 토기 157호'로 기록만 해 둘까요?

Ⓑ 좋습니다. 나중에 정밀 분석하고 나면 이것의 정확한 고유 명칭을 붙일 수 있을 겁니다.

나. Ⓐ 저기 서 있는 사람이 BTS인 건 알겠는데, 그 뒤에 있는 가수는 누구야?

Ⓑ 그 사람도 BTS야.

특히 (3나)에서 'BTS'라는 이름은 하나의 특정 단체(group)를 지시하면서 동시에 그 단체에 속한 개별 구성원들도 지시한다. 이처럼 인간의 자연 언어에서는 단순해 보이는 이름의 의미조차 여러 요인이 복합적으로 작용한다.

이는 콰인(Quine)의 가바가이 논증(the 'gavagai' argument)을 통해서도 잘 드러난다.[4] 언어학자가 지금까지 전혀 알려진 적이 없는 한 부족의 언어를 조사하고 있다고 해 보자. 이 언어학자는 원주민들의 언어를 모르므로 그들의 행동에만 의존하여 그들의 언어를 해석할 것이다. 토끼가 지나가자 원주민이 "가바가이!"라고 말했다.

Poe AI를 사용해 생성된 이미지

이때 언어학자는 "가바가이"가 '토끼'를 의미하는지, '토끼의 한 부분'을 의미하는지, 아니면 '토끼가 뛰어가는 동작'을 의미하는지 확실히

4 콰인(Quine)은 지칭의 불가해성 논제를 옹호하기 위하여 가바가이 논증을 제시하였다. 이와 관련된 논의는 『말과 사물』(Word and Object, 1960)에서 확인할 수 있다.

알 수 없다. 언어학자가 아무리 많은 관찰을 하더라도 토끼가 있을 때마다, 원주민들이 "가바가이"를 외친다면 '토끼 전체', '토끼의 한 부분', '토끼의 성질(토끼다움, rabbithood)', '특정 시간에 존재하는 토끼', '토끼의 뛰어가는 행동' 중 어느 것이 정확한 의미인지 결정할 수 없다. 이런 이유에서 콰인은 한 언어 표현이 무엇을 지칭하는지는 이와 관련된 모든 행동 증거들이 제시된다고 해도 완전하게 알 수 없다고 주장한다. 이는 언어의 의미가 단순히 지시 대상과 일대일로 대응되지 않으며, 전체적인 언어 체계 및 문화적 맥락과 관련된 복잡한 관계 속에서 결정된다는 것을 보여준다.

따라서 자연 언어에 존재하는 다양한 단어의 의미를 해석할 때에 맥락 요인을 고려하지 않고 단순히 단어가 지시하는 대상만으로 설명하는 것에는 한계가 있다.

2.2. 자연 언어와 논리 언어 그리고 모형 세계

그렇다면 이쯤에서 의미는 논리적이지 않으며, 의미 해석 규칙은 논리적이고 형식적인 체계 안에서 설명될 수 없다고 단정 지어야 할까? 그리고 해석 규칙의 원리를 발견하겠다는 목적을 포기해야 하는가?

그렇지 않다. 실제로 자연 언어와 논리적인 언어의 간격을 발견한 후 논리적으로 완벽한 언어 체계를 마련하고자 하는 시도는 프레게(Frege), 러셀(Russell) 등의 언어 철학자들로부터 시작되어 형식 논리학과 형식 의미론의 발전을 이끈 타르스키(Tarski), 데이빗슨(Davidson), 몬태규(Montague)에 이르기까지 지속적으로 이어져 왔다.

특히 데이빗슨과 몬태규는 자연 언어도 엄격하고 체계적인 논리적 방법으로 분석할 수 있다고 보았다. 이들은 자연 언어의 논리적 속성이 논리적으로 완벽한 언어에서 문장을 형식화함으로써 드러날 수 있다고 주장했다.

앞서 살펴보았듯이 자연 언어의 해석 과정에는 논리적 엄격성 외에도 다양한 요소들이 관여하여 그 과정이 복잡다단하다. 이러한 복잡성을 통제하기 위해 논리적이고 체계적인 해석만을 적용할 수 있는 특정 모형(model) 세계를 만들어 보는 것이다. 그리고 새로 고안한 모형 세계에서 분석하고자 하는 것이 바로 우리가 일상에서 사용하는 언어(우리의 경우 한국어 단어와 문장들이 될 것이다!)이다. 이렇게 하여 우리의 언어가 논리적이고 체계적인 모형 세계에서 성공적으로 형식화될 수 있다면, 이는 곧 자연 언어에도 논리적 속성이 존재한다는 것을 입증하는 것이 된다.

특정 모형을 설정하여 현상을 이해하고 설명하며 예측하는 것은 비단 언어학뿐만 아니라 모든 자연 과학 연구 분야에서 적용하고 있는 연구 방법이다.

모형은 기본적으로 실재 대상을 모방하여 만든 대리물을 뜻한다. 우리는 실재 대상을 직접 다 관찰할 수 없을 때 모형을 통해 실재 대상의 특성을 간접적으로 배울 수 있다. 어렸을 때 많이 보았던 지구본(地球本)이나 태양계 모형, 인체 내부를 본 뜬 모형을 떠올려 보라. 이들은 모두 너무 크고 멀리 있거나 직접 만지기 힘든 대상이라 실체를 직접 관찰하기 어렵다. 따라서 이들을 모방한 작은 모형이 있다면 그것을 통해 행성들의 크기를 비교하거나 궤도, 공전 주기 등을 배울 수 있으며 신체 기관의 내부 구조를 알 수 있다.

또한 현상에 대한 설명을 위해 도입되는 모형은 이론을 검증하고 또 다른 현상을 예측하기 위한 도구로도 사용된다. 예를 들어 18세기 과학자들은 열의 전달 현상을 설명하기 위해 열을 관장하는 원소로 '열소'라는 가상의 입자를 가정하였다. 이를 통해 열소 입자들 사이에 작용하는 원거리 척력에 의해 열소 입자들이 밀집한 곳(열이 높은 곳)에서 밀집하지 않은 쪽(열이 낮은 곳)으로 퍼지는 열 전달 상황을 그려볼 수 있는 것이다. 이를 '열에 대한 입자-원거리력 모형'이라고 부르기도 한다. 물론 어떤 현상을 설명하기 위해 제시된 모형은 모형이 가정하고 있던 원리가 부정되거나, 모형과 현상이 제대로 대응되지 않는다면 거부될 수 있다.

과학의 역사에서 이러한 모형을 통해 이론을 탐색하고 새로운 현상을 예측한 또 다른 예로는 맥스웰(Maxwell)의 연구를 들 수 있다. 맥스웰은 자기 현상과 전류 현상을 설명하기 위해 '소용돌이 분자-유동바퀴 모형'을 발전시켰고, 이 과정에서 변위 전류라는 새로운 현상을 예측하여 현대 전자기 이론의 기초를 마련했다(정동욱 2010: 225~226 참고).

이렇듯 일반적으로 학문은 다양한 모형을 가정하여 실제 세계에서는 이해하기 어려운 이론적 개념을 이해하는 데 도움을 받는다. 그리고 이론적 존재를 다듬어 나가는 과정에서 현상에 대한 적절한 설명을 제공할 수 있으며 모형의 작동 원리를 통해 새로운 현상을 예측할 가능성도 열린다. 이와 마찬가지로 언어학에서도 논리에 의해 작동하는 규칙들을 가정한 모형을 상정하고 그 안에서 언어 현상이 어떻게 설명될 수 있는지 살펴봄으로써 언어 해석 과정을 이해해 볼 수 있다.

자연 언어가 가진 의미의 다양한 층위는 2장 이후에서 자세히 다루기로 하고 여기에서는 모형 세계에서 해석되는 의미의 해석 규칙을 차례대로 살펴보자.[5]

먼저 특정 모형 세계 W_1을 상정하여 이 세계에 존재하는 개체들을 한정해 보자. W_1에는 한 명의 남자(은우)와 두 명의 여자(은빈, 옹자), 고양이 두 마리(메리, 보리)만 존재한다.

〈그림 1〉 모형 세계 W_1에 존재하는 개체들

모형 세계 W_1에는 '은우, 은빈, 옹자, 메리, 보리'라는 언어 표현이 나타내는 대상들이 존재한다. 각 이름은 위의 개체들(individuals) 중

---

5 타르스키(Tarski)가 제시한 모형 이론은 모형 이론적 의미론의 기초가 되었다. 이 이론에 따르면 모형 M은 〈D, I〉의 순서쌍으로 이루어지는데 D는 논의 영역(domain)으로서 공집합이 아닌 집합을 말하며, I는 언어 표현과 논의 영역의 대상을 연결해 주는 해석 함수(interpretation function)를 말한다. 자세한 논의는 타르스키의 「의미론적 참 개념」(The semantic conception of truth: and the foundations of semantics, 1944)'을 참고하기 바란다.

하나와 연결되어 그 의미가 해석된다. 이러한 연결 과정을 도식화하면 아래 〈그림 2〉와 같다.

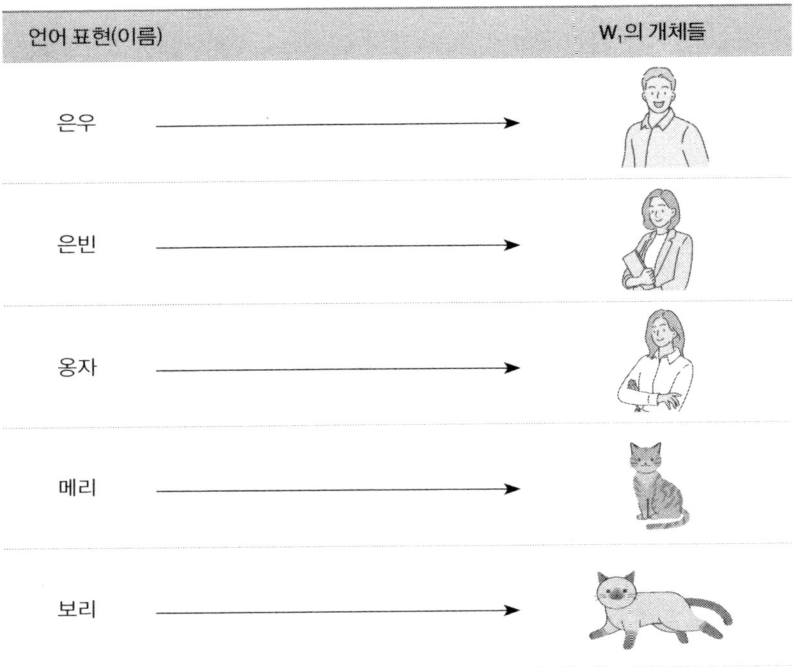

〈그림 2〉 모형 세계 W_1에서 이름과 지시물의 연결

〈그림 1〉, 〈그림 2〉에서 살펴본 언어 표현과 지시 대상 사이의 연결은 형식 의미론(formal semantics)에서 표시의미부여함수(denotation assignment function) 혹은 해석 함수(interpretation function)로 설명한다. 표시의미부여함수는 각 언어 표현에 적절한 개체를 할당하는 것이다.[6]

6 언어의 의미 해석 과정을 함수라는 기제를 통해 설명하는 것에 대해서는 다음 절(3. 문장의 의미와 세계)에서 더 자세히 다루도록 한다.

그렇다면 모형 세계 W_1에서 이름이 아닌 일반 명사, '고양이'의 의미는 어떻게 해석되는가? '고양이'의 의미 역시 이 단어가 지칭하는 대상들로 설명할 수 있다. W_1에서 '고양이'의 의미는 {메리, 보리}가 된다.[7] 여기서 '{메리, 보리}'는 무엇을 나타내는가? 이것은 개별적인 개체가 아니라 개체들이 모여 이룬 하나의 집합(set)이다.[8] 즉 '메리'와 '보리'라는 원소(member)들로 구성된 집합이 '고양이'의 의미가 되는 것이다. 다시 말해 '고양이'의 의미는 고양이의 속성을 지닌 개체들의 집합이다.

이와 같은 방법으로 동사의 의미도 일관되게 나타낼 수 있다. 예를 들어 '달리다'의 의미를 생각해 보자. W_1에서 달리는 개체에 '은우'와 '옹자'와 '메리'가 있다고 가정해 보면 W_1에서 '달리다'의 의미는 {은우, 옹자, 메리}이다. 즉 '달리다'의 의미는 달리는 속성을 지니고 있는 개체들의 집합이다.

그렇다면 '사랑하다'처럼 술어의 의미를 실현하기 위한 개체가 둘 이상 필요한 술어의 의미는 무엇인가? 이는 개체들의 관계(relation)로 나타낼 수 있다. 두 개체가 모여 관계를 형성하는 것은 순서쌍(ordered pair) ⟨a, b⟩을 사용하여 나타낼 수 있다. W_1에서 은우가 옹자를 사랑하고 은빈이 메리를 사랑한다고 가정해 보자. W_1에서 '사랑하다'의 의

7 이처럼 '고양이'의 의미를 {메리, 보리}와 같이 지시물의 집합으로 보는 것을 '외연적 의미'라고 한다. 외연적 의미에 대한 자세한 설명은 '2.3절'에서 다룬다.

8 집합(set)은 대상들을 하나로 묶은 것(collection)이다. 집합은 흔히 중괄호({ })를 사용해서 {2, 4, 6}처럼 표시된다. 이러한 일반 집합의 원소들에는 특정한 순서가 부여되지 않는다.

미는 {〈은우, 옹자〉, 〈은빈, 메리〉}와 같이 나타낼 수 있다. 정리하여, '사랑하다' 같은 두 자리 서술어의 의미는 서술어가 나타내는 관계를 가지는 순서쌍들의 집합이라고 할 수 있다. 이를 보면 모형 세계 W_1은 모든 언어 표현들에 대해 그것이 지시하는 대상 혹은 대상들의 집합이라는 의미를 할당하는 것을 알 수 있다.

한편 우리는 여기서 논리적 체계를 살펴볼 수 있는 모형 세계 W_1을 설정했듯이 일상 언어(자연 언어)를 논리 언어(logical language)인 간단한 인공 언어(artificial language)로 바꾸어 나타내 볼 수도 있다. 이렇게 하면 의미 해석 과정에 적용되는 규칙을 일반화하여 형식적으로 보이기 용이하기 때문이다. 예를 들어 위에서 봤던 '은우', '메리'와 같은 이름들은 개체를 나타내므로 개체 상항(individual constants)이라고 하고 'a, b, c…'와 같은 문자를 써서 나타내는 것이다. 그리고 특정 모형 내 표시의미부여함수는 모형을 윗첨자로 표시한 이중 대괄호($[\![\,]\!]^{W1}$)를 사용하여 나타낸다.

논리어의 종류와 표시의미부여함수를 써서 〈그림 2〉의 의미 해석 과정을 나타내면 각각 아래 (4), (5)와 같다. 〈그림 2〉에서 개체는 그림으로 나타냈는데 (5)에서는 편의상 그 세계의 개체들을 이름의 진한 글씨 형식을 빌려 나타내겠다.

(4) 논리어의 종류

가. 개체: a, b, c……

나. 술어: P(한 자리 술어), R(두 자리 술어)……

(5) 모형 W_1에서 표시의미부여함수에 따른 단어의 의미

가. ⟦은우⟧^{W1} = **은우**

나. ⟦옹자⟧^{W1} = **옹자**

다. ⟦은빈⟧^{W1} = **은빈**

라. ⟦메리⟧^{W1} = **메리**

마. ⟦보리⟧^{W1} = **보리**

2.3. 단어의 지시적 의미와 속성적 의미

위에서 우리는 단어의 의미를 특정 모형 안에서 특정 개체를 지시하는 것으로 해석하였다. 이러한 해석은 표시의미부여함수로 설명했다. 여러분도 앞서 살펴본 예시 (5)에서 이름(name)의 의미가 그것이 가리키는 실제 지시물을 뜻한다는 것은 쉽게 이해했을 것이다. 또한 '나, 너, 여기, 2025년의 한국 대통령, 어제 내가 만난 그 학생'과 같은 표현들이 외부 세계의 어떤 개체를 지시한다는 것도 우리의 언어 생활을 떠올려 볼 때 쉽게 이해할 수 있다. 그럼에도 많은 사람들이 '단어의 의미가 곧 그것이 지시하는 대상'이라는 설명에 의구심을 품거나 만족하지 못할 것이다. 당장 지시설에 따라 '고양이'라는 단어의 의미는 어떻게 설명할 수 있겠는가?

지시설에 따르면 '고양이'의 의미는 고양이의 속성을 지니고 있는 모든 개체들의 집합(set)이다. 이름과 한정 기술구의 지시적 의미에 쉽게 동의한 사람이라도 '고양이'의 의미가 고양이라고 불릴 수 있는 모든 대상들의 집합(set)이라는 것에는 선뜻 동의하지 못할 수 있다. 이러

한 의구심은 당연한 것인데, 우리는 지금까지 단어의 의미 중 지시적 의미만 살펴보고 단어가 가지고 있는 속성적 의미는 제대로 살펴보지 않았기 때문이다.[9]

속성적 의미를 살펴보기 전에 지시와 관련된 개념인 '표시의미(denotation)'의 개념을 잠깐 짚고 넘어 가자.[10] 19세기의 논리학자이자 철학자인 밀(Mill)에 의해 제안된 이 용어는 '암시의미(connotation)'에 대립되는 용어이다. 표시의미는 지시적 의미의 일종으로 동사나 형용사, 명사에 의해 지칭되는 개체들의 집합이다. 반면에 암시의미는 언어 표현이 지니는 함축적 의미와 관련된다. 예를 들어 '희다'라는 단어의 표시의미는 하얗다고 볼 수 있는 것들인 '눈, 종이, 바다 거품 등'을 나타낸다. 그리고 '희다'의 암시의미는 '순수함'이 될 수 있다. 따라서 표시의미는 지시(reference), 지시물(referent)과 같은 의미로 사용되기도 하지만, 이와 구별하여 개체들의 집합과 그 집합이 지니고 있는 속성을 나타내기도 하는 것이다(강범모 2011: 86 참고).

그렇다면 속성적 의미는 무엇인가? 속성적 의미는 세계 속의 지시물이 아니라, 그 대상이 지니고 있는 성질을 뜻한다. 가령 '고양이'의 속

---

9 지시적 의미 이론(referential theory of meaning)은 플라톤의 『대화편』에서 낱말은 사물을 명명하거나 지칭한다고 한 것에서 기원하고, 언어 표현의 의미가 사람의 마음 속에 있는 생각(idea), 개념(concept)이라고 하는 내재주의 의미 이론(internalist theory of meaning)은 아리스토텔레스의 『해석론』에서 기원한다.

10 표시의미와 암시의미는 외연과 내포로 번역되기도 한다. 그러나 외연과 내포는 각각 'extension', 'intension'이라는 용어들의 번역어로 사용되므로, 이 책에서는 'denotation', 'connotation'의 번역어로 '표시의미', '암시의미'를 사용한다.

성(property)은 고양이라고 불릴 수 있는 개체들이 공유하고 있는 성질들로서, 네 발로 걸어 다니고 털이 있으며 갸르릉 소리를 낸다든지 하는 것들이 포함된다. 또 다른 예로 '선생님'의 속성은 '학교에서 일을 한다, 학생들을 가르친다……'가 될 것이다.

그런데 이러한 속성적 의미와 지시적 의미가 완전히 분리되는 것일까? 그렇지 않다. 속성적 의미는 지시적 의미를 해석하는 데 바탕이 되는 지식을 제공하기 때문이다. 예를 들어 특정 세계에서 고양이라고 부를 수 있는 개체들 'a, b, c'가 있다고 해 보자. 이때 '고양이'의 지시적 의미는 {a, b, c}라는 집합(set)이 될 것이다. 그런데 a, b, c가 고양이라고 불리는 것들의 집합에 속하는 원소라는 것은 어떻게 판단하는가? 그때 우리는 고양이의 속성(property)을 고려한다. 즉 일반적으로 고양이들이 공유하는 속성을 바탕으로 'a', 'b', 'c' 등의 개체가 고양이라 불리는 것들의 집합에 들어가는지, 안 들어가는지를 판단하는 것이다.[11] 다시 말하여 우리가 '고양이'라는 언어 표현으로 고양이라 불리는 대상들을 가리킬 수 있으려면 우리의 머릿속에는 고양이라고 불릴

11 어떤 언어 표현이 가지는 속성을 판단할 때 우리는 그 언어 표현이 가리키는 대상들의 공통된 특징들을 고려한다. 이와 관련하여 비트겐슈타인(Wittgenstein)이 『철학적 탐구』(Philosophical Investigations, 1953)에서 소개한 '가족 유사성(family resemblance)'의 개념을 살펴볼 필요가 있다. 가족들 사이에는 서로 닮은 특징들이 있지만, 모든 가족 구성원이 그 동일한 특징을 공유하지는 않는다. 비트겐슈타인은 이러한 관찰을 통해 어떤 범주의 구성원들이 반드시 공통 속성을 가질 필요는 없다고 주장했다. 이러한 맥락에서 우리는 원형(prototype)이라는 개념을 생각해볼 수 있다. 원형은 그 범주를 대표하는 가장 '전형적'인 예시이며, 이를 중심으로 덜 전형적인 주변적 사례들이 존재한다.

수 있는 조건들에 대한 지식이 이미 들어 있어야 하는 것이다. 따라서 우리는 언어 표현의 지시적 의미가 개념(concept)을 형성하는 속성적 의미와 무관하지 않음을 이해해야 한다.

결국 언어 표현의 의미는 지시에 더해 속성(또는 뜻, sense)도 고려해야 한다는 것인데, 이는 아래 예에서 다시 한번 확인할 수 있다.

(6) [가] 소연이가 어제 소개팅한 그 사람 있잖아~

[나] 똑똑하고 멋있는 분? 그 사람 알지. 왜?

이 대화에서 [가]가 말한 '소연이가 어제 소개팅한 그 사람'은 [나]가 말한 '똑똑하고 멋있는 분'하고 동일한 개체를 지시한다. 즉 (6)의 예는 지시 대상은 하나인데 그것을 나타내는 언어 표현이 둘 이상인 경우를 보여준다. 언어 표현의 의미가 곧 그것이 지시하는 대상이라고 하는 지시설에 따르면, (6)[가]의 밑줄 친 표현과 (6)[나]의 밑줄 친 표현의 의미는 같다고 해야 한다.

그러나 우리의 직관도 그러한가? 우리의 직관에 두 표현이 전달하는 의미는 분명히 다르다. (6)[가]의 표현은 '그 사람'을 사건을 통해 규정하고 있고, (6)[나]의 표현은 '그 사람'의 특성을 통해 규정하고 있다. 이러한 차이를 설명하기 위해서는 속성적 의미를 고려할 필요가 있다.

이러한 관점에서 아래 예문 (가)와 (나)의 대조도 잘 설명할 수 있다.

(7) 가. 이도는 이도이다.

나. 이도는 세종대왕을 의미한다. ((1라) 참고)

(7가)는 'A는 A이다'라는 형식의 동어 반복문이다. 이러한 문장은 의미론적으로 새로운 정보를 제공하지 않는다.[12] 반면 (7나)는 'A는 B이다' 형식으로 (7가)와 달리 새로운 정보를 제공할 수 있다. 예를 들어 세종대왕의 이름이 '이도'인 것을 몰랐던 자들에게 (7나)는 유용한 정보가 될 수 있는 것이다. 따라서 '이도'와 '세종대왕'의 지시 대상이 같아도 각 단어가 나타내는 속성(뜻)은 다를 수 있다. '세종대왕'은 조선의 제4대 국왕이라는 묘호로서의 속성을, '이도'는 본명으로서의 속성을 가진다.

이러한 속성의 차이는 아래와 같은 맥락에서 더욱 명확해진다.

(8) 맥락: 민수는 세종대왕의 본명이 '이도'인 것을 모른다.

가. #민수는 이도가 세종대왕이라고 믿었다.

---

12 이와 관련한 자세한 설명은 프레게의 「뜻과 지시체에 관하여」(Über Sinn und Bedeutung, 1892)를 참고할 수 있다. 이 논의에서 프레게는 정보성이 있는 동일성 문장과 그렇지 않은 동일성 문장을 비교하며 다음과 같은 예를 제시한다.

가. The Morning Star is the Morning Star. (샛별이 샛별이다)
나. The Morning Star is the Evening Star. (샛별이 개밥바라기이다)

여기서 (가)는 'a=a' 형식의 문장이고 (나)는 'a=b' 형식의 문장이다. 프레게는 'a'와 'b'가 같은 대상을 지시하지만 그것을 '제시하는 방식(mode of presentation)'이 다르다고 설명했다. 즉 두 표현은 동일한 지시물을 가리키지만 서로 다른 뜻(sense)을 가진다는 것이다. 이를 통해 프레게는 언어 표현이 지시물에 더해 뜻도 가진다는 것을 보여주었다.

나. 민수는 이도가 이도라고 믿었다.

여기서 주목할 점은 '믿다'와 같은 태도 술어가 사용된 문장에서 (8가)는 거짓이 되지만 (8나)는 참이 되는 현상이다.[13] (8가), (8나)는 '믿다'와 같은 태도를 나타내는 술어에 '이도가 세종대왕이다', '이도가 이도이다'와 같은 문장이 내포된 경우이다. 이러한 맥락을 불투명 맥락(opaque context) 또는 명제 태도(propositional attitude) 맥락이라고 한다. 이런 맥락에서는 (8가)를 (8나)로 환언할 수 없다. 따라서 같은 지시 대상을 가리키는 언어 표현들이라도 (8)과 같은 불투명 맥락에서는 서로 대체될 수 없다.

위에서 살펴본 내용을 정리하면 언어 표현의 의미는 지시적 의미에 더해 속성적 의미도 고려하여야 온전하게 해석된다. 이름의 의미는 일반적으로 그 속성적 의미를 찾기는 어렵고, 지시 대상을 가리키는 의미만 성립한다. 반면에 '고양이' 같은 일반명사나 '내가 어제 만난 학생'과 같이 속성을 기술하는 표현들은 지시적 의미에 더해 속성적 의미도 가진다.

그러나 정말 이름에는 속성적 의미가 전혀 없을까? 이와 관련하여 현대 한국어에서 관찰되는 흥미로운 언어 현상이 하나 있다. 이 절을 마무리하기 전에 아래 예에서 보이는 이름의 속성적 의미 특성을 살펴

---

13 '#'이라는 기호는 문장이 의미적으로 어색할 때 사용하는 기호인데, (8가)에서는 (8)의 맥락에서 (8가)가 거짓이라는 의미를 나타낸다.

보자.

(9) 가. 날두가 날두했다.

나. 김연아가 또 김연아했네.

다. 남포동 돌게탕 맛집 혜자하다~

라. 인기 유튜버 스타일 너무 좋아서 다 손민수했어.

(9가)~(9라)에서 '하다' 앞에 결합한 '날두', '김연아', '혜자', '손민수'는 모두 사람을 가리키는 이름이다. 이 이름들은 최근 '하다'와 결합하여 새로운 의미를 지닌 신조어 형성에 활발하게 사용되고 있다.

(9가)에서 주어 위치의 '날두'는 축구 선수 '호날두'를 지시하지만, '날두하다'에 쓰인 '날두'는 더 이상 사람을 지시하지 않는다. 이 표현은 2019년 이후, 한국 누리꾼들 사이에서 '출근만 하고 일은 하지 않거나 책임을 다하지 않는 행위를 비꼬는 의미'로 사용되기 시작했다. 현재는 '아무것도 하지 않고 권리만 챙긴다'는 의미로 확장되어 사용되며, '날두+하다' 형태뿐만 아니라 '날두' 자체로 '날두하다'의 의미를 나타내기도 한다. 예를 들어 '오늘 회사에서 날두 중'이라는 표현으로 활용된다.

한편 '김연아하다'는 '김연아하다' 단독으로는 사용되지 않고, (9나)처럼 '김연아가 김연아했다'와 같은 구성으로만 사용된다. 이는 '(믿었던 대로) 뛰어난 실력을 보여주다'라는 의미를 나타내며 화자의 긍정적인 평가를 암시한다.

(9다)의 '혜자하다'는 '혜자롭다'로도 쓰인다. 이는 '가성비가 좋다',

'양이 많거나 품질이 좋다'는 의미로 사용된다. 이 표현은 2010년 '김혜자 도시락'이 편의점에 출시되어 그 품질이 뛰어난 것에 대해 호평받은 것에서 유래했다. '혜자하다'의 '혜자'는 단독으로도 '가성비가 좋다'는 속성을 나타낼 수 있어, '결제 장소마다 혜자 카드가 다르다'와 같은 문장에서처럼 후행 명사(카드)를 수식하는 용법으로도 사용된다.

마지막으로 (9라)의 '손민수하다'는 2010년 인기 웹툰 '치즈인더트랩'의 등장 인물 '손민수'에서 비롯되었다. 이 작품에서 손민수는 주인공의 옷, 행동, 취향 등을 모두 따라하는 인물로 묘사되었다. 이에 '손민수하다'는 '좋아하는 사람의 스타일을 동경하고 모방하다'라는 의미로 사용된다.

지금까지 살펴본 '이름(고유명사)+하다'류의 신어는 '호날두', '김연아', '김혜자', '손민수'가 지시하는 인물들이 가지고 있던 속성들 중 하나를 나타낸다. 일반 언중들은 이름이 지시하던 대상이 우리 사회에서 가지는 이미지 속성 중 대표적인 속성을 바탕으로 새로운 형용사 및 동사를 생성한다. 더욱 흥미로운 점은 이러한 현상이 유명인의 이름에만 국한되지 않는다는 것이다. 예를 들어, 자신의 지인 이름을 활용하여 '김철수가 또 김철수했다'와 같이 사용할 수도 있다. 이때 '김철수했다'가 나타내는 속성은 '김철수'를 알고 지내던 지인들의 집단에서 공유되고 있는 공유 지식을 바탕으로 형성된다. 이러한 언어 현상은 이름이 단순한 지시적 의미를 넘어 속성적 의미도 가질 수 있음을 보여준다.

3. 문장의 의미와 세계

3.1. 문장의 진리 조건적 의미

지금까지 이름의 의미를 중심으로 단어 의미와 세계의 관계를 살펴보았다. 그렇다면 문장(sentence)의 의미는 어떻게 해석되는가? 문장은 단어와 단어가 결합하여 형성되므로, 그 의미 해석은 단어의 의미 해석보다 훨씬 더 복잡할 것이라는 것을 예상할 수 있다.

단어의 의미가 그 단어가 지시하는 이 세상 속의 지시물이라면, 문장의 의미는 무엇인가? 예를 들어 '은우'라는 단어가 이 세상에 존재하는 은우라는 개체를 의미한다는 것은 이해하기 쉽다. 그런데 '은우가 달린다'와 같은 문장이 지시하는 것은 무엇인가?

누군가가 '은우가 달린다'라고 발화한다면 우리가 상상하는 상황은 무엇인가? '은우가 달린다'라는 문장이 표현하는 상황을 앞서 소개한 모형 세계 W_1을 통해 살펴보자.

〈그림 3〉 W_1에서 달리는 개체들의 집합

〈그림 3〉에서 '은우가 달린다'가 지시하는 것은 네모로 표시된 상황이다. 만약 누군가가 은우가 달리고 있지 않은데 '은우가 달린다'라고 발화했다면 그 화자는 거짓말을 하고 있거나, '은우' 혹은 '달리다'의 의미를 모르는 사람일 것이다. 다시 말하여 '은우가 달린다'가 참이 될 수 있는 이유는 '은우'가 지시하는 대상이 '달리는 개체들의 집합'에 포함되어 있기 때문이다. 모형 세계 W_1에서 달리는 개체들의 집합은 {은우, 은빈, 메리}이므로, '은우'는 '달리는 개체들의 집합'에 포함되어 있다. 따라서 '은우가 달린다'는 W_1에서 참(true)이다.

이처럼 문장이 지시하는 의미는 특정 세계의 상황(situation)이라고 할 수 있으며, 화자는 문장을 통해 그 상황이 참인지 거짓인지를 표시한다. 문장이 나타내는 상황이 주어진 세계에서 성립하면 참(true)이 되고, 성립하지 않으면 거짓(false)이 된다. 형식 의미론(formal semantics)에서는 이러한 문장의 참, 거짓을 문장의 진릿값(truth value)이라고 하고, 이를 문장의 지시적 의미로 간주한다. 관례적으로 참은 숫자 '1'로, 거짓은 '0'으로 표시한다.

이러한 접근 방법이 추상적으로 느껴져 잘 이해가 안 된다면, 우리가 어떤 문장의 의미를 안다고 했을 때 우리가 실제로 아는 것이 무엇인지 생각해 보라. '은우가 달린다'라는 문장을 예로 들어 단계적으로 분석해 보자.

이 문장의 완전한 이해를 위해서는 다음 세 가지 조건을 반드시 알아야 한다. 첫째, '은우'가 실제로 지시하는 개체가 무엇인지 알아야 한다. 만약 누군가가 '은우'를 고양이인 메리와 혼동한다면, 이 문장의 의미를 제대로 이해하지 못한 것이다. 두 번째로 우리는 서술어의 의미인 '달리다'의 의미를 알아야 한다. '달리다'가 의미하는 행위를 안다는 것은 곧 어떤 개체들이 '달리는 개체들의 집합'에 속하는지 정확히 아는 것이다. 이를 모르는 사람은 서 있는 사람을 보고도 '달린다'고 잘못 말할 수 있다. 마지막으로 우리가 알아야 할 것은 참 성립 여부이다. 은우라는 개체가 달리는 개체들의 집합에 속하는지 여부를 확인할 수 있어야 문장 전체의 의미를 아는 것이다.

이상의 세 가지 조건은 바로 '은우가 달린다'라는 문장의 진리 조건(truth-conditions)을 구성한다. 우리가 문장의 의미를 이해한다는 것은 그 문장이 참이 되기 위해 필요한 조건들이 무엇인지 아는 것과 같다. 다시 말해, 문장의 의미를 파악하는 과정은 그 문장의 진릿값을 결정하는 조건들을 이해하는 과정이라고 할 수 있다.[14]

여기서 한 가지 주의할 점을 짚고 넘어가자. 문장의 의미를 안다는 것이 반드시 그 문장이 실제로 참인지 거짓인지를 아는 것을 의미하지는 않는다. 우리는 한국어로 구성된 많은 문장들의 의미를 이해하면서도, 그 문장이 표현하는 상황이 실제로 참인지 거짓인지는 모를 수

---

14 문장의 의미를 흔히 명제(proposition)라고 하는데, 이는 보다 엄밀한 정의가 필요하다. 논리적 의미론에서 명제란 문장이 표현하는 진리 조건을 말한다. 명제에 대한 기존 논의의 정의를 살펴보면 다음과 같다. 라이언스(Lyons 1977: 141)는 명제를 '평서문이 진술을 목적으로 발화될 때, 그 평서문이 표현하는 것'이라고 정의하였다. 허퍼드와 히즐리(Hurford and Heasley 1983: 19)에서는 '문장의 의미 중 상태를 설명하는 부분'이라고 하였다. 이 글에서는 명제를 문장의 논리적 의미라 보고, 참 혹은 거짓의 진릿값을 평가할 수 있는 문장의 진리 조건이라고 정의한다. 따라서 명제는 진릿값을 가지며, 명제는 상황에 따라 참이거나 거짓일 수 있다.

있다. 다음 예문을 살펴보자.

(10) 가. 철수는 어제 달에 여행 다녀왔다.
나. 우주에 지적 생명체가 사는 행성이 있다.
다. 고양이가 방금 나에게 한 가지 소원을 들어준다고 했다.

한국어 모국어 화자라면 이 문장들을 처음 접하더라도 그 의미를 명확히 이해할 수 있다. 실제로 철수가 달에 여행 다녀왔는지, 우주에 지적 생명체가 존재하는지, 혹은 고양이가 정말로 소원을 들어준다고 했는지 알지 못하더라도 말이다.

우리가 이 문장들의 의미를 이해할 수 있는 이유는 각 문장이 참이 되기 위해 필요한 조건들을 알고 있기 때문이다. 다시 말해, 우리는 이 문장들이 어떤 상황과 대응되어야 하는지를 알고 있는 것이다.

문장의 의미를 진리 조건으로 설명하는 접근은 폴란드 논리학자 타르스키(Tarski)의 진리론에 기초하고 있다. 타르스키는 문장의 의미를 진리 조건을 통해 형식화하였는데, 유명한 예시는 다음과 같다.

(11) '눈이 하얗다'는 참이다. if and only if 눈이 하얗다.
"Snow is white" is true if and only if snow is white.

(11)은 '눈이 하얗다'가 눈이 하얄 때, 그리고 오직 그때에만 참이라는 진리 조건을 형식화한 것이다. 타르스키는 이러한 형식을 'S is true if and only if p'라는 T-도식(T-schema)으로 일반화하였다. 여기서 'S'는 우

리가 분석하는 문장을 나타내며, 'p'는 진리 조건을 나타낸다.[15]

이러한 타르스키의 진리론을 바탕으로, 문장의 의미를 그 문장이 참이 되기 위한 조건들의 집합으로 보는 진리 조건 의미론(truth-conditional semantics)이 발전했다.[16]

그런데 여기서 진리 조건과 관련해 더 깊이 생각해 볼 점이 있다. 어떤 것들이 '진리 조건'을 구성하는가? 위에서 본 예문 (10)의 문장이 참이 되기 위한 조건들을 생각해 보자. (10)의 문장들은 현재 우리가 살고 있는 실제 세계에서는 모두 거짓일 것이다. 하지만 우리는 이 문장들이 참이 될 수 있는 상황을 충분히 상상할 수 있다. 예를 들어 '철수는 어제 달에 여행 다녀왔다'라는 문장이 참이 되는 세계는 우주 여행이 일상이 된 미래 세계일 수도 있고, 철수가 외계인인 세계일 수도 있다. 이처럼 실제 세계의 대안이 될 수 있는 여러 상황을 가능세계(possible worlds)라고 한다(물론 우리가 사는 실제 세계(actual world) 역시 하나의 가능세계로 간주된다).[17]

15 타르스키는 객체 언어(object language)와 메타 언어(meta language)의 구분을 강조하였다. 객체 언어는 분석 대상이 되는 언어를 뜻하고, 메타 언어는 그 객체 언어를 설명하는 데 사용되는 언어를 말한다. (11)에서 객체 언어와 메타 언어는 한국어로 동일하지만 아래의 예문에서는 객체 언어와 메타 언어가 구분된다.

예 "La neige est blanche"는 참이다. if and only if 눈이 하얗다.

16 현대 언어철학에서 주류 이론의 역할을 해 온 의미론이 바로 '진리 조건 의미론'이다. 문장의 진리 조건에 의해 문장의 의미가 결정된다고 보는 진리 조건 의미론은 논리적 의미론(logical semantics)으로서 형식 의미론(formal semantics), 모형 이론적 의미론(model-theoretic semantics)으로 불리기도 한다.

17 가능세계라는 개념은 17세기의 철학자 라이프니츠(Leibniz, 1646-1716)

이제 가능세계의 개념을 바탕으로 문장의 의미를 더 포괄적으로 이해할 수 있다. 어떤 문장의 의미를 완전히 이해한다는 것은 그 문장이 참이 되는 모든 가능한 상황들(즉 가능세계들)의 집합을 아는 것과 같다. 이러한 관점에서 보면 문장의 진리 조건은 단순히 현재 우리가 살고 있는 실제 세계에서의 참, 거짓만을 결정하는 것이 아니라 가능한 모든 세계에서의 참, 거짓을 결정하는 조건이 된다. 그리고 한 문장의 의미는 그 문장이 참이 되는 여러 가능세계들의 집합이다. 이는 우리가 전혀 경험해 보지 못한 다양한 상황을 나타내는 문장도 이해할 수 있는 이유를 설명해 준다.

3.2. 술어의 의미와 논항

우리는 한 번도 들어본 적이 없는 문장을 접했을 때에도 그 의미를 즉각적으로 이해하고 적절히 반응할 수 있다. 이러한 인간의 언어 이해 능력은 어떻게 가능한 것일까?

이는 단순히 어린 시절부터 주변 사람들에게 들은 한국어 문장들을 모두 기억하고 있기 때문이라고 설명할 수 없다. 우리가 일상적으로 마주치는 대부분의 문장들은 구조나 어휘가 서로 다르며 그 수

가 처음 제시했다. 이후 20세기 중반 크립키(Kripke)가 이 개념을 논리적으로 정교화했다. 크립키는 '세계가 그럴 수 있었던 한 가지 방식(a way the world could have been)'을 가능세계라고 정의하고, 언어 표현을 두 가지로 구분했다. 서로 다른 가능세계에서 다른 대상을 지칭할 수 있는 표현을 비고정 지시어로, 모든 가능세계에서 동일한 대상을 지칭하는 표현을 고정 지시어로 구분한 것이다. 언어학에서는 몬태규(Montague, 1930–1971)가 이 개념을 자연 언어의 의미 분석에 본격적으로 도입했다.

는 사실상 무한(infinite)하다. 따라서 모든 가능한 문장의 의미를 각각 기억 속에 저장한다는 것은 현실적으로 불가능하다. 그렇다면 우리가 무한한(infinite) 수의 문장을 이해하고 생성할 수 있는 이유는 무엇일까?[18] 이는 우리에게 유한한 규칙으로 무한한 문장을 생성해 내고 해석할 수 있는 특별한 능력이 있기 때문이다. 규칙 체계야말로 유한한 수의 요소로 무한한 결과물을 만들어낼 수 있는 핵심 기제이다.

이러한 규칙 중 의미와 관련된 핵심 원리가 바로 합성성의 원리(principle of compositionality)이다. 합성성 원리에 따르면 복합 표현의 의미는 그것을 구성하는 부분들의 의미와 그것들이 결합하는 방식에 의해 결정된다. 즉 문장의 의미는 그 문장을 구성하는 단어들의 의미가 체계적으로 결합되어 형성되는 것이다.[19]

합성성의 원리를 이해하기 위해서는 문장을 구성하는 단어들의 역할을 이해할 필요가 있다. 아래 예문을 통해 살펴보자.

(12) 메리가 잔다.

이 문장은 '메리가'와 '잔다'로 구성되어 있다. 여기서는 '메리'와 '자-'

---

18 무한한 문장을 이해하고 생성할 수 있는 언어의 특징을 생산성(productivity)이라고 한다. 생산성은 언어의 가장 핵심적인 특성 중 하나로, 유한한 규칙으로 무한한 언어 표현을 만들어낼 수 있는 능력을 말한다.

19 문장을 구성하는 개별 단어 의미 외에 단어들이 결합하여 형성하는 통사 구조(syntactic structure)도 전체 문장의 의미 형성에 중요한 영향을 미친다. 의미 구조와 통사 구조의 관계에 대해서는 제2장에서 자세히 다룬다.

의 어휘적 의미에 초점을 맞추어 살펴보자.[20]

'메리가 잔다'라는 문장의 의미를 해석하기 위해서는 '자다'와 '메리'의 의미를 결합해야 하는데, 이때 두 단어는 서로 다른 방식으로 의미 형성에 기여한다. 서술어 '자다'는 문장에서 홀로 쓰일 수 없으며, 반드시 '누가' 자는지를 필요로 한다. 반면 '메리'는 '가 누가 자니? 나 메리'라는 대화에서처럼 독립적으로 사용될 수 있다.

이러한 차이를 일반화하면 '자다' 같은 술어(predicates)는 하나의 완전한 의미를 형성하기 위해 필수적으로 요구하는 의미 요소를 지닌다. 술어가 요구하는 의미 요소를 논항(arguments)이라고 한다. '메리'와 같은 명사는 술어가 요구하는 의미적 빈 자리를 채우는 논항에 해당한다.

술어가 요구하는 논항의 개수는 아래 예에서 보듯이 술어의 의미에 따라 달라진다.

(13) 가. ________ 잔다.
　　나. ________ ________ 먹는다.
　　다. ________ ________ ________ 준다.

(13가)의 '자다'는 '누가 자는지'를 나타내는 주어 논항 하나만을 필요로 한다. 예를 들어 '메리가 잔다'에서처럼 (13가)에 주어 자리가 채워지면 온전한 문장이 된다. (13나)의 '먹다'는 '누가 무엇을 먹는지'를 나타내는 두 개의 논항이 필요하다. '철수가 밥을 먹는다'처럼 주어, 목적어

20　조사 '-가', 어미 '-ㄴ', '-다'의 문법적 의미는 다음 절에서 다룬다.

자리를 채우는 논항이 모두 와야 명제 의미가 완성된다. 마지막으로 (13다)의 '주다'는 '누가 누구에게 무엇을 주는지'를 나타내기 위하여 세 개의 논항이 필요하다. '메리가 영희에게 책을 준다'에서처럼 주어, 간접목적어, 직접목적어 자리에 각각 논항이 와야 한다.

지금까지 살펴본 것처럼 문장의 의미는 합성성의 원리에 따라 구성 성분들의 의미가 체계적으로 결합되어 형성된다. 이때 문장의 핵심인 술어는 그 의미에 따라 일정한 수의 논항을 요구하며 이러한 논항들이 형성하는 구조는 그 문장이 표현하는 상황의 특성을 반영한다.

3.3. 조사와 어미, 그리고 문장의 의미

문장의 의미는 명사, 동사, 형용사와 같은 어휘 요소들의 결합만으로 이루어지지 않는다. 여기에 '–이/가', '–을/를', '–은/는'과 같은 조사와 '–었–', '–겠–', '–다', '–자'와 같은 어미가 결합하여 문법적 의미가 더해진다. 아래 예를 통해 한국어의 조사와 어미를 확인해 보자.

(14) 가. 철수가 왔겠다. [철수–가 오–았–겠–다]
나. 옹자랑 영화를 보자. [옹자–랑 영화–를 보–자]
다. 선생님께서 오셨니? [선생님–께서 오–시–었–니]

조사와 어미는 한국어 문장을 형성하는 데 반드시 필요한 요소들이다. 그러나 구어에서는 일부 조사가 생략되기도 한다. 예를 들어 (14가)의 '철수가'는 '철수 왔겠다'에서처럼 조사 '–가'가 생략되어 발화되는 경우가 많다. 그렇다면 조사 '–이/가'는 의미적으로 불필요한 것일까?

(15) 가 철수가 왔을까? 영희가 왔을까?

나 철수가 왔겠다.

나' ??철수 왔겠다.

(16) 가 누가 이 문제를 풀었니?

나 영미가 풀었어요.

나' ??영미 풀었어요.

(15), (16)에서 보듯이, 주어가 누구인지 명확히 대답해야 하는 맥락에서는 조사 '–가'가 잘 생략되지 않는다. 이는 조사 '–이/가'가 맥락에 따라 특정한 의미를 전달함을 보여준다.

한편 (14)의 예문들에서 볼 수 있듯이 한국어의 어미는 다양한 문법적 의미를 나타낸다. 시간을 나타내는 '–었–'이나 화자의 추측을 나타내는 '–겠–', 그리고 발화 의도를 표현하는 '–다', '–자', '–니' 같은 종결 어미가 그 예이다.

이처럼 한국어 문장의 의미는 어휘적 의미와 문법적 의미가 복합적으로 결합되어 형성된다. 이 절에서는 조사와 어미가 문장의 의미 형성에 중요한 역할을 한다는 점만을 지적하고자 한다. 조사가 나타내는 문법적 관계와 어미가 표현하는 시제, 상, 문장 유형의 의미가 어휘 의미와 어떻게 상호작용하여 전체 문장의 의미를 만들어 내는지에 대해서는 3부에서 자세히 다룬다.

참고 문헌

강범모(2011). 의미론에서 "의미"와 관련된 용어들의 개념과 번역어. 언어와 정보 15(1). 한국언어정보학회, 79–92.

이병덕(2017). 표상의 언어에서 추론의 언어로: 언어표현이 의미하는 것은 무엇인가. 성균관대학교 출판부.

정동욱(2010). 패러데이 & 맥스웰: 공간에 펼쳐진 힘의 무대. 김영사.

Colin, M.(2015). *Philosophy of Language: The Classics Explained*. Cambridge, MA: MIT Press. [박채연·이승택 역(2019). 언어철학. 도서출판 b.]

Davidson, D.(1984). *Inquiries into Truth and Interpretation*. Oxford: Oxford University Press, 17–36.

Frege, G.(1960). On sense and reference. In Geach, P. and Black, M. (Eds.), *Translations from the Philosophical Writings of Gottlob Frege*. Oxford: Blackwell, 56–78.

Hurford, J. R., and Heasley, B.(1983). *Semantics: A Coursebook*. Cambridge: Cambridge University Press.

Kripke, S. A.(1980). *Naming and Necessity*. Cambridge, MA: Harvard University Press.

Lyons, J.(1977). *Semantics*. Cambridge: Cambridge University Press. [강범모 역(2011). 의미론 1: 의미 연구의 기초. 한국문화사.]

Mill, J. S.(1843). *A System of Logic*. London: John W. Parker.

Montague, R.(1970). English as a formal language. In B. Visentini et al. (Ed.), *Linguaggi Nella Società e Nella Tecnica*. Milan: Edizioni di Comunità, 189–224.

Quine, W. V. O.(1960). *Word and Object*. Cambridge, MA: MIT Press.

Russell, B.(1905). On denoting. *Mind* 14, 479–493.

Strawson, P. F.(1950), On referring. *Mind* 59, 320–344.

Tarski, A.(1956). The concept of truth in formalized languages. In J. H. Woodger(Ed. & Trans.), *Logic, Semantics, Metamathematics: Papers from 1923 to 1938*, Oxford: Clarendon Press, 152–278.

Wittgenstein, L.(1953), *Philosophical Investigations*. translated by G. E. M. Anscombe. Oxford: Basil Blackwell.

2장

통사구조와 의미구조

여는 대화

은빈: 나는 똑똑한 너의 동생이 부러워.

은우: 내가 똑똑하다는 뜻이지? 고마워.

은빈: 아니?! 나는 네 동생이 똑똑하다는 뜻이었어.

은우: 쳇. 내가 똑똑하다고 한 줄 알았네.
근데 내 동생이긴 한데 철수가 좀 똑똑하긴 해.

은빈: 내가 똑똑한 철수와 너를 우리 집에 초대할게. 놀러와.

은우: 알았어. 이번에는 나까지 똑똑하다고 말해 줬네. 고맙다!

은빈: 뭐? 이번에도 아니야~ 나는 '똑똑한 철수', 그리고 '너'를 초대한다는 거였어!

은우: 뭐라고? 왜 자꾸 말을 애매하게 하는 거냐?

은빈: 말을 애매하게 할 생각은 없었어.
내가 말한 문장이 두 가지 의미로 해석될 수 있다는 걸 몰랐네!

은우: 그래. 방금 네가 한 말들은 모두 두 가지로 해석돼.
'똑똑한 너의 동생'에서 '똑똑한'은 '너'도 꾸밀 수 있고, '너의 동생'도 꾸밀 수 있어. 그리고 '똑똑한 철수와 너'에서 '똑똑한'은 '철수'도 꾸미지만 '너'까지 꾸며줄 수 있잖아.

은빈: 그러네. 신기하다.
문장의 의미는 문장의 구조와 밀접한 관계를 맺는 것 같아!

1. 도입

"이번 주말에 내가 좋아하는 친구의 친구를 만나기로 했어."

이 문장에서 화자가 좋아하는 사람은 '친구'일까? '친구의 친구'일까? 아니면 둘 다일까? 우리는 일상에서 대화할 때 종종 여러 의미로 해석되는 표현들을 만난다. 이러한 의미 현상은 문장의 구조와 깊은 관련이 있다. '내가 좋아하는'이 수식하는 대상이 '친구'일 수도 있고 '친구의 친구'일 수도 있기 때문이다.

이처럼 문장의 의미 해석에는 문장을 구성하는 단어의 의미뿐만 아니라, 단어들이 결합한 방식도 큰 영향을 미친다. 우리는 1장에서 이러한 과정을 합성성의 원리와 함께 간단히 살펴보았다. 합성성의 원리에 대한 본격적인 논의에 앞서, 이 장에서는 의미 해석과 문장 구조의 관계를 다양한 예를 통해 살펴보고자 한다.

2. 통사 범주와 의미 범주

우리가 인간을 성별에 따라 구별하기도 하고 성격유형에 따라 다양한 MBTI 유형으로 구별하는 것과 마찬가지로 언어를 구성하는 요소도 문법적 특성이나 개념적 특성에 따라 다양한 범주로 분류할 수 있다.

먼저 문법적 특성에 따라 나누어지는 통사 범주에 대해 논의해 보자.

(1) 가. 새 책이 도착했다.

나. *책이 새 도착했다.

(2) 가. 빨리 도착했다.

나. *빨리 책

(1가)와 (2가)는 문법적인 문장인 반면에 (1나)와 (2나)는 비문법적이다. 이러한 차이는 '새'와 '빨리'가 가진 문법적 속성에서 비롯된다. (1가)의 '새'는 '책'과 같은 명사는 수식할 수 있지만 (1나)처럼 '도착하다' 같은 동사는 수식할 수 없다. 반대로 (2가)의 '빨리'는 '도착하다'라는 동사를 수식할 수는 있지만, (2나)처럼 '책'이라는 명사를 수식할 수는 없다((2나)가 자연스럽다고 생각하는 사람은 '빨리 책 줘'와 같은 문장에서 '주다'라는 동사가 생략된 것을 떠올렸을 것이다. 위에 제시한 예는 처음부터 동사가 결합하지 않은 경우만을 대상으로 한 것이다).

이러한 문법적 특성은 개별 단어에만 국한되지 않는다. '새(new)'처럼 명사를 수식하는 것은 가능하지만 동사를 수식하는 것은 불가능한 단어들의 집합에는 '어떤, 한, 많은, 재미있는' 등이 있고 '빨리'처럼 동사를 수식하고 명사는 수식하지 않는 단어들의 집합에는 '많이, 아주, 천천히, 늦게' 등이 있다. 이처럼 구·절·문장을 형성하는 데 참여하는 성분들을 문법적 특성에 따라 분류한 것들을 각각 통사 범주(syntactic category)라고 한다(신승용 외 2021: 216). (1가)의 '새'는 관형사형 범주에 속하고 (1나)의 '빨리'는 부사형 범주에 속한다. 통사 범주에는 관형사형 범주와 부사형 범주 외에 '책'과 같은 명사형 범주와 '도착하다'

와 같은 동사형 범주도 포함된다. 통사 범주는 일종의 분류이므로 분류 기준에 따라 그 종류는 달라질 수 있다. 현재 학교 문법에서는 통사 범주를 '명사, 대명사, 수사, 형용사, 동사, 관형사, 부사, 조사, 감탄사', 9품사로 분류하고 있다.[1] 여기에 어미(ending)까지 포함시키면 10개의 범주로 확장될 수 있다.

통사 범주는 흔히 단어의 부류(word class) 혹은 품사(parts of speech)라고 부르기도 한다. 품사라는 용어는 전통 문법 연구에서부터 사용되어 왔으며, 전통적 문법 인식이 반영되어 있다.[2] 이 글에서는 보다 중립적인 용어인 '통사 범주'를 사용하고자 한다. 통사 범주는 엄밀히 말하면 통사구조 형성에 참여하는 모든 요소를 가리킨다. 이에 통사 범주에는 단어뿐만 아니라 더 큰 단위의 구성 성분도 포함된다. 예를 들어 아래 통사구조(나무 그림)에서 보듯이, 통사구조를 형성하는 요소에는 명사(N)나 동사(V) 같은 단어 범주뿐만 아니라 명사구(NP), 동사구(VP)와 같은 구 범주도 포함된다.[3]

1 2009 개정 국어과 교육과정과 2015 개정 국어과 교육과정은 9품사 체계를 수용하고 있다.

2 국어 문법 체계를 세우는 초기 전통 문법 연구 시기에는 품사 관련 논의가 국어 문법의 핵심적인 내용이었다. 실제로 유길준(1909), 주시경(1905, 1908, 1910, 1914), 김희상(1911), 김두봉(1916), 안확(1917) 등에서 품사 연구가 비중 높게 다루어졌다. 이러한 품사 관련 논의는 생성문법의 통사 이론이 국내에 소개되기 시작하면서부터 크게 주목받지 못했다(남기심 외 2006, 구본관 2010, 최웅환 2010 등). 품사 연구의 전개에 대해서는 고영근(2001), 최형용(2012, 2020), 정한데로(2021) 등을 참고할 수 있다.

3 통사구조 형성에 관련된 자세한 논의는 신승용 외(2021), 이정훈(2023)을 참고할 수 있다.

(3)

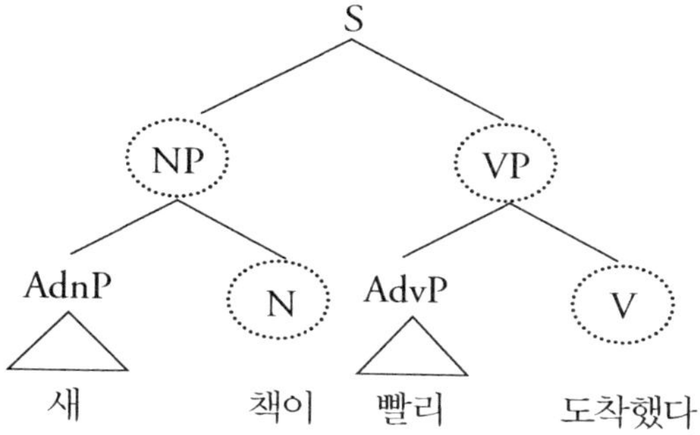

(3)의 구조에서 문장(S)은 크게 명사구(NP)와 동사구(VP)로 구성되어 있다. 명사구(NP)는 관형사(Adn) '새'와 명사(N) '책'으로 이루어져 있고, 동사구(VP)는 부사(Adv) '빨리'와 동사(V) '도착하-'로 구성되어 있다.[4] 이처럼 통사 범주는 '새, 책, 빨리, 도착하-'와 같은 개별 단어들과 함께 이들이 결합하여 형성하는 '새 책', '빨리 도착하-'와 같은 구 범주까지도 모두 포함하는 개념이다.

위에서 살펴본 '책', '도착하-', '빨리', '새' 등의 단어들은 문법적 특성에 따라 서로 다른 통사 범주로 나뉜다. 그렇다면 단어들이 가진 개념적 특성에 따른 의미 범주의 분류도 가능할까? 또한 통사 범주와 의미 범주는 일대일로 대응할까? 아래 예문을 보면 단어들의 의미 특성에 따라 의미 범주가 나누어지는 것을 쉽게 확인할 수 있다.

4 (3)의 통사구조는 통사 범주를 보이기 위해 간략화하여 제시한 것으로 조사 '-이'나 어미 '-었-', '-다'를 각각 N와 V의 일부로 간주하여 표시했다. 보다 상세한 통사구조에서는 이러한 문법 요소들도 각각의 범주로 표시될 수 있다. 이 책의 3부에서 자세한 통사구조가 나온다.

(4) 가. {순이가, 준호가, 영희가…} 이 책을 읽는다.

나. *{입학이, 진출이, 왜곡이…} 이 책을 읽는다.

(5) 가. 순이가 책을 읽고 있다.

나. *순이가 책을 아프고 있다.

(6) 가. 순이가 학교에 도착했다.

나. *순이가 한 시간에 도착했다.

(4가)의 '순이', '준호', '영희'와 같은 이름은 고유 명사(proper noun)에 속한다. 고유 명사는 그것이 지시하는 개체(entity)를 나타낸다. 개체에는 사람뿐만 아니라 '발견을 위한 한국어 의미론'(이는 이 책의 이름이다!)과 같은 사물(thing)도 포함된다. 개체의 중요한 특징은 특정한 시공간에 존재하여 물리적으로 관찰할 수 있으며, 특정한 속성을 소유할 수 있다는 점이다. 그러나 같은 명사 범주에 속해도 (4나)의 '입학', '진출', '왜곡'과 같은 단어들은 개체가 아닌 사건(event)을 나타낸다. 이들은 (4가)의 '순이', '준호', '영희'와 달리 행위의 주체가 될 수 없으며, 손으로 가리킬 수 있는 물리적 실체도 아니다. 대신 이들은 '순이의 대학 입학', '준호의 사회 진출'에서 보듯이 논항을 요구하며 특정 사건을 나타낸다. 특히 이러한 단어들은 '하다'와 결합하여 '입학하다', '진출하다', '왜곡하다'와 같은 동사로도 쓰일 수 있다는 특징이 있다.

(5가)의 '읽다'와 같은 동사 역시 사건을 나타내는데, 이는 특정 시공간에서 일어나는 관찰 가능한 행위를 의미한다. '철수는 순이가 책을 읽고 있는 것을 봤다'라는 문장에서 알 수 있듯이, 사건도 개체처럼

관찰이 가능하다.[5] 그리고 사건은 (5가)의 '읽고 있다'에서 보듯이 일정 한 시간을 차지하는 과정(process)을 나타낼 수 있다. 반면 (5나)의 '아프다'와 같은 형용사는 상태(state)를 나타낸다. 상태는 사건과 달리 역동적 과정을 포함하지 않는다. 이러한 차이는 술어의 의미 범주가 과정을 포함하는 사건(event)과 그렇지 않은 상태(state)로 구분될 수 있음을 보여준다.[6]

마지막으로 (6)의 '학교에'나 '한 시간에'과 같은 표현들은 각각 장소(place)와 시간(time) 의미 범주를 나타낸다. (6)의 예문이 보여주듯이 '도착하다'라는 술어는 의미적으로 장소 논항은 허용하지만 총 소요 시간을 나타내는 시간 논항은 허용하지 않는다. 이때 (6나)의 문장에서 '한 시간에'를 '한 시에'처럼 특정 시점을 나타내는 시간 부사어로 바꾸면 '순이가 한 시에 도착했다'처럼 문장이 자연스러워진다. 따라서

---

5 Lyons(1977: 103~122)에서는 세상 속에 최소한 존재하는 것들이 무엇인지 가정하면서 개체(entity)의 존재론적 범주를 세 가지 층위로 구분한다. 사람, 동물, 물체 따위 각각(individuals)을 일차 개체(first-order entities)로 보고 사건(event), 과정(process), 사태(state-of-affairs)처럼 특정 시구간에 일어나는 것들은 이차 개체(second-order entities)로 분류한다. 그리고 삼차 개체(third-order entities)는 명제와 같은 추상적 개체로서 시공간 내에 존재하지 않는 것을 가리킨다. 이 글에서는 사건이나 명제가 가진 개체로서의 존재론적 위상이 무엇인가에 대해서는 자세히 다루지 않는다. 다만 일차 개체와 이차 개체 및 삼차 개체가 의미론적으로 구분된다는 것을 받아들여 일차 개체만을 개체(entity)라고 칭하고 이차 개체 및 삼차 개체로 분류한 것은 사건(event), 상태(state), 과정(process) 등으로 세분화해서 구분하고자 한다. 그리고 사건, 상태, 과정 등을 포괄하는 용어로 상황(situation)이라는 용어를 사용한다.

6 상황(situation)이나 과정, 전이 등 모든 종류의 사건 유형을 아우르는 용어로 사태, 사건류(eventuality)를 사용하기도 한다(Bach 1986).

'도착하다'가 허용하지 않는 시간 부사어는 총 소요 시간을 나타내는 '한 시간에'이지, 모든 시간 부사어가 아니다. 즉 동일한 시간 범주를 나타내는 부사어라도 세부적인 의미 자질에 따라 서술어와의 결합 가능성이 달라질 수 있다.

앞서 살펴본 예문 (4)~(6)을 통해 문장 구성 성분들이 개체(entity), 사건(event), 상태(state), 장소(place), 시간(time) 등의 의미 범주로 분류될 수 있음을 보았다. 이러한 의미 범주는 통사 범주와 밀접한 상관관계를 맺는다. 예를 들어 고유 이름을 나타내는 명사 범주는 특정 개체(entity)를 나타내고, '읽다'와 같은 동사 범주는 사건(event)의 과정이나 결과를 나타낸다. 그러나 (4가)와 (4나)의 예를 통해 눈치챘겠지만, 통사 범주와 의미 범주는 일대일로 대응되지 않는다. 아래 예에서처럼 하나의 통사 범주는 여러 의미 범주에 대응할 수 있다.

(7) 가. 나는 민호가 해 준 요리가 맛있어서 두 그릇이나 먹었다.
　　나. 민호는 항상 나를 위해 요리를 한다.
(8) 가. 이번 학기에 만난 학생이 나에게 질문을 했다.
　　나. 그는 지난 학기까지 학생이었다.

(7), (8)에 쓰인 '요리', '학생'의 통사 범주는 모두 명사(N) 범주에 속한다. 하지만 (가)와 (나)에 쓰인 의미 범주는 서로 다르다.

(7가)의 '요리'는 화자가 먹은 음식으로서 실체를 가진 개체(entity)로 해석되어 '짜파구리' 같은 구체적 음식명으로 대체가 가능하다. 하지만

(7나)의 '요리'는 민호의 행위를 나타내 '짜파구리' 같은 음식명으로 대체될 수 없다.[7] 마찬가지로 (8가)의 '학생'은 특정 사람을 가리키는 개체로 해석되지만 (8나)의 '학생'은 '그'의 속성(property)이 학생임을 나타낸다. 그래서 (8가)에 쓰인 '학생'은 '철수'라는 이름으로 바꿔 쓰는 것이 가능한 반면 (8나)의 '학생'은 그렇지 않다.

이러한 현상은 (7), (8)의 예뿐만 아니라 '연구', '행복' 등 많은 한국어 명사에서 발견된다. 특히 술어적 의미를 지닌 명사들은 동사처럼 논항을 취할 수 있다.

(9) 가. 석사 학생의 의미론 연구[8]

나. 석사 학생이 의미론을 연구한다.

(9가)에서 '연구'라는 단어는 '석사 학생'과 '의미론'이라는 두 논항을 필요로 한다. '석사 학생'은 연구하는 주체이고 '의미론'은 연구의 대상이다. '연구하다'가 실현된 문장 (9나)에서는 '연구'에 의해 요구되는 두 논항이 각각 주격 조사 '–이'와 대격 조사 '–을'이 결합한 명사구로 실현된다.

(7)~(9)에서는 하나의 통사 범주가 여러 의미 범주에 대응되는 경우를 살펴보았다. 반대로, 하나의 의미 범주가 여러 통사 범주로 실현되는 경

7 짜파구리(jjapaguri)는 짜장라면과 너구리 라면을 함께 끓여 만든 라면으로 영화 '기생충(Parasite, 2019)'이 세계적으로 흥행하면서 더욱 유명해진 한국 음식 이름이다.

8 (9가)의 '석사 학생의 의미론 연구'는 '석사 학생의 의미론에 대한 연구'로 실현될 수도 있다.

우도 있다. 예를 들어 '짓다'라는 동사가 나타내는 사건(event)은 '건축'이라는 명사로도 표현될 수 있다. '짓다-건축'과 같은 예는 아래 (10)에서 보듯이 매우 다양하다.

(10) 가. [돌아가시다(죽다)-사망]

할아버지께서 어제 돌아가셨다.

할아버지의 사망 소식

나. [가르치다-교육]

선생님께서 열정적으로 가르치신다.

선생님의 열정적인 교육

지금까지 이 절에서는 하나의 언어 표현이 특정한 통사 범주와 의미 범주에 귀속될 수 있음을 살펴보고 통사 범주와 의미 범주 사이의 관계가 다대다(多對多) 관계임을 논의하였다. '학생'을 예로 들어 '학생'의 어휘의미구조(lexical semantic structure)에 반영될 통사 범주와 의미 범주를 정리하면 다음과 같다.[9]

---

9 어휘의미구조란 단어가 지니는 의미 정보가 체계적으로 구조화되어 있는 방식을 말한다. (11)의 어휘의미구조에는 간단하게 단어의 통사 정보와 의미 정보만 제시하였다. 어휘의미구조는 개념의미론(conceptual semantics), 생성어휘부이론(generative lexicon theory) 등의 이론과 함께 연구되어 왔다. 자세한 논의는 제2부에서 다루어진다.

(11) 학생

통사 범주: 명사 범주

의미 범주: 개체(entity)

속성(property)

예 철수는 한 학생을 만났다.
[개체]

철수는 학생이다.[10]
[속성]

(11)에서 보듯 '학생'의 의미는 어떤 행위를 하는 주체인 개인으로서 개체로 해석되기도 하고 직업이나 사회적 지위의 한 종류로서 속성으로 해석되기도 한다. 이러한 정보는 '학생'이라는 명사의 의미 구조에 개체와 속성이라는 항목으로 각각 반영될 것이다.

10 '철수는 학생이다'의 의미와 통사구조에 대해서는 더 심화된 논의가 필요하다. 이와 관련하여 '나는 철수를 학생으로 {여겼다, 삼았다}'의 '여기다', '삼다' 구문도 의미와 통사구조의 관계를 더 살펴볼 필요가 있다. '여기다' 구문과 '삼다' 구문에서 'NP를'과 'NP로'는 주술관계를 형성한다. 위의 예에서 '철수를 학생으로'는 '철수가 학생이다'와 같은 주술관계를 형성하는 것이다. 그렇다면 '나는 철수를 학생으로 {여겼다, 삼았다}'라는 문장에서 술어는 무엇인가? 이를 설명하는 방법으로는 '{NP로 여기다/삼다}'를 하나의 서술어로 보는 방법과 '여기다'나 '삼다'를 술어로 보는 방법이 있다.

3. 통사 규칙과 의미 규칙

통사론(syntax)은 문장의 형성과 구조를 연구하는 분야로 인간이 지니고 있는 문장 구조에 관한 지식을 설명하고자 한다. 그렇다면 통사 구조는 문장의 의미구조와 어떤 관계를 맺고 있을까?

이에 접근하는 관점은 크게 두 가지이다. 첫째는 통사구조에 더해 의미구조인 논리형식(logical form, LF)을 가정하여 설명하는 관점이고, 둘째는 통사구조에서 직접 의미구조와 해석을 이끌어낼 수 있다고 보는 관점이다.

첫 번째 관점에서는 문장의 구조가 통사 층위에서 형성되고 의미 해석은 별도의 논리형식 층위에서 이루어진다고 본다.[11] 논리형식 층위는 문장의 해석을 위한 정보가 담겨져 있는 층위로서 문장의 해석 및 이해를 담당하는 인지 기제인 개념-의도 체계와 접촉한다(김용하 외 2018: 32).

아래에서는 논리형식 층위를 이해하기 위하여 언어의 중의성(ambiguity) 현상을 살펴보고자 한다. 하나의 언어 표현에서 두 가지 이상의 의미가 도출될 때 우리는 그 언어 표현이 중의적이라고 이야기한다.

중의성은 어휘적 중의성(lexical ambiguity), 구조적 중의성(structural ambiguity), 영향권 중의성(scope ambiguity)으로 나누어 살펴볼 수 있다.

---

11 촘스키(Chomsky 1975)와 메이(May 1977)는 논리형식 층위를 가정한다. 이른바 T-model이라 불리는 문법에서는 LF와 PF 간에 직접적인 매핑이 존재하지 않으며 LF에서 논리 연산자들의 영향권(scope)이 해석된다.

어휘적 중의성은 '보다'처럼 하나의 단어가 두 가지 이상의 의미를 가진 경우 발생한다. 예를 들어 '아기를 보다'에서 '보다'는 '시각적으로 대상의 존재를 확인하다'라는 의미를 가질 수도 있고, '보살피다'라는 의미를 가질 수도 있다.[12] 어휘적 중의성과 구별하여 구조적 중의성은 언어 표현을 구성하는 요소들 간의 결합 방식 차이에 의해 발생하는 중의성이다. 구조적 중의성은 통사적 중의성이라고도 불린다. 구조적 중의성은 주로 수식어의 수식 범위가 불명확할 때 발생한다. 예를 들어 '착한 친구의 동생'은 [[착한 친구]의 동생]의 구조를 가질 수도 있고, [착한 [친구의 동생]]의 구조를 가질 수도 있다. 전자는 '착한'이 '친구'만 수식하여 친구가 착하다는 의미를 나타내지만, 후자는 '착한'이 '친구의 동생'을 수식하여 친구의 동생이 착하다는 의미를 가진다.

구조적 중의성이 통사구조의 차이에 의해서 의미가 달라지는 경우라면, 영향권 중의성은 하나의 통사구조를 가지지만 두 가지 의미 해석이 가능한 경우이다. 예를 들어 아래 (12)처럼 양화 명사구 '몇 명'과 시간 부사어 '항상'이 함께 사용될 때 중의성이 발생한다. 이러한 영향권 중의성을 설명하는 방법 중 하나로, 논리형식 층위의 이동을 상정하는 방법이 있다. 논리형식 층위에서는 중의적인 문장이 해석되는 과

12 하나의 언어 표현이 두 개 이상의 의미를 지니는 현상은 'A: 이 음식은 누가 주문했어요? B: 저기, 청바지가 주문했어!'라는 대화에서도 확인된다. 이 대화에서 '청바지'는 '청바지를 입은 사람'으로도 해석될 수도 있고, '청바지를 파는 사람', '청바지를 좋아하는 사람' 등으로도 해석될 수 있다. 이는 부분으로 전체를 나타내는 환유법에 의한 현상인데, 이때 해석되는 다양한 의미는 맥락 의존적인 특성을 지닌다. 이러한 현상은 위에 제시한 어휘적, 구조적, 영향권 중의성으로는 설명할 수 없다. 비유적 의미와 관련된 중의성 현상은 여기에서 다루는 설명 기제 외 다른 방법으로 설명될 필요가 있다.

정을 다음과 같이 설명할 수 있다.[13]

(12) 그들 중 몇 명은 항상 모임에 참석했다.

가. 항상 모임에 그들 중 몇 명은 참석했다.

나. 그들 중 몇 명은 늘 모임에 참석하던 사람들이다.

다.

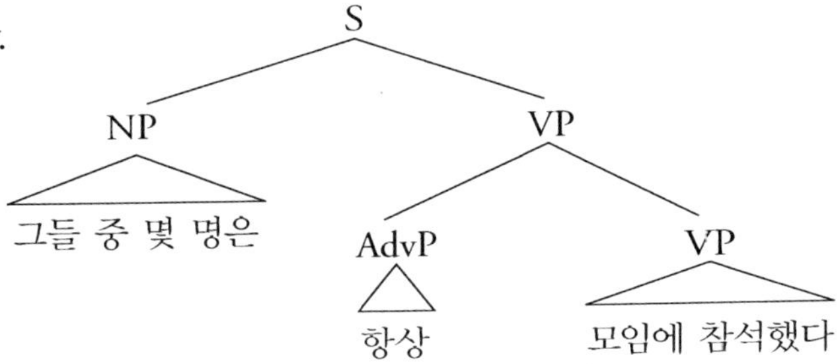

라.

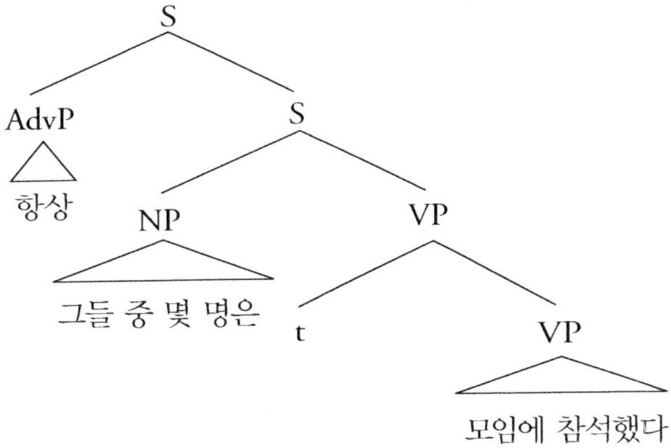

13 예문 (12)에서처럼 부사 '항상'과 '몇 명' 사이의 영향권(scope) 차이에 의한 중의성(ambiguity)은 영어 예문에서도 드러난다. Kiss and Pafel(2017: 244)에서는 아래 예문을 제시하였다.

Some of us always showed up.

a. Some of us are the ones who always showed up.

b. It was always the case that some of us showed up.

(12)의 표면 통사구조는 (12다)와 같지만 의미는 (12가)로도 해석되고 (12나)로도 해석되어 중의적이다. 이 두 가지 의미 해석을 가능하게 하는 논리형식(LF)을 상정한다면, (12다)의 통사구조는 논리형식 층위(LF)에서 양화 명사구의 이동을 통해 (12라)와 같은 구조를 가질 수 있다. (12라)를 통해 '항상'이 '그들 중 몇 명은' 앞으로 이동하여 두 가지 구조를 가지게 됨으로써 (12가), (12나)의 각기 다른 의미를 가지게 되는 것이다. (12다)의 구조는 (12나)의 의미를 나타내고 (12라)의 구조는 (12가)의 의미를 나타낸다.

(12다), (12라)의 구조에 따라 '그들 중 몇 명은 항상 모임에 참석했다'라는 문장은 아래 두 가지 논리구조를 가진다.

(13) 가. ∀t[∃x(그들 중 몇 명(x) ∧ 모임에 참석했다(x, t))]

나. ∃x[그들 중 몇 명(x) ∧ ∀t(모임에 참석했다(x, t))]

(13가)는 '모든 시간 t에, 모임에 참석하는 사람들이 그들 중 몇 명 있었다'는 것으로 해석된다. 이는 항상 모임을 가질 때마다 그들 중 몇 명이 꼭 참석했다는 의미이다. 이처럼 '항상'이 나타내는 보편 양화사(universal quantifier)가 '몇 명'이 나타내는 존재 양화사(existential quantifier)보다 넓은 영향권(scope)을 가지는 구조라면 (12가)의 의미로 해석된다. 한편 (13나)처럼 존재 양화사가 상위에 분포하여 보편 양화사보다 더 넓은 영향권을 가진다면 '모임에 늘 참석하던 사람들이 그들 중 몇 명 있었다'는 것으로 해석되어 (12나)처럼 해석된다. 이처럼

논리형식 층위(LF)에서는 양화사의 영향권 관계를 통해 중의적인 문장의 의미를 설명할 수 있다.

이러한 설명과 달리 몬태규(Montague 1970) 문법이라 알려진 범주 문법(categorial grammar)에서는 의미 해석 과정을 형식 체계 안에서 설명할 수 있다고 보았다. 이 이론은 통사 규칙에 대응하는 의미 규칙을 제시한다.[14] 또한 추상적인 논리형식을 상정하지 않고 표면 통사구조(surface structure)에서 직접 의미 해석을 도출하는 직접 합성성 해석(direct compositional interpretation)을 추구한다.

범주 문법의 핵심은 어휘항목마다 고유한 통사 범주를 부여하고, 이들의 결합을 함수 적용(functional application, FA)으로 설명하는 것이다.[15] 각 통사 범주는 함수자(functor)로서 다른 통사 범주의 어휘항목을 논항(argument)으로 받아 새로운 통사 범주를 만들기도 하고, 다른 함수자의 논항이 되기도 한다.[16] 범주 문법의 표기 방식의 예를 제시하면 아래와 같다.

(14) 가. $Y + X\backslash Y \rightarrow X$

14 범주 문법은 폴란드의 논리학자 아이두키에비치(Ajdukiewicz)의 「Die syntaktische Konnexität」(1935)에서 처음 제안되었다.

15 범주 문법에서 고유한 범주적 특성을 지니고 있는 어휘항목들은 결합할 때 함수 적용(FA), 함수 합성(functional composition, FC), 유형 상승(type raising)으로 설명한다. 자세한 설명은 다우티(Dowty 1988: 153~198)을 참고할 수 있다.

16 의미의 합성 과정을 함수의 개념을 빌려 설명하는 것은 다음 절에서 자세히 다룬다.

나. X/Y + Y → X

(14)에서 X와 Y는 각각 NP, VP와 같은 통사 범주를 의미하고, /는 논항의 위치(방향성)을 표시한다. 이들은 (14가)처럼 X\Y로 표기할 수도 있고 (14나)처럼 X/Y로 표기할 수도 있다. 이때 /(forward slash)는 논항이 오른쪽에 오는 것을 나타내며 \(backward slash)는 논항이 왼쪽에 오는 것을 나타낸다.

(14가)의 'X\Y'는 Y라는 논항을 왼쪽에 취하여 X라는 통사 범주를 형성하는 통사 범주를 뜻한다. 'X\Y'는 Y라는 논항을 취하여 X라는 결과를 반환하는 함수와 같다. 한편 (14나)의 'X/Y'는 오른쪽에 오는 Y 유형의 논항을 취하여 X라는 결과를 내놓는 함수이다.

이 표기법을 한국어에 적용하여 나타내면 아래와 같다.

(15) S\NP + NP → S

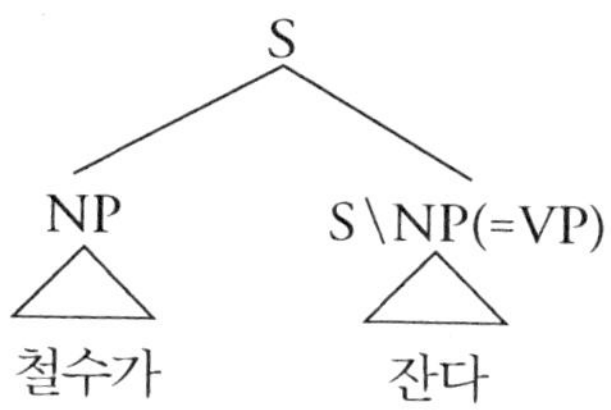

(15)에서 '자다' 같은 자동사는 '철수' 같은 개체 논항을 왼쪽에 취하여 '철수가 잔다'라는 문장(S)를 결과로 내놓는다. 이에 따르면 한국어의 자동사의 범주는 'S\NP'로 표기할 수 있다.

이러한 표기법으로 '먹다' 같은 타동사나 관형어의 범주 표현을 제시하면 아래와 같다.

(16) 가. 타동사

(S\NP)\NP

예 먹다, 공부하다, 쓰다, …

나. 관형어

NP/N

예 모든, 어떤, …

(16가)에서 '먹다', '공부하다' 같은 타동사는 주어 명사구(NP)와 목적어 명사구(NP)를 논항으로 요구하므로 '(S\NP)\NP'로 나타낼 수 있다. 이는 서술어 왼쪽에 목적어 논항을 취하여 '(S\NP)'를 내놓고, 다시 왼쪽에 주어 논항을 취하여 'S'를 결과로 내놓는 것을 의미한다. 한편 (16나)의 '모든, 어떤'과 같은 관형어는 명사를 꾸며주는 기능을 하므로 오른쪽에 명사(N)를 논항으로 취해 명사구(NP)를 결과로 내놓는다.

이상 위에서 살펴본 (14)~(16)의 통사 범주들의 결합 규칙들은 의미 규칙에 일대일로 대응하여 통사 규칙이 직접적으로 합성적 의미 해석 규칙을 제공한다. 가령 (15)의 통사 규칙은 '자다'의 의미가 고유명사 '철수'가 지시하는 개체를 논항으로 취하여 문장이 나타내는 사건의 진릿값을 결과로 산출하는 함수라는 것과 연결된다. 이는 전체 표현의 의미가 그것을 구성하는 성분들의 의미로부터 결정된다는 합성성의 원리를 통사 규칙을 통해 구현하는 것이다. 따라서 범주 문법은 추상적 통사구조나 논리형식을 상정하지 않으며 이동과 같은 규칙도 설정하지 않는다.

이 절에서는 의미 합성성을 설명하기 전에 통사 규칙과 의미 규칙 사이의 상관성에 대해 먼저 알아보았다. 통사 규칙과 의미 규칙 사이의 관계는 논리형식 층위를 설정하여 설명할 수도 있고, 직접 합성성 원리를 바탕으로 설명할 수도 있다. 이 글에서는 두 접근 방식이 기본적으로 합성성의 원리를 따르고 있다는 점에서 큰 차이가 없다고 보고 두 관점 중 무엇이 더 타당한가에 대해서는 더 논의하지 않는다. 다만 아래에서는 논의의 일관성 및 표기의 일관성을 위해 생성 문법적 관점을 채택하여 의미 합성성 원리를 논의하고자 한다.

참고 문헌

강범모(1990), 범주문법과 양화사 유동, 인지과학 2(1), 한국인지과학회, 73-86.

고영근(2001), 역대한국문법의 통합적 연구, 서울대학교 출판부.

구본관(2010), 국어 품사 분류와 관련한 몇 가지 문제, 형태론 12(2), 형태론 편집위원회, 179-199.

김용하·박소영·이정훈·최기용(2018), 한국어 생성 통사론, 역락.

남기심 외(2006), 왜 다시 품사론인가, 커뮤니케이션북스.

신승용·이정훈·오경숙(2020), 국어학 개론(개정판), 태학사.

이정훈(2023), 한국어 기술 생성 통사론, 역락.

정한데로(2021), 주시경과 김두봉의 씨, 계승과 변화, 한국학논집 82, 계명대학교 한국학연구원, 41-72.

최웅환(2010), 국어 품사론 연구의 전개와 전망, 한국어학 47, 한국어학회, 33-60.

최형용(2012), 분류 기준에서 본 주시경 품사 체계의 변천에 대하여, 국어학 63, 국어학회, 313-340.

최형용(2020), 1910년대 품사 연구, 한국어학 88, 한국어학회, 61-111.

Ajdukiewicz, K.(1935), Die syntaktische konnexität, *Studia Philosophica* 1, 1-27.

Bach, E.(1986), The algebra of events, *Linguistics and Philosophy* 9(1), 5-16.

Chomsky, N.(1975), *Reflections on Language*, New York: Pantheon.

Chomsky, N.(1977), *On Nature and Language*, Cambridge: Cambridge University Press.

Dowty, D.(1988), Type-raising, functional composition, and non-constituent conjunction, In R. Oehrle, E. Bach, and D. Wheeler(Eds.),

Categorial Grammars and Natural Language Structures, Dordrecht: Springer, 153–198.

Kiss, K. É., and J. Pafel(2017), Quantifier scope ambiguities, In Everaert, M., and Van Riemsdijk, H.(Eds.), *The Wiley Blackwell Companion to Syntax*, Second Edition, Hoboken, NJ: John Wiley & Sons, 243–278.

Lyons, J.(1977), *Semantics*(Vol.2), Cambridge: Cambridge University Press.

May, R. C.(1977), The Grammar of Quantification, PhD dissertation, MIT.

Montague, R.(1970), Universal grammar, *Theoria* 36(3), 373–398.

[자료]

김두봉(1916), 조선말본, 신문관(역대한국문법대계 [1] 22).

김희상(1911), 조선어전, 보급서관(역대한국문법대계 [1] 19).

안 확(1917), 조선문법, 유일서관(역대한국문법대계 [1] 175).

유길준(1909), 대한문전, 융문관(역대한국문법대계 [1] 06).

주시경(1905), 국문문법(역대한국문법대계 [1] 107).

주시경(1908), 말(역대한국문법대계 [1] 08).

주시경(1910), 국어문법, 박문서관(역대한국문법대계 [1] 11).

주시경(1914), 말의소리, 신문관(역대한국문법대계 [1] 13).

3장

문장의 의미 해석 규칙

여는 대화

은우: 우리 누가 더 문장을 길게 만들 수 있는지 내기하자!

옹자: 그래. 나부터 해볼게. "옹자는 착하다"

은우: "은우의 친구인 옹자는 착하다"

옹자: "은빈이가 좋아하는 은우의 친구인 옹자는 착하다"

은우: "메리는 은빈이가 좋아하는 은우의 친구인 옹자는 착하다고 생각한다"

옹자: "메리는 은빈이가 좋아하는 은우의 친구인 옹자는 착하다고 생각하고 은우는 나쁘다고 생각한다"

은우: 잠깐!! 이 내기는 그만하자.

옹자: 왜?

은우: 이 내기는 처음부터 누가 이길 수 없는 내기였어.
문장은 끝없이 길어질 수 있잖아.

1. 도입

언어의 신비로움은 한 번도 들어보지 못했던 문장을 듣고도 잘 이해할 수 있을 때, 그리고 이러한 문장을 무한대로 생성해낼 수 있을 때 드러난다. 이처럼 신비로운 언어 능력을 지닌 화자들은 모국어로 형성된 문장을 보고 문법적으로 옳은지, 아닌지에 대한 직관도 가지고 있다. 예를 들어 한국어가 모국어인 사람은 '영이가 상한 음식을 먹었다', '영이가 상한 음식을 먹더니 배탈이 났다', '영이가 상한 음식을 먹더니 배탈이 나 아무것도 먹지 못했다'처럼 연결 어미를 사용해서 문법적으로 옳은 문장을 계속 생성해 낼 수 있다. 아울러 '*영이가 음식을 상한 먹었다'와 같은 문장은 정문(well-formed sentence)이 아님을 한눈에 파악할 수 있다. 여기에 더해 우리는 이 문장들을 어떻게 해석해야 하는지도 알고 있다. 그리하여 '영이가 상한 음식을 먹더니 배탈이 났다'는 의미 해석에 아무 문제가 없지만 '*내가 상한 음식을 먹더니 배탈이 났다'는 비문법적인 동시에 의미도 어색하다는 것을 안다.

이러한 현상은 인간이 머릿속 사전(어휘부, mental lexicon)에 저장된 단어(words)들을 조합해서 특정 언어 표현을 생성하고 해석하는 규칙을 알고 있음을 보여준다. 어휘부에 저장된 단어들은 유한하지만 그 단어들을 가지고 만들어낼 수 있는 언어 표현은 무한하므로, 우리의 규칙 체계 안에는 문장을 구성하는 성분들의 의미에 기초하여 전체 문장의 의미를 해석하도록 하는 체계적 해석 원리가 존재할 것이다. 이러한 원리를 제1장에서 합성성의 원리라고 하였고 이에 기초하여 의미를 연구하는 이론을 형식 의미론(formal semantics)이라고 하였다. 그렇다면 의미가 결합하는 방법은 무엇에 기초하는가? 문장을 구성하는 성분들이 결합하는 통사 규칙에 기초한다. 이 장에서 살펴보고자 하는 것은 바로 통사 규칙에 기초한 의미 해석 과정이다. 아래에서는 문장을 형성하는 구성 성분들의 의미가 합성되는 다양한 양상을 일관되고 체계적인 방법으로 보여줄 수 있는 방법에 대해 살펴보고자 한다.

2. 합성성 원리

우리는 문장을 얼마나 길게 만들 수 있을까? 은우와 옹자의 내기처럼 문장을 가장 길게 만드는 사람이 이기는 내기를 한다면, 아마 가장 참을성 있고 끈기 있는 사람이 이기게 될 것이다. 문장의 길이는 무한히 길어질 수 있기 때문이다. 심지어 모국어에 대한 직관만 있다면 문법적 오류를 만들어 내지 않고도 무한히 긴 문장을 만들 수 있다. 더욱 주목할 점은 이러한 언어 능력(linguistic competence)이 어린 아동에게서도 관찰된다는 것이다.

우리가 가지고 있는 단어가 유한하다는 것을 생각하면 유한한 단어들의 집합으로 무한한 문장을 만들어 내는 원리와 규칙이 우리에게 내재되어 있다는 것을 알 수 있다. 촘스키는 이러한 인간의 언어 창조성(creativity)과 관련된 신비로움을 해명하기 위하여 인간이 언어 능력을 천부적으로 타고난다고 이야기하였다. 그렇다면 촘스키가 말한 언어 능력은 무엇인가? 언어 능력이 단순히 수많은 어휘를 저장하고 있는 체계적인 어휘 사전을 말하는가? 여기서 언어 능력이란 단순한 어휘 목록이 아니라 언어의 규칙 체계인 문법(grammar)이다.

그렇다면 문법과 의미는 어떠한 관계를 맺는가? 문장의 의미가 올바르게 해석되기 위해서는 그 문장의 올바른 구조를 상정해야 한다. 아래 대화에서 영희와 철수가 발화한 문장의 의미가 서로 다른 이유가 무엇인지 생각해 보자.

(1) 영희: 영희가 철수를 사랑해~
    철수: 철수가 영희를 사랑해~

(1)에서 영희와 철수는 서로에게 사랑한다고 속삭이고 있다(닭살 커플이라면 조사 '-가'나 '-를'을 생략한 채로 '영희 철수 사랑해~'처럼 말하기도 할 것이다!).

그들이 발화한 두 문장은 '영희', '철수', '사랑해'라는 동일한 어휘 항목으로 구성되어 있지만, 그 의미는 확연히 다르다. 이러한 의미 차이는 '사랑하다'라는 술어가 어떤 단어와 먼저 결합하는지에 따라 결정된다. '사랑하다'가 '철수'와 먼저 결합하면 '철수'가 사랑받는 대상인 것으로 해석되고, '영희'와 먼저 결합하면 '영희'가 사랑받는 대상으로 해석된다.

이 현상은 무엇을 보여주는가? 바로 문장의 구조다. 문장을 형성하는 단어들이 한 줄 서기 하는 것처럼 줄줄이 이어지는 것이 아니라, 우선 결합하는 단어들이 있어 계층적으로 구조를 형성하는 것이다. (1)의 두 문장을 나무 그림을 통해 시각적으로 확인해 보면 아래와 같다.

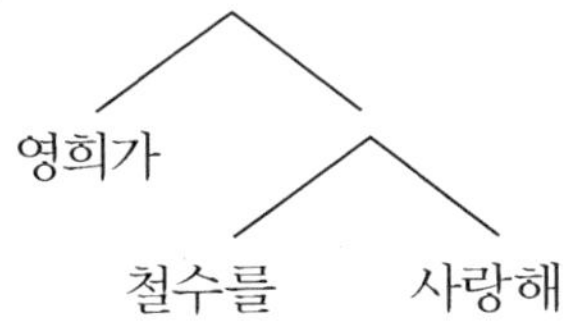

〈그림 1〉

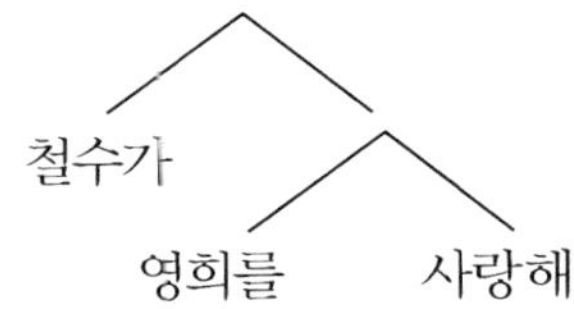

〈그림 2〉

〈그림 1〉과 〈그림 2〉를 보면 '사랑하다'라는 술어가 먼저 결합하는 단어가 서로 다르다. 〈그림 1〉에서는 '사랑하-'가 '철수'와 먼저 결합하고 〈그림 2〉에서는 '사랑하-'가 '영희'와 먼저 결합한다. 이러한 결합 순서의 차이가 문장 전체의 의미를 결정한다.

위와 같은 결합 순서를 반영하여 타동사의 의미는 순서쌍들의 집합으로 나타낼 수 있다. 예를 들어 '사랑하다'의 의미는 사랑하는 관계(relation)에 있는 개체쌍들의 집합으로 형식화할 수 있다. 이 개체쌍들은 사랑하는 주체와 사랑받는 대상의 순서를 반영하여 〈영희, 철수〉, 〈철수, 영희〉와 같이 표현된다. 여기서 순서쌍의 첫 번째 요소는 사랑하는 행위자이고 후행하는 요소는 사랑받는 대상을 나타낸다. 이 순서쌍의 순서가 바뀌면 사랑하는 사람과 사랑받는 대상이 바뀌므로 그 관계가 달라진다.

다음으로 문장의 구조와 의미의 관계를 확인할 수 있는 중의성 해석 문제를 살펴보자. 아래 (2), (3)에서처럼 어떤 문장의 의미는 문장의 표면 구조만 가지고는 해석되지 않고, 훨씬 더 추상적인 구조와 관련된다.

(2) 똑똑한 네 동생이 부러워.

가. [[똑똑한 너]의 동생]이 부러워.

나. [똑똑한 [너의 동생]]이 부러워.

(3) 똑똑한 철수와 영희가 온다.

가. [[똑똑한 철수]와 영희]가 온다.

나. [똑똑한 [철수와 영희]]가 온다.

(2)와 (3)에서 '똑똑한'의 수식 범위에 따라 서로 다른 해석이 가능하다. 이는 구조적 중의성(structural ambiguity)의 전형적인 예로, 문장의 의미 해석이 통사구조와 밀접하게 연관됨을 보여준다.

지금까지 살펴본 예들을 토대로 문장의 의미 해석이 문장을 형성하는 구조와 아주 밀접한 관련이 있음을 알았다. 그렇다면 문장의 의미를 온전하게 해석하려면 문장의 구조가 어떻게 형성되는지를 알아야 할 것이다. 문장의 구조가 형성되는 과정을 일반화시킨 규칙을 생성문법(generative grammar)에서 구 구조 규칙(phrase structure rule)이라고 한다. 우리가 일상생활을 하며 만들어 내는 수많은 문장을 생각해 보고 그 문장들의 기본 구조가 무엇일지 추상화해 보자.

(4) 가. 손흥민은 빠르다, 음바페는 빠르다, 메시는 빠르다.

나. 옹자가 밥을 먹는다, 은우가 밥을 먹는다, 메리가 밥을 먹는다.

다. 옹자가 메리에게 밥을 주었다, 은우가 옹자에게 밥을 주었다.

(4가)~(4다)에서 보듯이 우리는 이미 존재하는 유한한 수의 단어들을 가지고 다양한 구조로 결합하며 문장을 생성한다. 우리가 생성하는 다양한 유형의 문장들은 아래와 같은 기본 구조를 공유한다.

(5) S → NP VP

(5)에서 S는 문장(sentence)을 나타내는 문자이고 NP는 명사구(noun phrase)를, VP는 동사구(verb phrase)를 나타낸다. 그리고 → 로 이어진 위의 규칙은 'S는 NP와 VP로 이루어진다'는 것을 의미한다. 즉 명사구 NP와 동사구 VP가 합쳐져서 문장을 형성한다는 것이다. 우리는 이러한 추상적 문장 형성 규칙(=통사 규칙)에 따라 '손흥민'과 '빠르다' 같은 단어들을 결합하여 문장을 형성한다. '손흥민'이 들어간 자리에는 '음바페', '메시' 등의 명사구가 들어갈 수 있으며 '빠르다'의 자리에는 '웃다', '자다' 등의 한 자리 술어(one-place predicate)가 들어갈 수 있다.

이와 마찬가지로 (4나)와 (4다) 역시 내부 구조는 조금씩 다르지만, (5)와 같은 규칙에 의해 단어들이 결합한다. (4나)에서는 '밥을 먹는다(NP+VP)'가 동사구(VP)를 형성하고 (4다)에서는 '메리에게 밥을 주었다(NP+NP+VP)'가 동사구(VP)를 형성한다. 결국 문장은 부분들로 구성된 복합 요소이며 이 부분들은 순환적으로 회귀하여 다른 문장 속에 등장할 수 있다.

이처럼 언어의 구조가 합성적이라는 것은 분명한 사실이다. 유한한 수의 단어들로 무한한 문장을 형성할 수 있는 것은 바로 합성성

(compositionality)의 원리에 따른 것이다. 문장의 의미 해석 역시 문장을 구성하는 단어들의 의미와 그 단어들의 결합 방식(=통사구조)에 기반하여 계산된다. 이미 여러 번 언급한 합성성의 원리를 정리하여 제시하면 아래와 같다.

(6) 합성성의 원리(principle of compositionality)

문장의 의미는 그 문장을 구성하는 단어들 각각의 의미와 그 단어들이 결합하여 형성된 통사구조에 기반하여 계산된다.

그동안 상당히 많은 철학자들과 언어학자들이 의미는 본질적으로 합성적이라고 생각해 왔다. 이들은 합성성의 원리를 바탕으로 문장의 부분이 가진 의미로부터 문장의 전체 의미가 합성되어 계산되는 과정을 제공하려고 했다. 합성 규칙들은 생성 문법에서 이야기한 문법과 마찬가지로 인간 내면에 존재하는 일종의 정신적 표상물이라고 할 수 있다.

오늘날 형식 의미론에서 의미 합성(semantic composition) 과정을 포착하기 위해 사용하는 논리적이고 수학적인 방법은 19–20세기 철학자인 프레게의 문장 분석 방법인 함수–논항(function–argument) 구조에 기원한다. 프레게는 수학의 엄밀성과 정밀성을 인공 언어 계산에 도입하면서 문장들이 함수–논항 구조를 가진다고 하였다. 의미를 해석하는 데 있어서 '함수(function)'를 적용한다니 적잖이 놀랐을 것이다. 어쩌면 그것이 어떻게 가능한지 의아하기까지 할 것이다. 그러나 함수가 작동하는 원리를 조금만 이해하면, 문장이 형성되는 규칙과 함수를 적용한 의미 해석 규칙이 서로 통한다는 것을 알 수 있다!

'함수'하면 무엇이 떠오르는가? 수학책에서 보았던 아래 그림이 떠오르지 않는가?

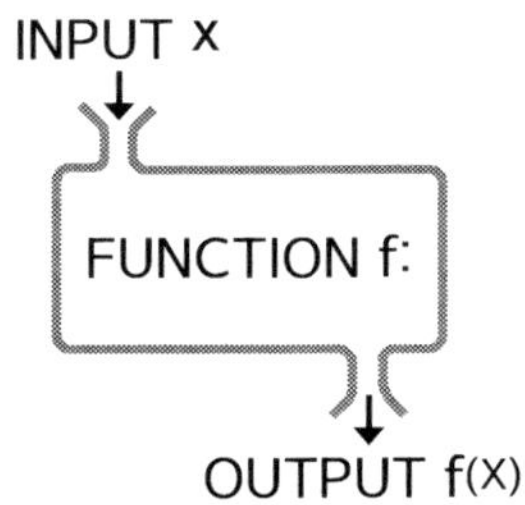

〈그림 3〉 함수 적용

〈그림 3〉에서 보듯이 함수는 주어진 입력값(input)을 넣어서 어떤 결괏값(output)을 내놓는다. 아래 (7)에서 간단한 수학 식을 통해 함수 적용의 원리를 살펴보자.

(7) f(x) = x+2

만약 함수 f가 어떤 입력값을 받아서 2를 더한 수를 내놓는 함수라고 해보자. 1을 입력값 x에 넣으면 결괏값으로 3을 내놓을 것이다. 이때 함수가 취하는 입력값은 그 함수의 논항(argument)이라고 부르고 함수가 적용된 후 나오는 결괏값은 함수의 값(value)이라고 부른다. 이는 '$f(1)=3$'이라고 표기한다. 이 과정을 아래 (8)의 문장이 해석되는 과정에 적용해 보자. 무엇이 함수의 기능을 하겠는가?

(8) 옹자가 잔다.

가. x 잔다.

나. 옹자가 x

만약 (8가)처럼 입력값(x)인 논항이 주어 자리에 오는 단어라고 한다면 술어가 함수 역할을 할 것이고 (8나)처럼 서술어 자리에 오는 단어가 논항 x라면 주어 자리에 오는 단어가 함수 역할을 할 것이다.

그런데 '옹자'가 함수일 수 있겠는가? '옹자'가 함수라면 이 단어가 쓰일 때는 항상 요구하는 또 다른 언어 표현이 있어야 한다는 것인데 '옹자'는 그렇지 않다. '옹자'의 의미는 그것이 지시하는 개체일 뿐이다. 즉 '옹자'는 독립적인 사용이 가능하여 또 다른 성분을 요구하지 않는데 반해, 술어인 '자다'는 단독으로 사용할 수 없으며 늘 다른 성분을 요구한다. 누군가가 '잔다'라고만 발화했다고 상상해 보라. 우리는 바로 '누가?'라고 물을 것이다. 따라서 '자다'와 같은 술어는 한 자리 술어로서 늘 또 다른 단어 한 개를 요구한다. 이는 술어가 함수의 기능을 한다는 것을 의미한다.

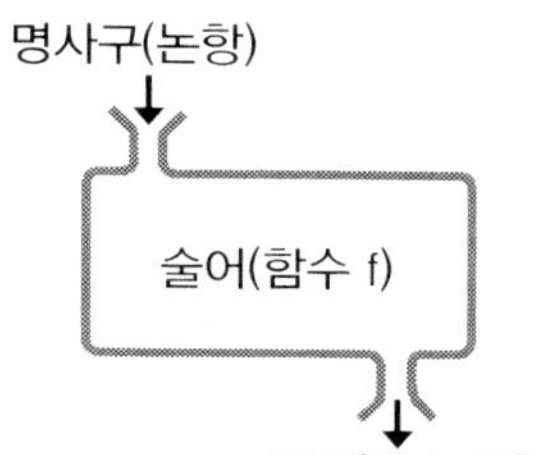

〈그림 4〉 함수로서의 술어

위의 (8가)를 좀 더 일반화하여 함수 표기로 형식화해 보자. 이를 위해 논리 언어가 필요하므로 1장에서 상정한 논리어를 다시 가지고 오면 아래와 같다. 위에서 살펴보았던 논리어의 종류에 아래 (9다)를 추가한다.

(9) 논리어의 종류

가. 개체 상항(individual constants): a, b, c……

나. 술어: P(한 자리 술어), R(두 자리 술어)……

다. 변항: x, y, z……

(9다)에 제시한 문자 'x'는 (8가)에서 입력값(논항)을 나타내기 위해 사용했던 문자와 같다. 즉 변항(variables)은 함수에 의해 할당되어야 하는 값이라고 할 수 있다. 따라서 엄밀하게 따지면 변항이 들어간 식 '자다(x)' 같은 것은 참 혹은 거짓을 따질 수 없기에 진릿값을 가지지 않는 불완전한 명제 문장이라고 할 수 있다.

술어와 논항이 결합하여 문장을 만드는 규칙과 그것의 의미 해석 규칙을 제시하면 아래와 같다.

(10) 통사 규칙(SR)

가. SR1. 만약 P가 한 자리 술어(one-place predicate)이고 T가 개체를 나타내는 개체 상항이나 변항이라면, P(T)는 하나의 문장(또는 식 formula) S를 형성한다.

예 자다(a)

나. SR2. 만약 R이 두 자리 술어(two-place predicate)이고 X, T가 개체 상항 또는 변항이라면, R(X, T)는 하나의 문장(또는 식 formula)을 형성한다.

예 사랑하다(a, b)

(11) 의미 해석규칙(IR)

가. IR1. α가 개체 상항이면, $[\![\alpha]\!]^{w1}$는 모형(세계) w_1에서 α의 표의를 나타낸다.

예 가. $[\![$은우$]\!]^{w1}$ = **은우**

나. $[\![$옹자$]\!]^{w1}$ = **옹자**

다. $[\![$메리$]\!]^{w1}$ = **메리**

나. IR2. P가 한 자리 술어 상항이면, $[\![P]\!]^{w1}$ 는 모형(세계) w_1에서 P의 표의(개체들의 집합)를 나타낸다.

S가 S의 구조를 형성하면, $[\![S]\!] = [\![P]\!]([\![T]\!])$이다.

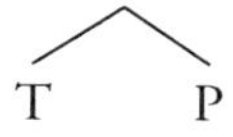

예 $[\![$자다$]\!]^{w1}$ = { x | x는 w_1에서 잔다} = {은우, 옹자}

다. IR3. R이 두 자리 술어면, $[\![R]\!]^{w1}$은 모형(세계) w_1에서 R의 표의(개체 순서쌍들의 집합)를 나타낸다.

S가 S의 구조를 형성하면, ⟦S⟧ = ⟦R⟧(⟦X⟧, ⟦Y⟧)이다.

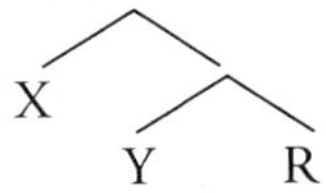

예 ⟦좋아하다⟧^{w1} = {⟨x, y⟩ | x는 w_1에서 y를 좋아한다}

= {⟨은우, 옹자⟩, ⟨옹자, 은우⟩, ⟨옹자, 메리⟩}

문장의 의미 합성 과정을 형식적으로 표현하는 방법을 살펴보자. 먼저 술어의 논항구조를 기반으로 한 기본적 형식화를 제시할 수 있다.

(12) 가. 영희가 웃는다.

나. **웃는다**(영희)

(13) 가. 영희가 민수를 좋아한다.

나. **좋아한다**(영희, 민수)

(14) 가. 영희가 민수에게 편지를 보냈다.

나. **보냈다**(영희, 민수, 편지)

(12)~(14)의 (나)에 진한 글씨로 표시한 술어는 술어의 의미를 나타내고 ( ) 안에 들어간 명사구는 술어가 요구하는 논항을 표시한 것이다. 위와 같은 형식화는 술어가 함수(function)의 기능을 하고 논항을 취해 문장의 의미를 결과로 내놓는 것을 보여주어 합성성의 원리를 잘 보여준다. 만약 술어를 P라는 기호로 나타내고 논항들을 e라고 한다면 (12나), (13나), (14나)는 각각 'P(e)', 'P(e, e)', 'P(e, e, e)'로 표기할 수 있을 것이다.

그러나 이러한 단순 형식화는 문장의 계층적 구조를 반영하지 못한다는 한계를 갖는다. 다음 예를 통해 문장의 형성 가능한 구조를 확인해 보자.

(15) 영희가 민수를 좋아한다.

가.

나.

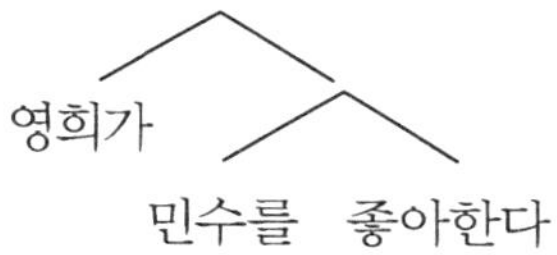

(16) 가. 영희가 민수를 좋아한다.

나. 미나도 그래.

(16나)에서 '그래'는 '민수를 좋아한다'는 대신한 표현이다. 이렇게 '민수를 좋아한다'가 '그렇다'에 의해 대치될 수 있는 사실은 '민수를'과 '좋아하다'가 긴밀한 관계를 맺어 하나의 구성 성분을 이룬다는 것을 보여준다. 이는 (15나)의 계층 구조를 지지한다.

(15)와 (16)에서 보듯 문장을 구성하는 어휘들이 결합할 때는 한꺼번에 모든 요소가 결합하는 것이 아니라 긴밀한 관계를 맺는 요소들끼리 먼저 결합한다. 따라서 이러한 결합 규칙에 대응하는 의미 규칙을 보이고자 할 때는 (12나), (13나), (14나)에서 제시한 형식화에 결합 순서 규칙을 부여할 필요가 있다. 예를 들어 (13가)에서 타동사 '좋아하다'는

논항이 두 개이므로 목적어인 '민수'와 먼저 결합하고 그 이후에 주어인 '영희'와 결합한다. 이때 '영희'가 결합하기 전인 '민수를 좋아하다'(VP)의 의미를 계산하고 그 후에 '영희'가 결합한 문장의 의미를 계산해야 하는 것이다.

통사구조의 결합 방식에 따른 의미 합성 과정을 보기 위해 (15나)의 나무 그림에 통사 범주를 표시해 제시하면 아래와 같다.

(17)

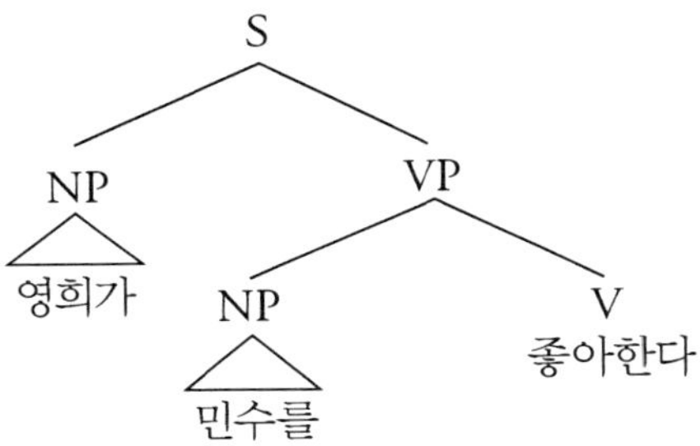

(17)에서 S는 문장, NP와 VP는 명사구, 동사구, V는 동사를 나타낸다. 그렇다면 '영희가 민수를 좋아한다'를 구성하는 성분들 '영희가', '민수를', '좋아한다'의 의미가 (17)과 같은 결합 방식에 의해 한 단계 한 단계씩 합성되는 것은 (17)에 표시한 통사 범주와 구 구조 규칙에 의해서 표시될 수 있을까?

(18) 구 구조 규칙의 예

가. S → NP VP

나. VP → (NP) V

다. NP → (NP) N

(18가)는 S가 NP와 VP로 이루어진다는 것을 나타내고 (18나)는 VP가 NP와 V로 이루어지는데, 괄호 안에 들어간 NP는 생략될 수도 있음을 나타낸다. 마찬가지로 (18다)는 NP가 NP와 N으로 이루어지고 선행하는 NP는 있어도 되고 없어도 됨을 나타낸다.

이처럼 구 구조 규칙을 구성하고 있는 것은 어떤 언어 표현의 문법적 특성을 드러내는 통사 범주이지, 의미 범주는 아니다. 제1장에서 살펴보았듯이 통사 범주와 의미 범주는 일대일 대응관계가 아니다. 통사 범주만으로는 문장의 의미 특성을 다 담아낼 수 없기 때문에 구 구조 규칙만으로는 의미 합성을 제대로 포착할 수 없다. 아래 예를 보자.

(19) 가. 철수는 어제 선생님을 만났다.
나. 철수는 선생님이다.

(19가)와 (19나)에서 '선생님'의 통사 범주는 NP로 똑같지만 의미적 특성은 다르다. (19가)에서 철수가 만난 선생님이 '김 선생님'이었다고 해보자. 그러한 맥락에서 (19가)의 '선생님'은 특정 개체를 지시한다. 한편 (19나)에서 '선생님'은 특정 개체를 가리키는 것이 아니라 선생님이라는 직업 등의 속성을 나타낸다.

이처럼 통사 범주만으로는 문장을 구성하는 성분들의 의미를 제대로 포착하지 못하고 결국 의미 합성 양상도 온전하게 나타내기 어렵다. 이에 우리는 의미 합성 규칙에 필요한 의미 범주를 따로 설정할 필요가 있다. 의미 범주 체계와 관련된 논의는 절을 나누어 살펴보기로 하자.

3. 의미유형과 합성

앞 절에서 우리는 통사 범주만으로는 문장의 의미 합성을 완전히 설명할 수 없다는 것을 보았다. 의미 합성 과정을 정확히 포착하기 위해서는 별도의 의미 범주 체계가 필요하다. 이 절에서는 이러한 의미 범주를 의미유형(semantic type)이라 부르고, 이를 통해 문장의 의미가 어떻게 합성되는지 살펴보고자 한다.

의미유형은 두 가지 조건을 만족해야 한다. 첫째, 함수–논항 관계를 명시적으로 표현할 수 있어야 한다. 둘째, 통사구조의 계층적 결합 방식을 반영할 수 있어야 한다.

다음 예문을 통해 기본적인 의미유형을 확인해 보자.

(20) 가. 영희가 웃는다.

나. ________ 웃는다.

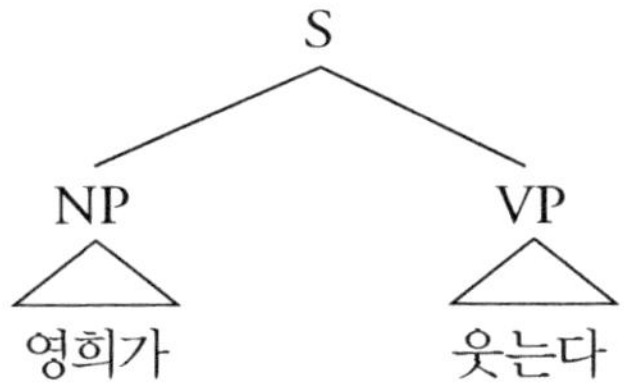

위의 예를 바탕으로 문장 의미 합성에 필요한 기본적인 의미유형을 살펴보자. 먼저 '영희'와 같이 개체를 나타내는 표현의 의미유형이 필요

하다. 이를 entity의 'e'를 따서 'e-type'이라고 부른다.

다음으로 '영희가 웃는다' 같은 완전한 문장은 진릿값을 가지는 단위이므로 truth value의 't'를 써서 't-type'이라고 한다. 마지막으로 술어 '웃다'의 의미유형은 무엇일까? 새로운 의미유형을 만들 수도 있지만 새로운 의미유형을 도입할 필요 없이 개체의 의미유형과 문장의 의미유형을 활용하여 술어의 의미유형을 나타낼 수 있다. 바로 위의 2절에서 논의했듯이 술어는 자신이 요구하는 논항의 의미값을 취해 전체 문장의 의미값을 만드는 함수의 기능을 한다. 함수에서 입력값은 술어가 요구하는 논항이 되고 결괏값은 문장의 의미가 될 것이다. 따라서 술어의 의미유형은 새로운 의미유형을 도입할 필요 없이, 앞서 설정한 'e' 유형과 't' 유형을 활용하여 표현할 수 있다. 만약 술어가 개체 논항을 한 개 요구하는 특성을 가지고 있다면 e를 입력값으로 받아 t 유형의 문장을 만드는 함수이므로 〈e, t〉라고 표기할 수 있다.

'영희가 웃는다'라는 문장을 바탕으로 문장 구조를 그리고 의미유형을 표시하면 아래와 같다.

(21) 가. 통사구조 나. 의미유형 구조

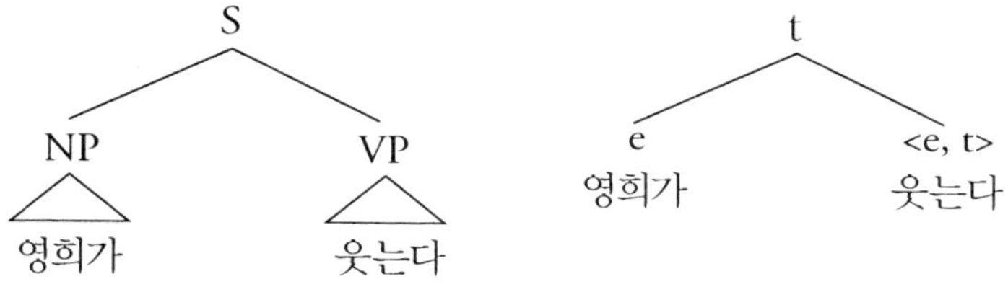

위에서 술어 '웃다'의 의미유형 〈e, t〉는 개체(e)를 입력값으로 받아

진릿값 t를 출력하는 함수를 의미한다. 이러한 의미유형 체계는 다음과 같이 정의된다.

(22) 가. e는 의미유형이다.

나. t는 의미유형이다.

다. α와 β가 의미유형이라면, 〈α, β〉도 의미유형이다.

이러한 정의는 합성성의 원리를 잘 반영한다. 또한 기본 유형 e와 t의 조합으로 더 복잡한 의미유형을 만들 수 있다는 것을 보여준다. 예를 들어 두 개의 논항을 요구하는 '좋아하다'와 같은 이항 술어는 e와 〈e, t〉의 의미유형이 결합한 〈e, 〈e, t〉〉 유형을 갖는다.

(23) 철수가 영희를 좋아한다.

가.

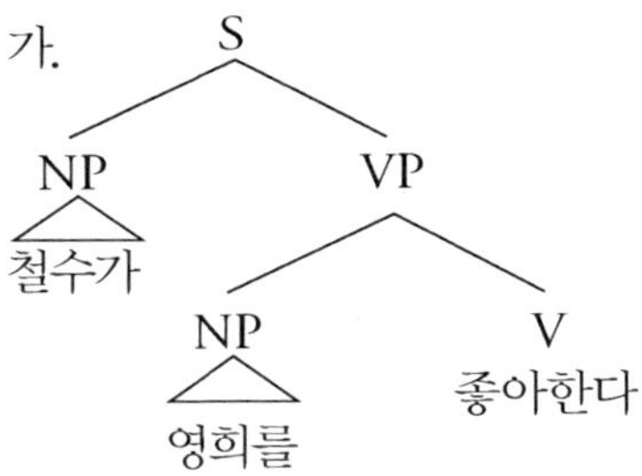

나.

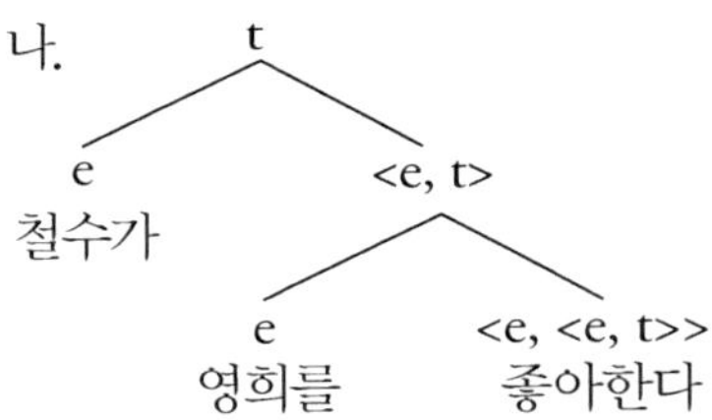

위에서 보듯이 술어 '좋아하다'는 목적어 논항 '영희를'과 결합하고, 주어 논항 '철수가'를 더 필요로 한다. (23나)에서 보듯이, '영희를 좋아한다'는 하나의 논항을 더 필요로 하는 〈e, t〉 유형을 가지므로 〈e, t〉 유형의 결괏값을 내놓으려면 '좋아하다'의 의미유형은 e를 입력값으로

가지고 ⟨e, t⟩를 결괏값으로 가지는 ⟨e, ⟨e, t⟩⟩ 유형이 된다.

같은 원리로 '주다'와 같은 삼항 술어는 논항 세 개를 요구하므로 ⟨e, ⟨e, ⟨e, t⟩⟩⟩ 유형이 된다는 것을 쉽게 예측할 수 있다. '주다'를 술어로 가지는 아래 (24) 예문을 바탕으로 (24)의 통사구조와 의미 합성 과정을 살펴보자.

(24) 철수가 영희에게 책을 줬다.

서술어 '주다'의 개념, 즉 '주다'의 사건이 성립하기 위해서는 사건 참여자(participants)로 무언가를 전달하는 행위주(actor), 전달되는 대상(thing), 개체를 받는 수령자(recipient)라는 세 개의 개체(individuals) 논항이 필요하다. 그리하여 '주다'의 의미구조는 ⟨NP이/가 NP에게 NP을/를⟩가 된다. 이들의 통사구조와 의미 합성 과정을 의미유형과 함께 나타내면 아래 (25)와 같다.

(25) 철수가 영희에게 책을 줬다.

가.

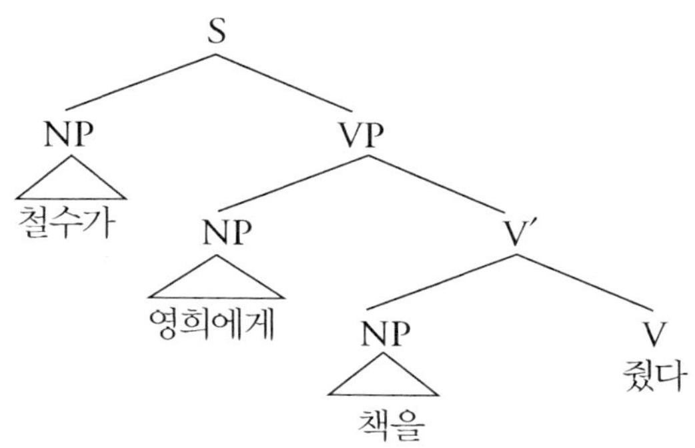

나.

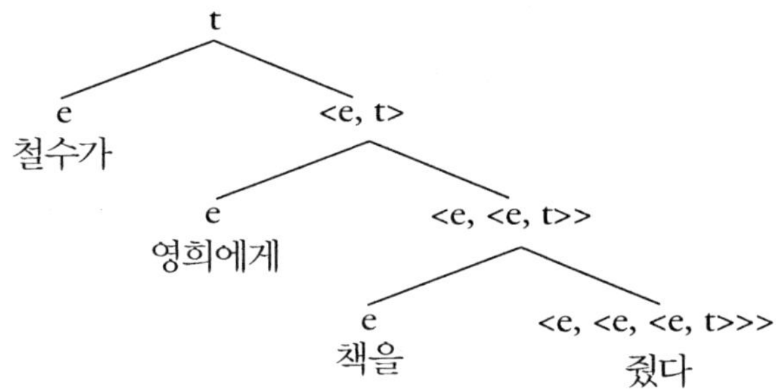

참고 문헌

Elbourne, P.(2011), *Meaning: A Slim Guide to Semantics*, Oxford: Oxford University Press. [권연진·임동휘 역(2020), 의미란 무엇인가: 의미론 지침서, 한국문화사]

Heim, I., and Kratzer, A.(1998), *Semantics in Generative Grammar*, Malden, MA: Blackwell Publishers.

Montague, R.(1973), The proper treatment of quantification in ordinary English, In J. Hintikka, J. Moravcsik, and P. Suppes (Eds.), *Approaches to Natural Language: Proceedings of the 1970 Stanford Workshop on Grammar and Semantics*, Dordrecht: Reidel Publishing Company, 221–242.

Montague, R.(1974), *Formal Philosophy: Selected Papers of Richard Montague*, R. H. Thomason (Ed.), New Haven: Yale University Press.

Portner, P.(2005), *What is Meaning? Fundamentals of Formal Semantics*, Malden, MA: Blackwell Publishing.

Tarski, A.(1944), The semantic conception of truth: and the foundations of semantics, *Philosophy and Phenomenological Research* 4(3), 341–376.

Zimmermann, T. E., and Sternefeld, W.(2013), *Introduction to Semantics: An Essential Guide to the Composition of Meaning*, Berlin: De Gruyter.

2부

어휘의 의미

4장
술어의 의미 해석

어느 대화

옹자: (전화 통화 중) 메리야, 너 요즘 연극부 활동한다며?

메리: 응. 근데 연기하는 게 생각보다 어려워. "민수가 유리를 깼다" 이런 단순한 장면은 참 쉬운데, "주인공이 어둠 속에서 달빛을 보며 두려움에 떨었다" 이런 장면은 많이 어려워.

옹자: 그렇구나. "민수가 유리를 깼다"는 행동하는 사람하고 그 행동의 결과가 눈으로 보이니까 좀 더 쉬운 거야?

메리: 맞아. 그런데 "달빛을 보며 두려움에 떨었다"는 건 누가 어떤 역할을 하는 건지 조금 더 고민해 봐야 돼.

옹자: 왜? 그냥 주인공이 두려워하는 모습을 연기하면 되는 거 아냐?

메리: 그렇긴 한데 '달빛'이 나한테 영향을 줘서 내가 두려움을 느끼는 건지, 나를 두렵게 하는 건 또 다른 무언가인지... 이런 것들을 고민해야 하거든.

옹자: 아~! 두려움을 느끼게 하는 자극이 무엇인지에 따라 사건의 양상이 달라지겠네.

메리: 맞아. 연기할 때 확실히 '철수가 영희에게 고백했다'처럼 눈에 보이는 행동은 쉬워. 행동하는 '철수' 역할, 고백을 받는 '영희'의 역할이

분명하니까.

옹자: 그러네. 네 말을 들으니까 의미론 시간에 사건을 구성하는 다양한 의미역이 있다고 배운 게 생각나. 마치 연기할 때 상황별로 배우들의 역할이 달라지듯, 사건에 따라 단어들의 의미역이 달라지는 게 똑같은 것 같아.

1. 도입

문장은 세계의 특정 상황을 나타낸다. 제1부에서 논의한 지시적 의미론(형식 의미론)에서는 문장의 의미를 진리 조건으로 설명하였다. 그리고 개체의 의미 유형(e)과 문장의 의미 유형(t)을 토대로 단어 조합에 의한 구와 문장의 의미를 계산할 수 있었다. 이는 어떤 상황이 특정 세계에서 참인지, 거짓인지 판단하는 것이 곧 문장의 의미라는 우리의 기초적인 직관을 잘 반영한다는 점, 단어 결합을 통한 문장 의미의 합성 과정을 명시적으로 보여준다는 점, 의미와 문법의 상호 관계를 체계적으로 설명한다는 점에서 장점을 지닌다.

이러한 지시적 의미론의 한계는 무엇인가? 개체 유형과 개체를 논항으로 취하여 문장의 진릿값을 내놓는 함수로 술어의 의미 해석을 온전하게 설명할 수 있는가?

이 장에서는 지시적 의미론의 한계를 살펴보고 이를 보완하는 내재주의 의미론의 관점에서 술어의 의미 해석 문제를 논의한다.

2. 내재주의 의미론

지시적 의미론의 관점에서는 단어의 개념(concept)이나 우리 머릿속에 있는 생각(idea)에 대해서는 설명하기가 힘들다. 예를 들어 지시적 의미론에서 '고양이'의 의미는 고양이라고 불리는 개체들의 집합이고, '달리다'의 의미는 달리는 개체들의 집합이다. 그러나 우리가 '고양이'나 '달리다'에 대해 가지고 있는 개념은 어떤 모형 속에서의 특정 집합이 아니라, 각 단어에 대해 가지고 있는 심리적 개체(psychological entity)이다. 물론 필자가 생각하는 '고양이'의 모습과 여러분이 생각하는 '고양이'의 구체적인 모습은 다를 수 있다. 우리가 어떤 단어를 듣고 연상하는 개념, 이미지는 개인별로 상당히 다를 수 있기 때문이다. 이러한 개별 차이를 인정하면서도 의미는 인간의 인지, 개념이라고 설명하는 이론을 내재주의 의미론, 인지의미론(cognitive semantics)이라고 한다.[1]

촘스키를 비롯하여 의미를 정신 속 개념으로 본 입장에서는 아래 예에서 확인되는 언어 현상을 잘 설명할 수 있다.

(1) 한강의 『소년이 온다』는 베스트셀러이고 300그램의 무게가 나간다.

1 인지의미론은 1970-80년대 미국에서 대표적인 언어 이론이던 생성문법, 형식 의미론을 비판하면서 형성되었다. 인지의미론은 논리적이고 이성주의적인 형식 의미론과 달리 경험주의(experientialism)에 입각하여 의미를 설명한다. 인지의미론에 대한 자세한 설명은 임지룡(1997), 이기동(2000) 등을 참고할 수 있다.

(1)에서 『소년이 온다』는 책 제목인데, 이것의 의미는 이 세계 속의 지시물인가? 아니면 우리의 인지 체계 내에 있는 베스트셀러라는 개념인가? 지시적 의미만으로는 (1)에서처럼 하나의 언어 표현이 추상적 개념으로서 베스트셀러라는 책의 속성을 가진다는 것을 쉽게 설명하지 못한다. 그러나 내재주의 의미론은 『소년이 온다』가 추상적 개념으로서의 의미와 물리적 대상으로서의 의미로 해석되는 것이 우리의 인지 체계 내에서 어떻게 가능한지를 설명한다.

내재주의 의미론의 강점은 새로운 개념의 형성과 해석에서도 드러난다. 가령 어떤 동물이 개인지 늑대인지 확신할 수 없다고 해보자. 우리는 그 동물을 '개와 늑대의 중간'이라고 부르기로 했다. '개와 늑대의 중간'과 같은 새로운 표현의 의미는 기존 개념들의 속성을 비교하고 통합하는 인지적 과정을 통해 이해된다. 이는 술어의 의미 해석에서 특히 중요한데, 술어가 나타내는 행위나 상태의 의미가 단순한 진릿값 함수가 아닌 복잡한 개념구조를 통해 이해되기 때문이다.[2]

내재주의 의미론의 개념론적 입장은 보편적 심적 표상(mental representation)을 상정한다. 그리하여 형식 의미론의 논리 유형(개체상항(constant), 변항(variable), 술어(predicate)) 대신, 존재론적 범주들을 통해 의미를 설명한다. 이러한 범주들은 계층적 구조를 이루는

2 개념의미론은 인지의미론과 마찬가지로 의미를 심적 표상으로 본다는 점에서 공통점을 지니지만 다음과 같은 점에서 다르다. 첫째, 개념의미론은 통사적 층위를 부정하지 않고 인정한다. 둘째, 형식주의를 분명히 인정한다. 셋째, 학습 가능성의 문제를 탐구하는 과정에서 개념 습득을 위한 강력한 생득적 형식적 토대가 존재할 가능성을 인정한다. 이와 관련된 자세한 논의는 재켄도프(Jackendoff 1995)를 참고하기 바란다.

데, 가장 기본적인 범주로 사물(thing), 사건(event)이 있고, 이들은 다시 상태(state), 행동(action), 장소(place), 경로(path), 속성(property), 분량(amount) 등으로 세분화된다. 특히 술어의 의미는 이러한 존재론적 범주들의 복합적 관계를 통해 해석된다. 예를 들어 '달리다'라는 술어는 행동(action)이라는 범주에 속하면서 동시에 경로(path)와 방식(manner)의 정보를 포함하는 복합적 개념구조를 가진다.

3. 사건과 논항구조

내재주의 의미론의 관점에서는 술어의 의미가 단순한 진릿값 함수가 아닌 복합적인 개념구조를 지닌다고 본다. 이러한 복합적 개념구조를 더 정교하게 이해하기 위해서는 술어가 나타내는 사건(event)의 특성과, 그 사건에 참여하는 논항들의 관계를 살펴볼 필요가 있다.

아래 그림이 나타내는 사건에 대해 생각해 보자.

〈그림 1〉 경찰과 영수

모두들 어떤 문장으로 위의 〈그림 1〉이 나타내는 사건을 표현하였는가? 우리가 만든 문장들을 모두 모아 보면 다양한 문장들이 모일 테지만 〈그림 1〉이 나타내는 사건은 최소 아래 두 문장으로 표현할 수 있다.

(2) 가. 경찰이 영수를 잡았다.
나. 영수가 경찰에게 잡혔다.

하나는 (2가)처럼 '경찰'이 영수를 잡은 사건으로 표현하는 것이고 다른 하나는 (2나)처럼 '영수'가 경찰에게 잡힌 사건으로 표현하는 것이다. 하나의 그림을 보고 여러 문장으로 그림 속 사건을 표현하는 것은 우리가 어떤 사건을 표현할 때 사건에서 초점을 맞춰 전달하고 싶은 정보가 무엇이냐에 따라 다른 동사를 선택하기 때문이다. 또한 그에 따라 문장 성분의 배열도 달라진다. 다시 말하여 (2가), (2나) 두 문장의 의미 차이는 선택된 동사와 그 동사를 중심으로 결합된 논항들의 의미 관계에서 비롯된다.

이러한 의미 차이를 설명하기 위해서는 개체(entity)나 사건(event)이라는 기본적인 의미 범주를 넘어 더 세분화된 의미 요소가 필요하다. '영수', '경찰'이라는 개체는 (2가), (2나)에서 동일하지만 이들이 사건에서 수행하는 역할은 다르기 때문이다.

그러면 문장을 구성하는 성분들이 가지는 더 세분화된 의미 요소들을 살펴보기 위해 (2가)에서 사건의 의미를 담당하는 요소를 생각해 보자. 그것은 바로 동사 '잡았다'일 것이다. '잡다'라는 사건이 일어날 때 필요한 요소는 무엇인가? 잡는 행위를 하는 개체와 잡는 행위를 당하는 개체이다. 〈그림 1〉의 사건에서 '잡다'라는 동사가 필요로 하는 의미 중 잡는 행위를 하는 개체에는 '경찰'이 채워졌고, 잡히는 개체는 '영수'에 의해 채워졌다.

이러한 관계는 다른 동사들에서도 유사하게 관찰된다.

(3) 가. 철수가 책을 읽는다.

나. 영수가 민희를 괴롭힌다.

(3)에서 '철수'나 '영수'는 읽는 행위, 괴롭히는 행위를 하는 주체이고 '책', '민희'는 읽는 행위와 괴롭히는 행위를 당하는 개체이다. 이처럼 동사가 나타내는 사건이 성립하기 위해 요구되는 개체들의 의미를 의미역(semantic role)이라고 부른다.[3] 이를 연극에 비유하면, 동사는

3 의미역은 의미역할이나 참여자역할로도 불리는데, 언어학에서는 thematic role, theta-role(θ-role), case roles, participant roles 등으로 불리기도 한다. Fillmore(1968)은 theta-roles을 'cases'이라고 하였고, Gruber(1965, 1967)에서는 핵심적인 의미론적 개념이 문장의 'Theme(대상)'이라고 보고 다양한 의미역 관계(thematic relations)를 논의하기 시작했다. 예를 들어, Theme(대상)은 움직임 동사(verbs of motion)에서 움직임을 겪는 명사구(NP)이거나 처소(location) 동사에서 어떤 장소에 위치해 있는 명사구(NP)를 가리킨다. 가령 'The rock moved away'에서 물리적 이동을 겪는 'The rock'이나 'The rock stood in the corner'의 'The rock'이 대상(Theme)에 해당한다(Jackendoff 1972: 30). Jackendoff(1972)는 Gruber(1965)의 의미역 관계 논의를 바탕으로 어휘의 개념구조 이론을 발전시켰다. 이후, Chomsky(1981)은 의미역(theta role)이라는 표현을 사용하면서 의미역 기준(theta-criterion)을 제시하였다. 의미역 기준이란 각 논항은 하나의 의미역만 가지고, 각 의미역은 오직 하나의 논항에만 부여된다는 것이다(Chomsky 1981). 이처럼 의미역은 논항이 나타내는 의미를 기준으로 분류되긴 하지만 술어가 요구하는 논항에 할당되는 의미라는 점에서 통사론과

대본이고, 논항은 등장인물, 의미역은 그들의 배역이라고 할 수 있다(Haegeman 1991). (3)의 예문에서 '철수'와 '영수'는 '행위주(agent)' 역할을, '책'과 '민희'는 '대상(theme)' 또는 '피동주(patient)'의 역할을 수행한다. 대본에 따라 등장인물과 그들의 역할이 달라지듯, 서술어의 의미에 따라 논항의 개수 및 의미역은 달라질 수 있다.

이렇게 어떤 사건이 성립하는 데 있어서 필요한 개체들의 의미를 세분화하면 다양한 의미역 종류가 파생될 것이다.

4. 의미역의 종류

위에서 우리는 사건의 의미를 구성하는 데 참여하는 개체들의 의미를 세분화한 의미역에 대해서 이야기하였다. 이때 사건에 참여하는 개체들의 종류나 개수는 무엇에 의해 결정되는가? 아래 예를 보면 형용사, 동사나 명사가 중추적인 역할을 하며 구나 문장 구조를 형성해 가는 것을 알 수 있다.

(4) 가. 민수가 잔다.
　　나. 산이 높다.
　　다. 민수가 책을 읽는다.
　　라. 민수가 순이에게 책을 줬다.

밀접한 관련이 있다. 술어의 어휘 특성에 알맞은 의미역이 논항에 부여되는 것을 의미역 부여(theta-role assignment)라고 한다.

마. 순이가 민수에게 답장을 보냈다.

(5) 가. 민수의 순이 사랑

나. 적의 도시 공격

(4가)의 '자다' 같은 자동사나 (4나)의 형용사가 서술어인 경우에는 필요로 하는 문장 성분이 하나인 반면에 (4다)의 '읽다' 같은 타동사는 '민수가', '책을'이라는 두 성분이 모두 있어야 정문이 된다. 또한 (4라)나 (4마)의 '주다', '보내다'는 세 개의 문장 성분을 요구한다. 한편 (5)의 '사랑'이나 '공격'은 행위주와 피동주에 해당하는 두 개의 성분을 요구한다.

이처럼 사건에 참여하는 개체가 결합하는 방식을 결정하고 문장 의미에 구심점 역할을 하는 것을 술어(predicates)라고 하고 술어(명사, 형용사, 동사)가 구나 문장을 형성할 때 반드시 요구하는 요소를 보어 혹은 논항(arguments)이라고 한다. 술어가 요구하는 논항의 수는 자릿수의 개념으로 이해되어 논항을 한 개 요구하는 술어는 한 자리 서술어, 두 개 요구하는 술어는 두 자리 서술어라고 부른다.

그런데 문장을 구성하는 성분 중에는 술어가 필수적으로 요구하는 성분이 있는가 하면 없어도 되는 수의적인 성분도 있다. 문장에서 수의적인 성분을 부가어(adjunct)라고 부른다. 논항과 부가어의 차이를 아래 예를 통해 확인해 보자.

(6) 민수가 빨리 밥을 먹는다.

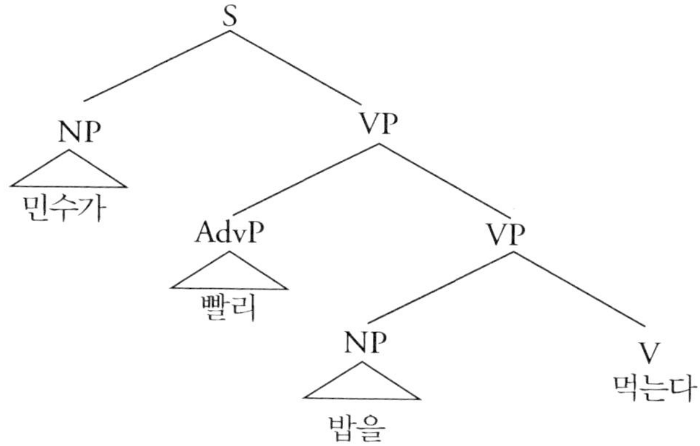

(6)에서 '먹다'라는 동사가 나타내는 사건의 의미가 온전하게 전달되려면 행위주 '민수'와 피동주 '밥'이 필수적으로 있어야 한다. '*민수가 먹는다'나 '*밥을 먹는다'가 어색한 이유는 필요한 성분이 다 채워지지 않았기 때문이다.

하지만 '빨리'는 (6)에서 생략되어도 '먹-'는 사건 자체가 성립하는 데 큰 영향을 미치지 못한다. '빨리'는 사건의 모양을 자세히 꾸며주는 기능을 한다. '빨리'는 동사 '먹다'가 실현될 때마다 반드시 함께 나타나야 하는 요소가 아니므로 부가어의 지위를 가진다.

논항과 부가어의 차이는 위의 나무 구조에서 V와 VP를 통해 표시된다. V에 필요한 논항이 결합하면 VP가 되고 필요로 하는 논항이 모두 충족되면 S로 표시되지만, 부가어가 결합할 때에는 VP에서 그대로 VP로 표시된다.

(4)~(6)에서 살펴보았듯 술어는 자신이 필요로 하는 논항들의 수와 논항구조에 대한 정보를 가지고 있다. 술어가 표현할 수 있는 논항들의 의미가 곧 의미역이므로 술어가 지닌 의미역 정보는 곧 술어의

논항구조에 표시될 것이다. (6)에서 살펴본 '먹다'의 어휘 의미 구조를 정리하여 제시하면 아래와 같다.[4]

(7)

먹다	
통사 범주: V	
의미 범주: 사건(Event)	
의미역:	[행위주(Agent), 피동주(Patient)]

앞서 제시한 의미역에는 행위주(agent)와 피동주(patient)가 있다. 행위주와 피동주의 의미 특성을 아래 예를 통해 다시 한번 확인해 보자.

(8) 가. 옹자가 메리를 때렸다.
[행위주] [피동주]

나. 순이가 편지를 받았다.
[행위주] [피동주]

(8가)와 (8나)에 제시한 행위주는 행위를 하는 주체를 의미한다. 행위주는 행위를 지각할 수 있고 의지를 가진 유정성의 개체로 실현된다.

피동주는 행위주의 행위에 의해 영향을 받는 개체를 가리킨다. (8가)의 '메리'는 '옹자'가 때리는 힘을 가한 목표가 되어 때림의 영향을 받는다. 한편 (8나)의 '편지'는 순이가 아닌 다른 사람에게서 순이에게로 이동

4 (7)에 제시한 의미역 구조 외에 논항 구조가 따로 설정될 수 있다. 의미역은 각각 논항으로 실현되기도 하지만 경우에 따라서는 의미역이 논항으로 실현되지 않는 경우도 있다. 연결이론을 바탕으로 한국어를 분석한 논의는 홍기선(1992)를 참고할 수 있다.

됨으로 인해 상황이나 장소의 변화를 겪었다. 이처럼 피동주에는 상황의 변화를 겪은 유정성 개체와 무정성 개체가 모두 포함된다.

위에서 살펴본 행위주와 피동주는 행위(action)의 층위에서 살펴본 사건 참여자들의 의미 특성이다. 그렇다면 아래 (9)에 나타난 '메리의 장난감'과 '공'의 의미역은 무엇일까?

(9) 가. 메리의 장난감이 거실에 굴러다닌다.
[_____?_____]

나. 공은 골대 안으로 들어갔다.
[_?_]

(9가)와 (9나)가 나타내는 사건(굴러다님, 들어감)에는 의지를 가진 행위주가 없어 행위에 영향을 받은 피동주도 나타나지 않는다. 그렇다면 '메리의 장난감'이나 '공'은 어떤 종류의 사건에 어떻게 참여하고 있는 것일까? 무언가가 굴러다니고 어디에 들어가는 사건은 공간의 이동과 관련된 사건이다. 이때 '메리의 장난감'이나 '공'은 공간의 이동을 겪은 대상(theme)에 해당한다. 꼭 이동을 하지 않고 특정 위치에 존재하는 것도 대상으로 분류한다면 '메리의 장난감이 테이블 위에 있다'라는 문장에서도 '메리의 장난감'은 대상을 나타낸다.

공간의 이동을 겪는 대상이 있다면 그 대상이 출발한 장소(source)와 도착한 장소(goal)도 있다. (9가)와 (9나)에는 대상이 최종적으로 도착한 장소만 표시되어 있다. '거실에', '골대 안으로'는 도달점(goal)을 나타낸다.

공간의 이동과 관련된 사건에서 해석되는 의미역들로 아래 예문에 나타난 개체들의 의미역을 해석할 수 있을까?

(10) 영수가 순이에게 편지를 줬다.

(10)의 '주다'는 세 자리 술어로서 논항 세 개를 요구한다. 위의 예에서 '영수'는 주는 행위를 하는 행위주(agent)로 해석되고 '편지'는 영수에게서 순이로 이동을 겪었으므로 대상(theme)으로 해석된다. 그렇다면 편지를 받은 '순이'는 대상이 이동한 도달점(goal)으로 해석되는 듯하다. 하지만 아래 (11가)와 (11나)를 비교해 보면 '주다'가 결합한 문장에 나타난 'NP에게'는 단순한 처소 이동의 도달점과는 다른 의미를 가지고 있다.

(11) 가. #영수가 순이에게 책을 줬다. 그런데 순이에게 책이 없다.
　　나. 영수가 순이에게 공을 던졌다. 그런데 순이에게 공이 없다.

(11가)에서 보듯 '주다'가 결합한 문장에서는 '순이'가 책을 받아 소유하고 있다는 것이 함축된다. 그래서 순이가 대상을 소유하고 있지 않다는 문장이 이어지면 어색하다. 반면에 (11나)의 '던지다'가 나타난 문장은 바로 이어 '순이'가 '공'을 소유하고 있지 않다고 해도 이상하지 않다. 이는 동사 '주다'가 포함된 문장에 실현되는 'NP에게'가 대상을 소유하는 주체임을 보여준다. 이에 (11나)의 '순이'는 단순히 대상이 도착

한 도달점(goal)으로 해석되지만 (11가)의 '순이'는 이동한 대상의 소유권을 가진 소유주로 해석된다. 이 개체를 도달점과 구분하여 수령자(recipient)라고 부르자.

정리하면 도달점(goal)과 대상(theme)은 공간 영역(spatio domain)에서 해석되고 수령자(recipient)와 대상(theme)은 소유 영역(possession domain)에서 해석되는 것이다. 도달점과 수령자는 아래 (12), (13)에서 보듯 몇 가지 차이점을 보인다.

(12) 가. 영희가 {바구니에, 영수에게} 공을 던졌다.
나. 영희가 {*바구니에, 영수에게} 책을 줬다.
(13) 가. 영희가 {영수에게, 영수를} 책을 줬다.
나. 영희가 {영수에게, *영수를} 공을 던졌다.

(12가)에서 '던지다'는 '바구니에', '영수에게'처럼 무정물, 유정물 명사를 논항으로 취할 수 있지만 (12나)에서 보듯이 '주다'는 무정물 논항은 취할 수 없고 유정물 명사구만 논항으로 취할 수 있다. 한편 (13)에서는 '주다'와 '던지다'의 이중 목적어 구문 허용 여부를 확인할 수 있다. '주다'는 (13가)에서처럼 수령자가 '영수를' 같은 목적어 논항으로 실현될 수 있는 반면 '던지다'는 (13나)에서 보듯 도달점이 목적어 논항으로 실현되면 비문이 된다.

다음으로 심리 술어가 결합한 문장들을 보자. 심리 술어는 인간의 감정을 나타내는데 이때 감정을 유발하는 개체도 함께 나타날 수 있다.

(14) 가. 영이는 의미론이 재미있다.

나. 나는 그의 뻔뻔한 태도가 기가 막혔다.

(14가)와 (14나)에서 '영이', '나'는 심리적인 것을 경험하는 경험주(experiencer)를 나타낸다. (14가)에서 영이에게 재미있다는 심리를 유발한 요인은 '의미론'이고 (14나)에서 화자가 기가 막히게 된 계기는 '그의 뻔뻔한 태도'이다. 이들은 자극(stimulus)의 의미를 나타낸다.

지금까지 위에서는 술어의 논항들이 가지는 의미역만 살펴보았다. 그러면 문장에서 수의적인 부가어(adjuncts)들의 의미역은 위에 제시한 의미역들로 모두 설명할 수 있는가? 아래 예문에 나타난 부가어들은 각각 처소(location), 기점(source) 원인(cause), 도구(instrument), 수혜주(beneficiary)로 해석된다.

(15) 가. 처소: 순이가 집에서 편지를 받았다.

나. 기점: 아기는 부산에서부터 집에 올 때까지 울었다.

다. 원인: 영이가 실수로 독을 마셨다.

라. 도구: 영수가 열쇠로 문을 열었다.

마. 수혜주: 영수가 미나를 위해 독을 마셨다.

(8)~(15)의 예들을 통해 살펴본 의미역의 종류에는 [행위주, 피동주, 대상, 도달점, 수령자, 경험주, 자극, 처소, 기점, 원인, 도구, 수혜주]가 있다. 그렇다면 의미역의 종류는 이것이 전부일까? 분명 더 다양한 술

어와 부가어들을 살펴보다 보면 의미역의 종류가 더 세분화될 것이다. 의미역의 종류는 논리적인 기준에 의해 나누어진 것이 아니라, 이 세상에 존재하는 사건을 표현하는 언어들 중 많이 쓰이는 것을 가지고 분류한 것이므로 그 개수에 한계가 없다. 따라서 여기서는 이 정도에서 의미역의 종류에 대한 논의를 마치고자 한다.

이 절을 마무리하기 전 마지막으로 위에서 살펴본 의미역이 사건을 해석하는 층위에 따라 두 가지 이상으로 해석될 수 있다는 것을 언급하고자 한다. 위에서 우리는 행위 층위에서는 행위주와 피동주가 해석되고 공간 층위에서는 대상과 도달점 및 기점, 심리 층위에서는 경험주, 자극이 해석되는 것을 확인하였다. 아래 예에서 밑줄 친 명사구는 각 층위에 따라 두 개 이상의 의미역으로 해석될 수 있다.

(16) 가. 순이가 편지를 받았다. (=(8나))
[행위주] [피동주]
[수령자] [대상]

나. 철수는 항상 쪽문으로 나간다.
[행위주]
[대상] [경로]

다. 그 사람은 뛰어난 언변으로 사람들을 매혹한다.
[행위주] [피동주]
[자극] [경험주]

라. 나는 철수에게 감동 받았다.
[피동주] [행위주]
[경험주] [자극]

(16가)와 (16나)는 행위 층위와 공간 층위에서 의미역이 각각 해석될 수 있음을 보여주고, (16다)와 (16라)는 행위 층위와 심리 층위에서 의미역이 해석될 수 있음을 보여준다. 이처럼 의미역은 하나의 차원에서만 단선적으로 해석되는 것이 아니라 복선적으로 파악해야 한다.

이 절에서 제시한 의미역의 종류가 완성된 의미역 목록이 아니듯, 의미역의 층위 역시 위의 세 가지로만 나누어지는 것은 아니다. 더 다양한 의미역의 종류가 발굴됨에 따라 새로운 의미역 층위가 더해질 수 있을 것이다.

참고 문헌

김용하·박소영·이정훈·최기용(2018), 한국어 생성 통사론, 역락.

명정희·이정훈(2022), '주다' 授與構文과 受惠構文의 意味와 論項構造, 어문연구 50(2), 한국어문교육연구회, 5–28.

이기동(2000), 인지언어학, 한국문화사.

이정훈·명정희(2023), 보조용언화의 통사론: '주다' 구문을 중심으로, 국어국문학 203, 국어국문학회, 37–64.

임지룡(1997), 인지의미론, 탑출판사.

홍기선(1992), 연결이론과 한국어 연구, 주시경학보 10, 3–32.

Chomsky, N.(1981), *Lectures on Government and Binding: The Pisa Lectures*, Dordrecht: Foris Publications. [이홍배 역(1987), 지배 결속 이론: 피사 강좌, 한신문화사.]

Fillmore, C. J.(1968), The case for case, In E. Bach and R. T. Harms(Eds.), *Universals in Linguistic Theory*, New York: Holt, Rinehart, and Winston, 1–88.

Gruber, J. S.(1965), Studies in Lexical Relations, PhD Dissertation, MIT.

Gruber, J. S.(1967), Look and see, *Language* 43(4), 937–947.

Haegeman, L.(1991), *Introduction to Government and Binding Theory*, Oxford: Blackwell.

Jackendoff, R.(1972), *Semantic Interpretation in Generative Grammar*. Cambridge, MA: MIT Press.

Jackendoff, R.(1995), *Languages of the Mind: Essays on Mental Representation*, Cambridge, MA: MIT Press.

Kearns, K.(2011), *Semantics(2nd ed.)*, Basingstoke: Palgrave Macmillan.

Kratzer, A.(1996), Severing the external argument from its verb, In J. Rooryck and L. Zaring(Eds.), *Phrase Structure and the Lexicon*, Dordrecht: Kluwer Academic Publishers, 109–137.

5장

어휘개념구조

여는 대화

은우: 오늘 메리 봤어?

용자: 응. 아까 메리가 학원에 갔어.

은우: 학원? 메리는 오늘 학원 안 가고 운동한다고 했었는데.

용자: 그래? 하지만 메리가 학원에 간 게 분명해.
왜냐하면 아까 메리 어머니께서 메리를 학원에 보냈다고 하셨거든.

은우: "메리를 학원에 보냈다"고 하면 "메리가 학원에 갔다"가 성립하는 거야?

용자: 보통은 그렇게 해석되는 것 같아.

은우: 그러면 '보내다'라는 동사하고 '가다'라는 동사는 모종의 의미 관계를 가지는 거네?

용자: 그렇다고 할 수 있지.

은우: 그런데 '보냈다'라고 말해도 메리가 학원에 '도착했다'라든지, 수업에 '참여했다'는 성립하지 않아.

용자: 동사들 사이에 성립하는 관계가 동사별로 다른 것 같아.

은우: 그렇지. 어쨌든 메리가 지금 학원에서 공부하고 있는지는 확실하지 않아. 전화해서 확인해 보자!

1. 도입

의미역은 사건을 구성하는 의미 자질들로서 술어가 나타내는 사건의 의미를 드러낸다. 그렇다면 아래 예에서 보듯 술어가 나타내는 사건들 사이의 유관성도 의미역으로 포착할 수 있을까?

(1) 가. 철수가 영수를 경찰서에 보냈다.

나. 영수가 경찰서에 갔다.

위 두 문장 (1가), (1나)에서 '보내다'와 '가다'는 모두 이동 사건을 나타내며, 이동의 대상과 도착하는 장소를 요구한다는 공통점을 지닌다. 또한 (1나)는 (1가)의 사건이 초래한 결과 상황으로 해석된다. "철수가 영수를 경찰서에 보냈어"라는 말을 들으면 우리는 자연스럽게 "영수가 경찰서에 갔다"는 사실도 함께 이해한다. 이처럼 (1가)와 (1나)에서 '보내다'와 '가다'에 의해 생성된 사건 의미는 서로 유관성을 지닌다. 이러한 유관성을 포착하는 것은 술어 간의 체계적인 의미 관계를 포착하는 것과 같다. 그런데 이러한 술어 사이의 체계적인 의미 관계를 단순히 의미역만으로 모두 포착하기 어렵다. 즉 동사들 간의 긴밀한 의미 관계는 단순히 '누가 한 상황에서 어떤 역할을 했는지'만으로는 설명하기 어려운 것이다. 마치 영화에서 한 장면이 다른 장면으로 자연스럽게 이어지는 것처럼 동사들 사이에도 보이지 않는 의미상의 연결 관계가 있는 듯하다.

이 장에서는 의미역만으로 포착하기 어려운 술어의 의미 관계를 개념구조의미론의 관점에서 분석하고자 한다. 특히 '있다, 되다'와 같은 한국어의 기본 술어들을 중심으로 어휘개념구조(lexical conceptual structure, LCS)를 살펴볼 것이다.

2. 술어 의미의 유관성

술어 '보내다'와 '가다'의 의미 유관성을 확인하기 위해 아래 예를 살펴보자.

(2) 가. 철수가 영수를 경찰서에 **보냈다**. (=1가)
[행위주] [피동주] (행위 층위)
[대상] [도달점] (공간 층위)

나. 영수가 경찰서에 **갔다**. (=1나)
[행위주] (행위 층위)
[대상] [도달점] (공간 층위)

(2가)와 (2나)의 의미역을 비교해 보면, (2나)의 의미역 '대상'과 '도달점'이 (2가)의 의미역 '대상', '도달점'에 포함되어 있는 것을 알 수 있다.

그렇다면 (2가)와 (2나) 사이의 유관성이 '가다'의 의미역과 '보내다'의 의미역의 포함 관계에 의해 보장되는가? 이를 확인하기 위해서 의미역 사이의 포함 관계가 곧 술어가 나타내는 사건들 사이의 유관성에 대응되는지 더 많은 사례를 통해 살펴볼 필요가 있다. 어떤 가설이 성립하기 위해서는 다양한 사례에서 일관성이 확보되어야 하기 때문이다.

위에서 제시한 가설의 타당성을 확인하기 위해 '가다'와 같이 〈대상, 도달점〉의 의미역 자질을 요구하는 술어의 예를 더 살펴보면 아래와 같다.

(3) 가. 영수가 학회에 참석하였다.

나. 영수가 전투에 참가하였다.

(3가)~(3나)의 예에서 '참석하다', '참가하다'는 대상과 도달점을 요구하지만 '보내다'와 '가다' 사이에 성립하는 의미 유관성이 보이지는 않는다. 예를 들어 '참석하다'는 〈대상, 도달점〉의 논항을 요구하지만 이 사건을 필연적 결과로 이끄는 선행 사건이 존재하지 않는다. 즉 '보내다-가다'와 같은 의미 관계가 상정되지 않는다. 그러므로 술어들이 의미역 포함 관계를 지니고 있다고 해서 반드시 사건 간의 유관성이 보장되는 것은 아니다.

이에 우리는 '보내다'와 '가다'의 의미 유관성을 의미역 수준이 아닌 다른 의미 자질의 수준에서 포착해 볼 필요가 있다. 아래 (4)는 '보내다'가 나타내는 사건의 의미를 더 구체화해서 표현한 것이다.

(4) 철수가 영수를 경찰서에 **보냈다.**

= [철수가 어떤 사건을 야기하다] + [영수가 경찰서에 가다]

(4)에서 사건은 단일 사건이 아니라 복합 사건처럼 해석되는데, 행위주 '철수'가 어떤 사건을 야기했고 그 사건은 '영수가 경찰서에 간 사건'

이다. 즉 '보내다'는 '야기하다(CAUSE)'라는 사동성의 의미 자질을 술어 의미에 내포하고 있는 것이다. 이는 특정 사건을 야기하는 것이므로 늘 사건을 논항으로 요구한다.

(4)에서 그 사건은 '영수가 경찰서에 가는 사건'으로 채워진다. 한편 '영수가 경찰서에 가다'에서 술어 '가다(GO)'는 '영수'라는 행위주와 '경찰서'라는 도달점을 논항으로 요구하는 함수로 해석된다.

'보내다'의 의미를 (4)처럼 해석하면, 술어의 의미구조에 사건(EVENT)을 논항으로 취하는 사동성의 의미 함수 'CAUSE'가 명시되어야 한다. 이를 재켄도프(1990)식의 개념구조(conceptual structure)로 간략히 표기하면 아래 (5)와 같다.

(5) '보내다'

가. [CAUSE(철수, EVENT) $[_{EVENT}$ GO(영수, 경찰서)]]

나. $[_{EVENT}$ CAUSE(철수, $[_{EVENT}$ GO(영수, 경찰서)])]

(5가)와 (5나)는 같은 개념구조를 나타낸다. CAUSE 역시 사건을 야기하는 또 다른 사건에 해당하므로 사건(EVENT) 의미범주를 아래 첨자로 표시하면 (5나)와 같다.

이처럼 '보내다'의 의미를 의미역 수준에서 한 단계 더 구체화하여 (5나)와 같은 의미 함수들로 표시하면 '보내다'에 의해 요구되는 의미역 자질들도 (5나)에 모두 표시된다. (5나)에서 '철수'는 행위주를 나타내고 'GO' 함수의 논항인 영수와 경찰서는 각각 '피동주·대상, 도달점'

을 나타낸다. 그렇다면 '가다'의 개념구조는 '보내다'의 개념구조와 어떠한 관계를 지니는가? 아래 (6)은 '가다'의 어휘개념구조를 간략하게 나타낸 것이다.

(6) '가다'의 어휘개념구조

$[_{\text{EVENT}}$ GO(영수, 경찰서)]

(6)의 개념구조를 보면 (5나)의 개념구조에 내포된 사건(EVENT)의 개념구조와 같은 것을 확인할 수 있다. 또한 (6)에서 '영수'는 행위주이자 도달점인 '경찰서'로 이동하는 대상으로 해석된다. 따라서 '보내다'의 의미에서 '가다'의 의미가 '보낸 사건'의 결과로 해석되는 것은 '보내다'의 의미 개념구조에 '가다'의 개념구조가 내포되어 있는 것을 통해 포착된다. 그리하여 술어 사이의 의미 유관성은 CAUSE나 GO라는 의미 함수(semantic function)들의 관계에 의해 보장된다.[1]

일반성의 제고를 위하여 (5)~(6)에서 살펴본 사동성의 의미 함수

1 재켄도프(Jackendoff 1990)의 개념구조의미론에서 의미 함수는 개념구조를 형성하는 기본 단위이다. 위의 (5)에 제시한 것처럼 GO, CAUSE와 같은 원초적 개념들이 의미 함수에 해당한다. 이 외에 존재나 상태를 나타내는 BE, 지속되는 상태를 나타내는 STAY 등의 의미 함수들이 존재한다. 이들은 함수로서 논항을 취한다. (6)에서 GO 함수는 '영수'와 '경찰서'라는 두 개의 논항을 취하는 것으로 해석된다. GO 함수는 경로를 따라 움직이는 것을 표시한다. 사건-논항 관계를 일반화하여 표기하면 $[_{\text{EVENT}}$ GO([THING], [PATH])]로 표시할 수 있다. THING은 이동하는 개체를 표시하고 PATH는 이동 경로를 표시한다. GO 함수는 기본적으로 이동을 나타내지만 추상적 영역으로 확장 가능하다.

(CAUSE)를 다양한 술어 사이의 의미 관계에서 확인해 보면 아래와 같다.

(7) 가. 아기가y 울었다.
울다: [$_{EVENT}$ y CRY]

나. 엄마가x 아기를y 울렸다.
울리다: [$_{EVENT}$ CAUSE(x, [$_{EVENT}$ y CRY])]

(8) 가. 철수가x 책을y 받았다.
받다: [$_{EVENT}$ GO$_{[소유]}$(y, [TO x])]

나. 영미가z 철수에게x 책을y 주었다.
주다: [$_{EVENT}$ CAUSE(z, [$_{EVENT}$ GO$_{[소유]}$(y, [TO x)])]

(7가)와 (7나)의 개념구조는 '울다', '울리다'의 의미 관계를 잘 보여준다. '울다'에 사동 접사 '-리-'가 결합하여 사동사가 되면 (7나)에서 보듯이 (7가)의 사건을 야기하는 행위주(x)가 추가된다.

사동성의 CAUSE 의미 함수는 사동사에서뿐만 아니라 (8나)의 수여동사 '주다'의 개념구조에서도 확인된다. (8가)의 '받다'는 물리적 개체인 대상 y가 수령자 x에게 이동하는 사건을 나타내므로 GO$_{[소유]}$ 함수로 나타낼 수 있다. 이때 GO$_{[소유]}$ 함수에 표기된 [소유]는 소유의 의미장을 나타낸다. 즉 이동하는 대상이 소유의 의미장에서 해석되는 것이다.

한편 (8나)의 '주다'는 수여의 의미를 나타내는데 (8가)와 다른 것은 '주는 행위'를 하는 행위주 '영미'(z)가 추가된다는 것이다. 이때 '주다'의 행위주는 (8가)의 '철수가 책을 받는 사건'을 야기하는 주체이다.

(8)과 더불어 아래 (9)의 '놓다'나 '두다'의 개념구조에서도 사동성의 의미 함수가 해석된다.

(9) 철수가x 책을y 책상 위에z {놓았다, 두었다}

= [철수가 어떤 사건을 야기하다] + [책이 책상 위에 있다]

'놓다'와 '두다'는 (9)에서 보듯이 행위주(x)에 의해 대상(y)이 어떤 장소(z)에 있는 상황이 야기된다는 의미로 해석된다. '놓다', '두다'의 개념구조를 명시하기 위해 '있다'의 개념구조부터 먼저 살펴보면 아래와 같다.[2]

(10) 책이y 책상 위에z 있다.

있다: [$_{\text{STATE}}$ BE(y, [AT z])]

'있다'의 의미는 대상이 어떤 장소에 존재함을 나타내는 'BE' 함수로 표상할 수 있는데 (7)이나 (8)에서 살펴봤던 동사들의 의미와 달리 사건이 아닌 상태(state)의 의미범주에 속한다. 그런데 사동성의 'CAUSE' 함수는 사건을 논항으로 취하는 함수이므로 '놓다'나 '두다'의 개념구

2 양정석(1995: 35~36)에서는 '두다'와 '놓다'의 의미 차이를 개념구조에 명시하였는데, '두다'는 지속의 성격을 갖는 'STAY' 함수로 표시하였고 '놓다'는 기동성의 'INCH'와 존재의 'BE' 함수로 표시하였다. 이를 통해 '두다'가 '놓다'에 비해 지속성의 의미를 가진다는 것을 보였다.

조에는 아래 (11)처럼 상태를 논항으로 취해 사건의 의미를 결과로 내놓는 함수 'INCH'가 포함될 것이다.

(11) 철수가x 책을y 책상 위에z 놓았다. (=(9) 참고)
놓다: [$_{\text{EVENT}}$ CAUSE(x, [$_{\text{EVENT}}$ INCH([$_{\text{STATE}}$ BE(y, [AT z])])])]

위에서 'INCH' 함수는 상태 논항을 취해서 사건을 산출하는 함수이며 기동성의 의미를 나타낸다(Jackendoff 1990: 91~95 참고).[3] 따라서 (11)의 '놓다' 개념구조에서 x가 야기한 사건은 'y(책)이 z(책상 위)에 있는 상태'가 발생한 사건이다.

3. 처소 교체 구문

2절에서는 술어들 사이의 의미 유관성을 포착하기 위해서 의미역과 함께 개념구조의 의미 함수를 도입할 필요가 있음을 살펴보았다. 이 절에서는 '처소 교체 구문(locative alternation constructions)'이라 불리는

3 기동 동사의 함수인 'INCH'는 한국어의 형용사에 '-어지다'가 결합하여 형성된 동사의 개념구조에 나타난다. 예를 들어 '예쁘다'의 개념구조는 [$_{\text{STATE}}$ BE (x, [AT ([$_{\text{속성}}$ 예쁨])])]로 나타낼 수 있는데 '예뻐지다'의 개념구조는 [$_{\text{EVENT}}$ INCH([$_{\text{STATE}}$ BE (x, [AT ([$_{\text{속성}}$ 예쁨])])])]로 나타낼 수 있다. 한편 한국어는 동사에 의해 표현되는 사건(event)에 '-어 있-'이 결합하여 상태화되는 경우도 많다. 가령 '가다'는 사건이지만 '가 있다'는 상태를 나타낸다. 따라서 한국어에서는 INCH 함수가 [$_{\text{EVENT}}$ INCH([$_{\text{STATE}}$])]와 같은 상태의 사건화에 더해 [$_{\text{STATE}}$ INCH([$_{\text{EVENT}}$])]와 같은 '사건의 상태화'도 나타낼 수 있다.

구문들을 분석하면서 의미역을 재고찰하고자 한다.

술어가 요구하는 논항의 의미 역할인 의미역은 얼마나 세분화할 수 있는가? 아래 예문에서 (12가)와 (12나), (13가)와 (13나) 사이에 어떤 의미 차이가 있는지 생각해 보자.

(12) 가. 영수는 유리창에 신문지를 덧붙였다.

나. 영수는 유리창을 신문지로 덧붙였다.

(13) 가. 진희는 종이에 노란색을 칠했다.

나. 진희는 종이를 노란색으로 칠했다.

처소 교체 구문이란 처소(locative)를 나타내는 논항이 'NP에'와 'NP를' 사이에서 교체되는 구문을 말한다.[4]

(12가), (13가)처럼 장소 명사 뒤에 '–에'를 쓰면 동사의 의미가 장소의 일부분에만 적용되는 부분적 효과(partitive effect)가 나타난다. 반면 (12나), (13나)처럼 장소 명사 뒤에 '–을'을 쓰면 동사의 의미가 장소 전체에 적용되는 전체적 효과(holism effect)가 나타난다(남승호 2002: 296, 301~310).

예를 들어 (12가)는 신문지가 유리창 일부에 덧붙은 것을 나타내지만 (12나)는 유리창 전체가 신문지로 덮인 것을 뜻한다. 마찬가지로 (13가)와 (13나)에서도 의미 차이가 확인된다. (13나)는 (13가)와 달리 종이

4 처소 교체 구문에는 'NP에', 'NP를'의 교체 현상뿐만 아니라 'NP에', 'NP로'의 교체 현상도 포함된다. 처소 교체 동사의 유형에 대해서는 양정석(1995), 남승호(2002)를 참고할 수 있다.

전체가 노란색으로 칠해진 것으로 해석된다. 이러한 전체적 효과는 다음 예문들에서도 확인할 수 있다.

(14) 가. 화단이 벌들로 우글거렸다.

나. 화단이 온통 벌들로 우글거렸다.

(15) 가. 화단에 벌들이 우글거렸다.

나. ??화단에 온통 벌들이 우글거렸다.

'우글거리다'는 '가득하다', '바글바글하다'처럼 대상이 공간 전체에 존재함을 표현하는 동사이다. 이때 처소는 'NP이/가'와 'NP에'로, 대상은 'NP로'와 'NP이'로 교체될 수 있다.

'벌들-로'가 쓰인 (14가)는 화단에 벌들이 가득한 것으로 해석되어 (14나)처럼 '온통'과 자연스럽게 결합한다. 반면 '벌들-이'가 쓰인 (15가)는 전체적 효과 해석이 나타나지 않아 (15나)처럼 '온통'이 결합할 경우 어색하다. 이를 통해 조사 '-로'가 결합하면 장소의 전체적 효과가 드러나는 반면 조사 '-에'나 '-이'가 결합한 경우에는 그러한 효과가 드러나지 않는 것을 알 수 있다.[5]

처소 교체 구문의 의미 차이는 함의 관계에서도 나타난다. 아래 (16)에서 처소 교체 구문의 함의 관계 차이를 확인해 보자.

---

5 조사 '-에', '-을', '-로'가 교체되면서 나타나는 의미 차이는 처소 교체 동사들에서 확인된다(홍재성 1986, 양정석 1995, 남승호 2002, Anderson 1971, Rappaport and Levin 1985, Jackendoff 1995).

㉠

㉡

(16) 가. '영수는 유리창에 신문지를 덧붙였다(㉠)'는 '영수는 유리창을 신문지로 덧붙였다(㉡)'를 함의하지 못한다.

나. '영수는 유리창을 신문지로 덧붙였다(㉡)'는 '영수는 유리창에 신문지를 덧붙였다(㉠)'를 함의한다.

지금까지 (12)~(16)의 예를 통해 살펴본 'NP에'~'NP를' 교체에 따른 의미 차이를 의미역으로 설명할 수 있는가?

(12가)와 (12나)의 예만 다시 가져와서 각 명사구에 부여할 수 있는 의미역을 상정해 보면 아래와 같다. 아래 예는 명사에 결합하는 조사가 달라져도 의미역은 공통적인 경우이다.

(17) 가. 영수는 유리창에 신문지를 덧붙였다. (=(12가))
[행위주] [처소] [도구]

나. 영수는 유리창을 신문지로 덧붙였다. (=(12나))
[행위주] [처소] [도구]

(17)에서는 '유리창에', '유리창을' 모두 처소의 의미역을 지닌다고 본 것이고 '신문지를', '신문지로'도 모두 도구의 의미역을 가진다고 본 것이다.[6] 그러나 이러한 분석에는 문제가 있다. (17가)의 '신문지를'은 '영수'의 행위에 영향을 받는 피동주로 분석될 수 있고,[7] (17나)에서 '유리창을' 역시 영수의 행위에 의해 상태가 변화되었으므로 피동주로 분석될 수 있다. 이렇게 보면 (17가)에서 '신문지를'은 도구이자 피행위주가 되고 (17나)의 '유리창을'은 처소이자 피동주로 해석된다. 이렇게 되면 동사 '덧붙이다'의 의미역 격자(theta-grid)는 다음과 같이 표시된다.[8]

(18) 가. 덧붙이다: 〈행위주(Ag.), 처소(Lo.), 피동주(Pa.)〉

나. 덧붙이다: 〈행위주(Ag.), 피동주(Pa.), 도구(Ins.)〉

또한 (17가)와 (17나)의 명사구가 가진 의미를 의미역으로만 분석하면 '처소-에' 구문과 '처소-를' 구문에서 해석되는 부분 효과와 전체 효과의 의미 차이를 포착할 방법이 없다. 나아가 (17가)와 (17나)의 차이를 의미역의 차이로 보면 의미역 목록이 비제약적으로 늘어날 수 있다.

이에 (16가)와 (16나)에서 살펴본 함의 관계는 (18)에 제시한 의미역으

6 참고로 김영희(1973)에서는 '소녀가 화초로 뜰을 가꾼다'라는 문장과 '소녀가 뜰에 화초를 가꾼다'라는 두 문장을 제시하고 '화초로', '화초를'이 '도구'의 의미역을 지닌다고 분석하고 '뜰을'과 '뜰에'가 처소의 의미역을 지닌다고 보기도 하였다.

7 어떤 작용을 받는 실체(affected entity)의 개념은 전통적으로 피동주로 알려져 있다(Gruber 1965).

8 어떤 서술어의 어휘 내항에 있는 의미역 정보를 의미역 격자라고 한다.

로는 설명하기 어렵다. 이처럼 의미역만으로는 문장에 나타난 어휘들의 의미를 기술하는 데 한계가 있다. 이러한 한계를 극복하기 위해 어휘의 의미를 구성하는 요소들을 더 분해하여 의미를 표상한 어휘개념구조를 도입할 필요가 있다. 어휘개념구조는 아래와 같이 개념들의 역할이 두 층위로 나뉘어진다. 하나는 작용자(actor)와 피작용자(patient)를 나타내는 '작용의미층(action tier)'이며 다른 하나는 동작과 위치를 나타내는 '관계의미층(thematic tier)'이다.

(19) 영수는x 유리창에y 신문지를z 덧붙였다.
[AFF_{+vol}(x, z)], (작용의미층)
[$_{EVENT}$ CAUSE(x, [$_{EVENT}$ INCH [$_{STATE}$ BE(z, [$_{PLACE}$ ON y])]])]]
(관계의미층)

(20) 영수는x 유리창을y 신문지로z 덧붙였다.
[[AFF_{+vol}(x, y)], (작용의미층)
[$_{EVENT}$ CAUSE(x, [$_{EVENT}$ INCH [$_{STATE}$ BE(y, [IN STATE])]])],
BY MEANS OF [$_{EVENT}$ CAUSE(x, [$_{EVENT}$ INCH [$_{STATE}$ BE
(z, [$_{PLACE}$ ON y])]])]]] (관계의미층)

작용의미층에서 작용자(x)는 의지(volition)는 없지만 어떤 행위를 야기한 자(extrinsic instigator of action)일 수도 있고 의지를 가지고 어떤 행위를 한 자(volitional actor)일 수도 있다. 작용자의 의지 여부는 [±volitional](=[±vol])이라는 특질로 표기한다(Jackendoff 1990). 작용의미층에 첫 번째 논항이 작용자로 해석되고 두 번째 논항이 피작용자로 해석된다.

작용의미층 뒤에 ' , ' 표시를 통해 관계의미층이 표시된다. 관계의미층에는 'CAUSE', 'INCH', 'BE'처럼 상태(state)나 사건(event)을 나타내는 의미 함수가 나타난다. (19)에서 'CAUSE'는 작용자가 어떤 사건을 야기함을 의미하여 행위주(x)를 논항으로 취한다. 즉 'CAUSE'는 작용자(행위주) x에 의해 어떤 사건(event)이 야기되었다는 것을 표시한다. 그다음에 오는 'INCH'는 상태(state) 논항을 취해서 사건(event)의 의미를 산출하는 함수이다. (19)에서는 '영수'가 '유리창에 신문지가 덧붙은 상태'를 만들었다는 것을 나타낸다. 'INCH'는 '덧붙이다'의 의미 원소에 기동사건이 포함된 것을 뜻한다. (19가)에서 '유리창에'가 나타내는 처소는 'ON'이라는 함수로 표시되었다.

(20)의 어휘개념구조를 보면 (19)보다 한층 더 복잡하다. 작용의미층에서 작용자는 영수(x)이며, 피작용자는 '–을'이 결합한 '유리창(y)'이 된다. 관계의미층에서 '유리창(y)'은 영수(x)에 의해 어떤 상태에 놓이게 된 것으로 해석된다. 이때 유리창의 상태는 '신문지로 가득 찬 상태'를 의미하며 이것은 'BY MEANS OF' 뒤에 쓰인 개념구조에서 보듯 '영수가 유리창에 신문지를 덧붙인 행위'에 의한 것이다.

이처럼 '덧붙이다'의 논항이 표시하는 의미를 어휘개념구조로 나타내면 (16가)와 (16나)의 함의관계를 포착할 수 있다. (20)의 어휘개념구조에 (19)의 어휘개념구조 '[$_{EVENT}$ CAUSE(x, [$_{EVENT}$ INCH [$_{STATE}$ BE(z, [$_{PLACE}$ ON y])]])]'가 포함되어 있기 때문이다. 따라서 (20)이 참이면 (19)

도 참인 것이다.[9]

(19), (20)에 나타난 어휘개념구조와 (18)의 의미역을 비교하면 한 어휘가 지니고 있는 의미 원소들이 더 세분화되어 나타났음을 알 수 있다. 예를 들어 의미역에서는 행위주(agent)로만 분류되던 것이 작용의미층과 관계의미층의 논항으로 각각 분해되어 나타난다. 또한 관계의미층에서 행위주와 다른 의미역 사이의 관계는 'CAUSE'라는 함수로 구체화되었다.

4. 어휘개념구조의 적용

4.1. '있다'의 어휘개념구조

위에서는 처소 교체 구문을 예로 들어 어휘개념구조가 어떻게 구성되었는지를 살펴보았다. 여기에서는 '있다'의 의미를 바탕으로 어휘개념구조에 상태나 사건이 표상되는 과정을 다시 한번 확인해 보고자 한다.

'있다'의 의미를 논의하기 전에 한국어 용언의 의미 특성부터 살펴보자. 전통문법의 품사 연구에서 용언은 활용 양상과 의미 특성 등에 따라 동사와 형용사로 나뉜다. 동사는 주로 동작이나 과정을 나타내고 형용사는 속성이나 상태를 나타낸다.[10] 또한 동사와 형용사는 청유

9 어휘 의미의 분해(decomposition) 이론은 Dowty(1979) 등을 참고할 수 있다.

10 동사와 형용사의 구분과 관련된 논의는 도원영(2002)를 참고할 수 있다. 전통적으로 형용사는 상태성을 나타내고 동사는 사건성을 나타낸다고 분

형 어미나 명령형 어미, 현재 시제 어미 등의 결합 양상에서도 차이를 보인다. 그런데 한국어에는 아래 예처럼 동사와 형용사 가운데 하나의 품사로 분류하기 어려운 용언들도 있다.

(21) 가. 식물이 지금도 {큰다, 크고 있다}
이 식물이 아주 크다.
나. 별일도 아닌데 꽁해 있으면 안 된다.
영수는 성격이 꽁하다.

(21가)의 '크다'나 (21나)의 '꽁하다'는 〈표준국어대사전〉에서 동사와 형용사를 겸하는 단어로 보고 있다.[11] (21가)의 '크다'는 현재 시제 어미 '-ㄴ-'이 결합하거나 진행을 나타내는 '-고 있-'이 결합하는 경우 '동식물의 몸의 길이가 자라다'는 의미로 해석되고 '크기나 길이가 보통 정도를 넘다'라는 의미를 가질 때에는 형용사의 활용 특징을 보인다. (21나)에서 '-어 있-'이 결합할 수 있는 '꽁하다'는 '서운하게 여기다'라는 의미로 해석되어 동사의 특징을 보이고, '마음이 좁아 너그럽지 못하고 말이 없다'는 성질을 나타낼 때에는 형용사의 특징을 보인다.

'크다', '꽁하다'와 마찬가지로 우리가 평소 많이 사용하는 '있다' 역시

류되어 왔다. 또한 형용사는 '-고 있-'이나 '-어 있-'과 결합하지 않으며 명령형 및 청유형이 되기 어렵다.

11 〈표준국어대사전〉에 동사와 형용사를 겸하는 단어로 등재된 용언에는 '그르다', '둥글다', '너무하다', '목마르다', '미끈하다', '검약하다', '도드라지다', '우둥하다', '패륜하다', '만족하다', '존중하다' 등이 있다.

동사와 형용사의 특징을 모두 겸하고 있다. 아래 (22), (23)에서 '있다'가 쓰인 예를 살펴보자.

(22) 철수는 지금 집에 있다.

(23) 가. 옹자가 의자에 앉아 있다.

　　나. 메리가 밥을 먹고 있다.

'있다'는 (22가)에서처럼 일반용언으로도 쓰이고 (23가), (23나)에서처럼 보조용언으로도 쓰이는데, 이 절에서는 일반용언으로 쓰이는 '있다'의 경우만 살펴볼 것이다.

일반용언 '있다'는 (21)에서 살펴본 '크다'나 '꽁하다'처럼 형용사와 동사의 성격을 모두 가지고 있지만 '크다', '꽁하다' 부류하고는 다른 속성도 지닌다. '크다'나 '꽁하다'는 동사나 형용사로 분류될 때 의미의 차이가 뚜렷한 반면, '있다'는 아래에서 보듯 의미 차가 뚜렷하지 않다.

(24) 가. 요즘 사람들이 밖에 나오지 않고 집에만 있는다.

　　나. 아직도 안 나왔어? 너 아직도 집에 있구나!

(24가)와 (24나)에서 '있다'는 모두 '특정 장소에 존재한다'는 의미를 가진다. 이를 '있다' 존재 구문이라고 하자. 존재 구문에 쓰인 '있다'는 (24가)처럼 '-는-'이 결합하여 동사와 같은 활용 양상을 보이기도 하고 (24나)처럼 '-는-'이 결합하지 않고 형용사와 같은 활용 양상을 보이기

도 한다. (24가)와 (24나)의 '있다'는 아무런 의미 차이가 없는가? 의미 차이가 있다면 그것을 어휘개념구조로 어떻게 포착할 수 있는가?

한편 '있다'는 아래 예문에서처럼 형용사로만 쓰이는 때도 있다. (25)에 쓰인 '있다'는 어떤 물체나 자격 등을 소유했다는 의미로 해석된다. (25)에 쓰인 '있다' 구문을 소유 구문이라고 부른다.

(25) 가. {영미에게, 영미가} 돈이 있다.

나. {철수에게, 철수가} 실력이 있다.

(24)의 '있다'와 (25)의 '있다'가 가지는 의미 차이는 비교적 명확해 보인다. 그렇다면 (24)와 (25)에 쓰인 '있다'의 의미 차이는 어휘개념구조에 어떻게 표상되는가?

아래에서는 이러한 질문들에 답하기 위해 (24)의 존재 구문과 (25)의 소유 구문에 나타난 '있다'의 차이를 살펴보고 '있다'의 어휘개념구조를 제시하고자 한다.[12]

① 소유 구문과 존재 구문의 '있다'

존재 구문의 '있다'와 소유 구문의 '있다'를 아래 예를 통해 비교해 보자.

12 '있다' 구문을 존재 구문과 소유 구문으로 나눈 논의는 박양규(1975), 양정석(1995) 등을 참고할 수 있다.

(26) 가. 영수가 집에 있다.

≠ 영수가 집이 있다.

나. 영미에게 돈이 있다.

= 영미가 돈이 있다.

(26가)에 쓰인 '있다'는 존재 구문으로 분류되는데 [주격-처격] 명사구(NP가-NP에)로만 실현될 수 있고 [주격-주격](NP가-NP가) 명사구로 실현되면 의미가 달라진다. 이와 달리 소유 구문으로 분류되는 (26나)는 [처격-주격](NP에-NP가) 명사구로 실현되기도 하고 [주격-주격](NP가-NP가)의 명사구로도 실현될 수 있다.

(26가)의 '있다'(존재 구문)와 (26나)의 '있다'(소유 구문)는 다른 어휘개념구조를 가지는가? 또한 (26나)의 'NP에게 NP가 있다'와 'NP가 NP가 있다'의 '있다'는 같은 어휘개념구조를 가지는가?

먼저 첫 번째 질문에 답하기 위해 (26가)와 (26나)의 차이부터 살펴보자. (26가)와 (26나)의 '있다'는 존칭 술어로 쓰일 때 의미에 따라 그 형태도 달라진다. 예를 들어 존재 구문의 '있다'는 존칭 주어가 올 경우 '할아버지께서 집에 계시다'처럼 '계시다'로 활용되지만, 소유 구문의 '있다'는 '할아버지께서 돈이 있으시다'에서 보듯 '있으시다'로만 활용된다.

이러한 차이에 근거하여 존재와 소유의 의미 차를 어휘개념구조를 통해 나타내 보이면 아래와 같다.

(27) 가. 영수가x 집에y 있다.

나. 존재 구문의 '있다 1' 어휘개념구조(LCS)
$[_{STATE}\ BE(_{THING}\ x,\ [_{PLACE}\ AT(_{THING}\ y)])]$

(28) 가. 영미에게x 돈이y 있다

나. 소유 구문의 '있다 2' 어휘개념구조(LCS)
$[_{STATE}\ BE(_{THING}\ y,\ [_{PLACE}\ AT_{Poss}(_{THING}\ x)])]$

(27)과 (28)의 차이는 장소 함수에 소유장(possession)의 의미가 추가되었는가 여부에 있다. (27)의 '있다'는 단순히 어떤 개체 x가 y라는 장소에 존재하는 상태를 뜻하는 데 반해, (28)의 '있다'는 어떤 개체 y가 x의 소유권 안에 존재하는 상태를 뜻한다.

다음으로 (26나)에서 살펴봤던 '있다' 소유 구문의 조사 실현 양상에 대해 다시 살펴보자. (26나)에서 제시하였듯 소유 구문의 '있다'는 '영미에게 돈이 있다'처럼 [처격–주격] 명사구 짝으로 실현되기도 하지만 '영미가 돈이 있다'의 [주격–주격] 명사구 짝으로 실현되기도 한다. 또한 처격이 실현될 때에는 항상 처격 명사구가 앞에 실현되어야 하지, 처격이 주격 뒤에 실현되면 존재의 의미로 해석되거나 비문이 된다.

(29) 가. 영미에게 돈이 있다. [소유]

나. 돈이 영미에게 있다. [존재]

다. 영미에게 동생이 있다. [소유]

라. ??동생이 영미에게 있다.

이처럼 '있다' 소유 구문에서는 유정 명사구인 'NP에게'의 위치가 의미 해석에 영향을 미친다. 반면 'NP에게'가 'NP가'로 실현되어도 소유주의 의미는 달라지지 않는다.

(30) 가. 나에게 철수 책이 있다.
나. 나에게 네 돈이 있다.
다. 내가 철수 책이 있다.
라. 내가 네 돈이 있다.

다만 (30가), (30나)와 달리 (30다), (30라)에서는 다른 사람이 아닌 '나'한테 '철수 책'(NP2), '네 돈'(NP2)이 있다는 배제적 초점 해석이 두드러진다. 그러나 (30다), (30라)에서도 여전히 'NP1'인 '내가'는 소유주로 해석된다.

이에 소유 구문에서는 명사구의 위치가 의미 해석에 영향을 미치며 명사구 뒤에 결합하는 조사에 의해서 개념구조가 달라지지는 않음을 알 수 있다. 'NP1이 NP2가 있다'로 실현된 소유 구문에 쓰인 '있다'의 개념구조를 나타내면 아래와 같다.

(31) 내가x 철수 책이y 있다.
소유 구문의 '있다'
$[_{\text{STATE}}\ \text{BE}(_{\text{THING}}\ y,\ [_{\text{PLACE}}\ \text{AT}_{\text{Poss}}(_{\text{THING}}\ x)])]$

② 존재 상태와 존재 행위의 '있다'

위에서는 존재 구문과 소유 구문에서 '있다'가 나타내는 의미 차이를 살펴보았다. 아래에서는 존재 구문에 나타나는 '있다'의 의미 특성에 대해서 더 자세히 살펴보고자 한다.

위에서 보았듯이 존재 구문에 쓰이는 '있다'는 형용사와 동사의 특성을 모두 보인다. 아래 (32)는 존재 구문의 주어 자리에 행위주성을 가진 사람이 온 경우이다. 이때에는 동사의 활용 양상을 보여 청유형과 명령형 어미가 결합할 수 있다.

(32) 가. 나는 나갔다 올 테니까 너는 교실에 잠깐 <u>있어라</u>.

나. 우리 나가지 말고 여기에 모두 함께 <u>있자</u>.

(32가)와 (32나)에서 '있다'는 상태(state)를 나타내는가? 위의 예에서 '있다'는 '머무르다'와 같은 동사의 특성을 보인다. (32가)에서 화자는 청자인 '너'에게 의지(volition)를 가지고 교실에 존재하는 행위를 실행하라고 명령하는 것이다. (32나)에서도 행위주는 '여기'에 존재하는 상태를 유지하겠다는 의지를 지니고 있다. 이는 (32가)나 (32나)의 '있다'가 '나가다'라는 행위 동사와 대비를 이루며 쓰이고 있는 것에서도 확인된다. 물론 (32)에 쓰인 '있다'는 '머무르다'와 달리 진행을 나타내는 '–고 있–'이나 '–는 중이–'가 결합하지는 못한다. 그래서 '*철수는 교실에 {있고 있다, 있는 중이다}'와 같은 예를 통해 '있다'를 상태성(state)의 술어로만 보는 견해도 있다(고석주 2007). 그러나 (32)나 아래 (33)의 예에서 '있다'의

주어가 의지를 가진 행위주라는 사실을 무시할 수는 없다.[13]

(33) 가. 나는 여기에서 1시간만 있을게.

나. 내가 몇천억 벌었으면 여기 안 있는다.

따라서 여기서는 의지를 가진 행위주를 동반하는 '있다' 존재 구문의 어휘개념구조를 아래와 같이 나타낸다.

(34) 나는x 집에y 있을게.

존재 구문의 '있다'

[AFF(x,)],

[$_{EVENT}$ CAUSE(x, [$_{EVENT}$ INCH [$_{STATE}$ BE($_{THING}$ x, [$_{PLACE}$ AT($_{THING}$ y)])])])]

존재 구문의 '있다'의 의미를 정리하면 '있다'는 주어의 의미 특성에 따

13 신선경(1998, 2002)에서는 '있다'가 어떤 장소에 존재하는 상태(state)를 나타낼 뿐만 아니라 그곳에서 과정성(process)을 가지는 '머무름'의 의미도 나타낸다고 보았다. 이 논의에서는 '있다' 구문의 존재 의미를 존재론적 존재, 유형론적 존재, 사건적 존재, 처소적 존재로 나누고 소유의 의미는 양도성 소유, 비양도성 소유로 나누었다. 이때 사건적 존재 구문의 '있다'만 동사로 보고 나머지 '있다'는 형용사로 보았다. 양정석(1995: 221)에서도 '너는 집에 있어라'의 예에 나타난 '있다'의 어휘개념구조를 [[AFF(x,)], [STAY(x), [AT(y)]]]로 설정하였다. 이처럼 STAY 함수를 써서 나타낼 수도 있으나 이 개념구조로는 '머무르다'의 어휘개념구조와의 차이를 포착하기 어렵다. 이에 이 책에서는 존재 동사의 '있다'를 (34)에서처럼 CAUSE 함수를 사용해서 표기한다. '있다'의 활용과 품사에 대한 논의는 황화상(2013)을 참고할 수 있다.

라 상태(state)를 나타내는 '있다'와 사건(event)을 나타내는 '있다' 두 개로 나누어진다. 의지를 가질 수 있는 행위주가 주어 자리에 오면 주체의 의지에 의해 존재 상태가 만들어지는 것으로 해석되어 사건(event)으로 해석된다. 이는 의미개념구조 내 작용의미층에 작용자가 도입되고 관계의미층에 CAUSE 함수와 INCH 함수를 도입하여 표시할 수 있다.

지금까지 4.1절에서 살펴본 '있다'의 의미구조를 정리하여 제시하면 아래와 같다.

(35) 가. 돈이 책상 위에 있다.

> **있다 1**
> 통사 범주: V
> 개념구조: $[_{STATE}\ BE(_{THING}\ x,\ [_{PLACE}\ AT(_{THING}\ y)])]$

나. 나는 집에 있는다.

> **있다** 2
> 통사 범주: V
> 개념구조:
> [AFF(x,)],
> $[_{EVENT}\ CAUSE(x,\ [_{EVENT}\ INCH\ [_{STATE}\ BE(_{THING}\ x,\ [_{PLACE}\ AT(_{THING}\ y)])]])]$

다. 나에게 철수 책이 있다.

> **있다** 3
> 통사 범주: V
> 개념구조: $[_{STATE}\ BE(_{THING}\ y,\ [_{PLACE}\ AT_{Poss}(_{THING}\ x)])]$

4.2. '되다'의 어휘개념구조

'있다'만큼 자주 쓰이는 용언에 '되다'가 있다.[14] '되다'는 '있다'와 달리 활용 양상 측면에서 동사의 특성만 보인다. '되다'는 전형적으로 두 개의 논항을 요구하는 두 자리 서술어로 기술된다. '되다'의 각 논항은 변화를 겪는 개체와 그 개체의 변화 후 상태를 나타낸다.

(36) 가. 물이 얼음이 되었다.

나. 영민이는 50세가 되었다.

다. 메리는 옹자의 친구가 되었다.

(36)에서 첫 번째 명사구(NP1)는 두 번째 명사구(NP2)로 변화를 겪는다. 이때 변화된 결과는 특정 개체가 될 수도 있고 50세라는 나이, 옹자의 친구가 된 상태도 될 수 있다. 변화를 겪는 NP1은 어떤 행위를 직접 야기한 작용자의 속성은 지니지 않는다. 따라서 (36)의 '되다'의 의미를 어휘개념구조로 나타낼 경우 작용의미층에 작용자는 표시되지 않고 피작용자만 표시될 것이다. 아울러 NP1과 NP2가 가리키는 개체는 별개의 대상물이 아니므로 이 둘이 동일한 대상임을 개념구조에 표시해 줘야 한다. (36)에 쓰인 '되다'의 의미를 어휘개념구조로 표상하면 아래와 같다.

---

14 성연숙(2003)에서는 현대국어에서 '되다'의 사용 빈도가 일반 어휘 중에서는 7위, 용언 중에서는 5위에 해당한다고 하였다.

(37) 물이x 얼음이y 되었다.

변성의 '되다':

[AFF(,x)],

$[_{EVENT}\ INCH([_{STATE}\ BE_{Ident}(x,\ [_{PLACE}\ AT_{Ident}([_{THING}\ y])])])]]$

'되다'는 일종의 기동 동사로서 특정 상태 논항을 취해서 기동 사건을 나타내는 INCH 함수를 의미 요소로 가진다. (37)에서 '되다'는 '물이 얼음이 된 상태'가 발생하게 된 사건을 나타내는 것이다. 이 상태는 BE 함수를 써서 나타낼 수 있으며, 물(x)이 얼음(y)이 된 것은 AT 함수와 동일성(identificational)의 의미장인 Ident를 표시하여 나타낼 수 있다.

'되다' 구문 중에는 위에서 본 것처럼 논항이 두 개 실현되는 경우도 있지만 아래 (38)처럼 논항이 한 개만 실현되는 경우도 있다.

(38) 가. 벌써 봄이 됐다.

나. 이 논문은 이제 다 됐다.

(38가), (38나)에서 '벌써', '이제 다'는 부사어로 수식 성분이며, '되다'의 논항은 '봄이', '이 논문은'처럼 하나만 실현되었다. 그러나 (38가)와 (38나)의 논항구조를 면밀히 분석하면 (38가)의 '되다'와 (38나)의 '되다'가 서로 다른 논항구조 및 어휘개념구조를 가진다는 것을 알 수 있다.

먼저 (38가)의 경우부터 살펴보자. (38가)에서 '봄이'는 '되다'의 논항으로 변한 상태를 나타낸다. (38가)의 예문에는 주로 시간 명사가 결합하는데 '세 시가 되었다'나 '저녁 시간이 되었다'와 같은 예문이 같은 부류로 묶일 수 있다. 맥락에 따라서는 (38가)의 맨 앞에 '계절이'라는 NP1이 실현될 수도 있다. 그리고 '세 시가 되었다'도 '시간이 세 시가 되었다'로 쓸 수 있다. 이를 보건대 (38가)의 경우에도 NP1이 관습적으로 잘 나타나지는 않지만, 명시적으로 밝히고자 할 때는 복원될 수 있으므로 NP1이 생략된 것으로 볼 수 있다. 따라서 (38가)의 '되다'는 변성의 의미를 가지며, (37)의 어휘개념구조로 분석할 수 있다.

그런데 (38가)와 달리 (38나)는 (37)의 어휘개념구조로 설명하기가 어렵다. (38나)의 '되다' 구문은 주로 일의 완성을 나타내는 부사 '다'와 결합하여 나타난다. 이때 '되다'는 어떤 상태가 완성되었음을 뜻한다. (38나)에서 '이 논문'은 변화를 겪은 대상에 해당하며 변화를 겪은 후의 상태는 '논문이 완성된 상태'이다. (38나)의 '되다' 앞에 '다'가 오지 않아도 문장은 자연스럽게 성립한다. NP1의 위치에는 유정물인 사람도 올 수 있다. 가령 '그 사람은 됐다'라고 할 경우 '그 사람'의 완성된 상태는 화자가 가지고 있는 특정 기준에 도달한 상태를 의미한다. 하지만 이 도달 상태가 표면 구조로 발화되지는 않는다. 결국 (38나)에는 (37)에 표시된 변화 후의 상태나 개체가 '되다'의 명시적 논항으로 실현되지 않는다. 이에 여기서는 (38나)에 쓰인 '되다' 같은 경우, 논항이 한 개만 실현되는 구조를 가진다고 본다. (38나)에 쓰인 '되다'의 어휘개념구조를 나타내면 아래와 같다.

(39) 논문은x (이제 다) 됐다.

완성의 '되다':

[AFF(,x)],

$[_{EVENT}$ INCH$([_{STATE}$ BE$_{Ident}$(x, [IN STATE$_{Ident}$])])]

지금까지 살펴본 '되다' 동사는 기동 사건을 나타낸다. '되다'가 쓰인 예문 중에는 상태의 변화를 나타내지 않고 특정 상태의 존재를 나타내는 경우도 있다.

(40) Ⓐ 그 사람이 너와 어떻게 되는 사이니?

Ⓑ 그 사람은 저에게 남편 되는 사람입니다.

위의 예문에서 '되다'는 어떤 사람과 특정 관계를 맺고 있다는 것을 나타낸다. 위에서 NP1인 '그 사람'은 어떤 변화를 겪지 않고 세 번째 명사구인 NP3 '남편'과 동일한 대상을 지시한다. (40Ⓑ)의 '되다' 구문은 위에서 보았던 '되다' 구문과 달리 논항이 세 개 실현되어 'NP2에게'(저에게)가 추가될 수 있다.

(40)에 쓰인 '되다' 구문의 어휘개념구조는 아래와 같다.

(41) 그 사람은x 저에게y 남편이z 됩니다.

상태의 '되다':

[AFF(x, y)],

$$[_{STATE}\ BE_{Ident}(x,\ [_{PLACE}\ AT_{Ident}([_{PROPERTY}\ z]),\ [TO\ ([_{THING}\ y])])])]$$

(41)은 x(그 사람)이 z라는 속성을 가진 상태에 있고, 그 상태는 y(저)에게 향한다는 것을 나타낸다.

참고 문헌

고석주(2007), '있다'의 의미에 대한 연구: 어휘개념구조 표상을 중심으로, 한말연구 20, 한말연구학회, 1-25.

김영희(1973), 한국어의 격문법연구, 연세대학교 석사학위논문.

김홍범 · 윤교찬(2020), 동사와 형용사의 구분에 관한 논쟁거리를 활용한 문법 토론, 한말연구 55, 한말연구학회, 109-127.

남승호(2002), 처소논항 교체의 의미론: 자동사와 형용사를 중심으로, 어학연구 38(1), 서울대학교 언어교육원, 295-318.

남승호(2003), 한국어 이동 동사의 의미구조와 논항교체, 어학연구 39(1), 서울대학교 언어교육원, 111-146.

도원영(2002), 국어 형용성 동사 연구, 고려대학교 박사학위논문.

박양규(1975), 소유와 소재, 국어학 3, 국어학회, 93-117.

성연숙(2003), '되다' 구문 연구, 연세대학교 석사학위논문.

신선경(1998), '있다'의 어휘 의미와 통사 구조 연구, 서울대학교 박사학위논문.

신선경(2002), '있다'의 어휘 의미와 통사, 태학사.

안명철(2013), 논항 교체 구문의 의미론: [처소]-[대상] 구문을 중심으로, 국어학 68, 국어학회, 75-98.

양정석(1995), 국어동사의 의미 분석과 연결이론, 박이정.

홍재성(1986), 교차 장소보어 구문 연구: 한국어 자동사 구문의 한 유형에 대하여, 한글 191, 한글학회, 53-76.

황화상(2013), '있다'의 의미 특성과 품사, 그리고 활용, 한말연구 33, 한말연구학회, 379-403.

Anderson, S. R.(1971), On the role of deep structure in semantic interpretation, *Foundations of Language* 7(3), 387-396.

Dowty, D. R.(1979), *Word Meaning and Montague Grammar*, Dordrecht: Reidel Publishing Company.

Gruber, J. S.(1965), Studies in Lexical Relations, PhD Dissertation, MIT.

Jackendoff, R.(1990), *Semantic Structures*, Cambridge, MA: MIT Press.

Jackendoff, R.(1995), *Languages of the Mind: Essays on Mental Representation*, Cambridge, MA: MIT Press.

Rappaport, M., and Levin, B.(1985), A case study in lexical analysis: The locative alternation, Unpublished manuscript, MIT Center for Cognitive Science.

3부

문장의 의미

6장

조사와 문장의 의미

여는 대화

옹자와 메리는 시험을 보고 나왔다.

옹자: 오늘 시험 잘 봤어?

메리: 어제 시험은 잘 봤는데. 속상하다.

옹자: 그래? 아까 너 시험 볼 때 잠깐 봤는데 잘만 쓰던데!?

메리: 쓰기는 많이 썼지. 소설을.

옹자: 에이~ 걱정하지 마. 그리고 내일도 있잖아.

메리: 알겠어. 너는? 넌 장학생이니까 당연히 잘 봤겠지?

옹자: 아니야. 나는 답을 쓰지조차 못했어.

메리: 정말? 원숭이도 나무에서 떨어질 때가 있는 건가.
너한테도 어려웠어?

옹자: 어렵더라. 요즘 운동만 했거든.

메리: 운동에만 매달리는 이유라도 있어?

옹자: 요즘 잘 풀리는 일이 하나도 없었는데 운동하니까
스트레스도 풀리고 건강도 좋아지는 것 같아서.

메리: 나만 빼고 다들 운동하는 것 같아!
나도 운동을 당장 시작해야겠다.

1. 도입

누군가가 여러분에게 "재미있다"라고만 말한다면 여러분은 뭐라고 말할 것인가? 무엇이 재미있다는 것인지 되물을 것이다. 마찬가지로 누군가가 "좋아한다"라고만 말하면, 청자는 "무엇을?" 또는 "누구를?"이라고 되물을 것이다. 이처럼 우리는 형용사나 동사만 들었을 때, 해당 술어와 함께 실현되어야 하는 성분들에 대한 정보를 요구한다. 이는 온전한 문장이 되려면 술어가 요구하는 의미 요소, 즉 논항들이 함께 실현되어야 하기 때문이다. 한 문장이 적절한 의미를 획득하려면 술어가 요구하는 논항들이 실현되어야 하고, 문장을 구성하는 단어와 단어가 서로 결합하여 적격한 문장을 형성해야 한다. 그러면 '재미있다'가 요구하는 논항이 실현된 아래 문장들은 적격한가?

(1) 가. 나는 이 의미론 책 재미있다.
나. 나는 이 의미론 책이 재미있다.
다. *나는 이 의미론 책을 재미있다.
라. *나는 이 의미론 책의 재미있다.

'재미있다'처럼 화자의 심리를 표현하는 술어는 필수적으로 두 개의 논항을 요구한다. 하나는 심리 경험의 주체인 경험주(experiencer) 논항이고, 다른 하나는 감정을 불러일으키는 자극(stimulus) 논항이다.[1] (1가)~

1 자극의 의미역 분류에 대해서는 학자마다 견해가 다양하다. 자극을 별도의 의미역으로 분류하지 않고 대상에 포함시키기도 하며(박철우 · 김종명

(1라)에서 자극은 '이 의미론 책'으로 실현되었다. 그런데 (1가), (1나)는 문법적인 반면 (1다), (1라)는 비문법적이다. 왜 그러한가? 이러한 차이는 '이 의미론 책' 뒤에 결합한 언어 형식의 종류에서 비롯된다. (1가)처럼 명사구 뒤에 아무런 언어 형식이 결합하지 않거나 (1나)처럼 '-이'를 동반하면 자연스러운데 (1다), (1라)처럼 '-을', '-의'가 결합하면 비문이 된다. 이러한 현상은 타동사가 쓰인 아래 예문에서도 나타난다.

(2) 가. 철수가 밥 먹었다.

나. 철수가 밥을 먹었다.

다. *철수가 {밥으로, 밥의} 먹었다.

(2)에서 동사 '먹다'는 먹는 행위를 하는 주체(agent)와 먹는 행위에 의해 영향을 받아 상태가 변하는 피동주(patient)를 논항으로 취한다. 이때 피동주는 '철수가 ☐ 먹었다'라는 문장의 빈칸에 들어갈 대상인데 (2가)처럼 명사구 '밥'만 나타날 수도 있고 (2나)처럼 '-을'이 결합하여 '밥을'로 실현될 수도 있다. 하지만 (2다)에서 보듯 명사구에 '-으로'나 '-의' 같은 언어 형식이 오면 비문이 된다.

(1), (2)의 현상을 통해 발견할 수 있는 것은 한국어 문장의 경우, 문장을 구성하는 명사구들이 그 명사구에 적합한 언어 형식과 결합해

2005), 원인으로 분류하기도 한다(김건희 2003). '나는 호랑이가 무섭다', '나는 철수가 싫다'와 같은 문장에서 '호랑이', '철수'에 자극이라는 의미역을 부여한 논의로는 김윤정 외(2014), 김완수(2016) 등이 있다.

야 한다는 것이다. 이 언어 형식은 명사구와 서술어의 문법적 관계를 표시하거나 선행 명사구에 특정한 의미를 더할 수 있다. 이러한 형식에는 '-이/가', '-을/를', '-로', '-의' 같은 것이 있는데 이들을 조사라고 한다. 조사는 혼자 쓰일 수 없어 의존적이며 '사과', '만나다' 같은 단어가 가지는 어휘적 의미를 지니지 않으므로 의존적인 문법 형식에 해당한다.

그렇다면 한국어에서 조사는 반드시 실현되어야 하는 것인가? 문장 내 명사구가 동반할 수 있는 조사의 종류는 무엇에 의해 결정되는가? 한국어 문장의 의미를 해석할 때 조사의 의미가 기여하는 바는 무엇이며 이들의 의미 합성 과정은 무엇인가?

이러한 질문들에 답하기 위하여 이 장에서는 조사 '-이/가', '-을/를', '-도', '-만'을 중심으로 조사의 의미와 그 의미가 더해진 문장의 의미가 해석되는 과정에 대해 탐구한다.

2. 한국어 조사의 부류

한국 사람들의 대화를 들어보면 아래 (3)처럼 조사가 결합하지 않은 명사구만으로도 의사소통이 원활하게 이루어진다. 오히려 일상적인 대화 상황이나 SNS(social network service) 메시지에서는 조사 '-이/가', '-을/를'을 엄격하게 사용하는 것이 더 부자연스럽게 느껴질 수 있다.

(3) 가. 서울에는 <u>비</u> 와?

나. <u>철수</u> <u>영희</u> 좋아해.

다. 너 어제 영수 만났어?

라. 오늘 뭐 할 거야?

이를 보면 한국어에서 조사가 필수적인 요소가 아닌 것처럼 보인다. 그러나 (3)의 예문들이 성립할 수 있는 것은 화자와 청자가 발화 맥락을 공유하고 있기 때문이다. 공식적인 문어 상황에서는 조사의 생략이 제약된다. 예를 들어 공식 문서나 보고서에 '메리 좋아하는 사람 많다'나 '선생님 옷을 샀다'와 같이 조사가 실현되지 않은 문장을 사용하면 단박에 애매한 글이 되었다고 지적받거나, 오해의 소지가 있는 것으로 평가받을 것이다.

(4) 가. 메리 좋아하는 사람 많다.

나. 메리가 좋아하는 사람이 많다.

다. 메리를 좋아하는 사람이 많다.

또한 대화 상황이라고 해도 (4가)처럼 조사가 생략되면 누가 좋아하는 주체이고 누가 좋아함을 받는 대상인지가 명확하지 않아 중의적이다. 이러한 경우에는 (4나), (4다)와 같이 적절한 조사를 사용하여 문장의 의미 관계를 명확히 해야 한다.

다음 (5)와 (6)의 대조를 통해서도 조사의 실현 여부에 따른 통사적, 의미적 차이를 확인할 수 있다.

(5) 가. 선생님이 옷을 샀다.

나. 옷을 선생님이 샀다.

(6) 가. 선생님 옷을 샀다.

나. *옷을 선생님 샀다.

(5가)의 '선생님이'에서 조사 '–이'를 생략한 문장이 (6가)이다. 그러나 (5가)와 (6가)는 의미 해석에 차이가 있다. (6가)처럼 '선생님' 뒤에 주격 조사 '–이'가 실현되지 않으면 '선생님 옷'은 '선생님의 옷'으로 해석될 수 있기 때문이다. 또한 (5가)는 (5나)와 같이 목적어 '옷을'이 문두로 이동할 수 있지만 (6가)에서 '옷을'을 문두로 이동하면 (6나)처럼 비문이 된다.[2]

그렇다면 한국어에서 조사 '–이/가'와 '–을/를'은 어떠한 기능을 하는가? 조사 '–이/가'는 선행하는 명사구가 문장의 주어 자리에 나타날 때 동반되는 조사이고 '–을/를'은 명사구가 목적어 자리에 나타날 때 동반되는 조사이다.[3] 다시 말하여 명사구가 사건의 행위주 또는 자극에 해당하여, 서술어와 '주어–서술어'의 문법 관계(grammatical relation)를 가지면 '–이/가'가 결합한다. 그리고 명사구가 서술어와 '목적어–서술어'의 문법 관계를 가져 사건의 대상, 피동주를 나타낸다면, 명사구에 '–을/

2 이정훈(2008)에서는 (5나)와 같은 현상을 초점화 이동으로 설명하고 있다. 자세한 논의는 이정훈(2008)의 3.3절을 참고할 수 있다.

3 조사 '–이/가', '–을/를'이 주어, 목적어 자리에 "동반된다"라고 표현한 이유는 이들 조사가 없어도 주어, 목적어가 무엇인지 파악될 수 있기 때문이다. 어떤 명사구가 주어 혹은 목적어라는 것은 어순(word order)에 의해서도 표시될 수 있고, 억양에 의해서도 드러날 수 있다.

를'이 결합한다. 이에 '-이/가'나 '-을/를'이 실현되면 조사 앞에 결합한 명사구와 술어의 관계를 명시적으로 확인할 수 있어 문장의 중의성이 사라진다.

언어학에서는 명사구가 문장 내에서 서술어와 어떤 문법 관계를 나타내느냐에 따라 모양이 바뀌는 형태론적 현상을 격(格, case)이라고 한다.[4] 한국어는 이러한 격이 조사에 의해 표시된다.

(7) 가. 호랑이가 고양이를 물었다.

나. 고양이가 호랑이에게 물렸다.

(7가)에서 '고양이'는 목적격을 부여 받아 '-을/를'과 결합하고 (7나)에서 '고양이'는 주격을 부여 받아 '-이/가'와 결합한다. 이처럼 명사구의 문법적 기능에 따라 결합하는 조사를 격조사라고 한다.

그러면 한국어의 명사구 뒤에 결합하는 조사들은 모두 단어와 단어 사이의 문법 관계만을 드러내는가? 한국어의 조사 체계에는 격조사와는 구별되는 또 다른 부류로 특수조사가 있다.

특수조사는 명사구와 술어 간의 문법 관계를 표시하는 대신, 선행

4 '격'이라는 용어는 『대한문법』(김규식 1908)에서 처음 나타난 것으로 알려져 있다(이광정 1999). 격을 뜻하는 고전 그리스어 'ptosis'는 현대어에서 굴절을 뜻하는 'inflection'과 같은 개념이라 용언의 어형 변화를 지칭하는 활용(conjugation)과 체언의 어형 변화를 나타내는 곡용(declension)을 아우르는 개념이지만, 오늘날 언어학에서 '격'은 체언이 통사적 환경에 따라 모양을 바꾸는 형태론적 현상으로 이해된다(김용하 외 2018: 203~204). 이에 어떤 학자들은 한국어에서 격조사가 명사구에 결합하는 것을 곡용이라고 하기도 한다.

하는 언어 표현에 특정한 의미를 더해 준다.

(8) 가. 철수도 의미론을 공부한다.

나. 철수가 의미론도 공부한다.

다. 철수가 의미론에도 관심이 있다.

(9) 가. 철수만 의미론을 공부한다.

나. 철수가 의미론만 공부한다.

다. 철수가 의미론에만 관심이 있다.

(8), (9)에서 '-도', '-만'은 주어 자리에도 나타나고, 목적어 자리에도 나타나며 부사어 'NP에' 뒤에도 나타난다. 이를 보면 '-도', '-만'과 같은 조사는 명사구와 술어의 문법 관계를 드러내는 기능을 하지 않는다는 것을 알 수 있다. 이처럼 특정한 격 기능을 보이지 않고, 선행 명사구에 특수한 의미를 더하는 조사를 보조사 혹은 특수조사라고 한다(이하 '특수조사'로 통일).[5]

특수조사의 주된 기능은 선행 명사구에 특수한 의미를 더하는 것이다. 위에서 '-도'와 '-만'은 선행 명사에 어떤 의미를 더하는가? 여러 가지 의미를 고려해볼 수 있지만 (8)의 예만 고려하면 '-도'는 '포함'의

5 특수조사에는 '-은/는, -도, -만, -(이)야, -(이)라도, -조차, -까지, -마저' 등이 있다. 국어학에서 특수조사와 보조사(보조조사)라는 술어가 동시에 사용되고 있으나 여기서는 이들 조사의 주된 특징이 특수한 의미를 더한다는 것에 초점을 맞추어 특수조사라는 명칭을 사용한다(채완 1990, 최재웅 1996 등 참고).

의미를 나타낸다고 할 수 있다. 또한 '-만'은 (9)에서 '단독, 유일'의 의미를 지닌다.

특수조사는 격조사와 달리 통사적 분포가 다양하다. 명사구에도 결합할 수 있고 아래 (10)에서처럼 부사구나 동사구 등에도 결합할 수 있다.

(10) 가. 무조건 {빨리만, *빨리가, *빨리를} 하려고 한다.

나. 철수가 공부를 {열심히도, *열심히가, *열심히를} 한다.

다. 철수가 {울기도, 울기만, *울기가, ??울기를} 했다.

(10)에서 '빨리', '열심히' 같은 부사나 어미 '-기' 뒤에 '-만'이나 '-도'는 올 수 있는데 '-이/가', '-을/를'은 올 수 없다.[6]

한국어 조사에는 위에서 살핀 격조사나 특수조사 외에 접속조사 부류도 있다. 아래 (11)에 쓰인 접속조사는 단어와 단어 사이의 문법 관계를 나타내거나 선행 요소에 특정 의미를 더하지 않고 명사구들을 연결하여 나열이나 선택의 의미 관계를 형성한다.

(11) 가. 의미론<u>과</u> 통사론은 같이 공부해야 한다.

나. 철수<u>하고</u> 영이가 같이 의미론 수업을 듣는다.

다. 나는 다음 학기에 통사론<u>이나</u> 의미론을 들을 것이다.

---

6 '-이/가'나 '-을/를'은 일반적으로 명사구 뒤에 결합하지만 특수조사와 같은 기능을 지닐 때에는 어미 뒤에 나타나기도 한다. 특수조사의 의미에 대해서는 이 장의 4절에서 자세히 논의한다.

이상의 논의를 종합하면, 한국어의 조사는 기능에 따라 크게 다음과 같이 세 부류로 분류된다.

(12) 가. 격조사: 문장을 구성하는 단어들 간의 문법 관계 표시
　　나. 특수조사: 선행 언어 단위에 특수한 의미 부가
　　다. 접속조사: 명사구 간의 접속 관계 형성

3. 격조사의 의미와 문장의 의미

3.1. 구조격 조사의 의미

격조사의 의미는 무엇인가? 한국어의 격조사 중 주격 조사 '-이/가'와 목적격 조사 '-을/를'은 명사구에 결합해서 쓰이는 의존형태소이자 명사구가 주어, 목적어임을 드러내는 문법적 기능을 한다. 특히 이들은 '-에서', '-에' 등의 부사격조사와 달리 구조에 의해 분포가 규제되어 구조격 조사(structural case)라는 명칭으로 불리기도 한다. 즉 구조에 의해 결정된 문법 관계인 주어나 목적어 자리에 '-이/가', '-을/를'이 각각 나타나는 것이다.[7]

구조격 조사가 문법적 기능만 한다고 볼 경우, 조사 '-이/가', '-을/를'의 의미는 문장의 의미가 합성되는 데에 어휘적인 의미 기여를 하

7 구조격은 구조적 요건이 만족되었을 때 주어지는 격이다. 구조격 조사의 인허 조건에 대해서는 이정훈(2008: 49~60), 김용하 외(2018: 211)를 참고하기 바란다.

지 않을 것이다. 실제로 아래 문장들의 의미를 해석하는 데 있어서 격조사 '–이/가'나 '–을/를'의 결합은 구조에 의해 결정되며, 이 조사들이 문장 의미 해석에 기여하는 바는 없다.

(13) 가. 영이는 [철수가 똑똑하–]–다고 생각한다.

나. 영이는 [철수를 똑똑하다고 생각하–]–ㄴ다.

(14) 가. 영이는 [영화를 보–]–고 싶다.

나. 영이는 [영화가 보고 싶–]–다.

(13)은 예외적 격표시 구문(exceptional case marking construction)에 해당하고 (14)는 주격–목적어 구문(nominative object construction)으로 알려진 현상이다.[8] (13)에서 내포문 주어인 '철수'에는 주격 조사 '–가'가 올 수도 있고 목적격 조사인 '–를'이 올 수도 있다. 또한 (14)에서도 내포문 목적어에 '–를' 뿐만 아니라 주격 조사인 '–가'가 올 수 있다.

(13), (14)의 내포문 주어와 목적어에 주격 조사가 오든, 목적격 조사가 오든 문장 전체의 의미는 바뀌지 않는다. 따라서 위와 같은 예문에서 격조사는 구조에 따라 달리 실현된다고 볼 수 있다.[9]

격조사의 의미가 이처럼 공허하(vacuous)면, 문장의 의미가 합성될 때 격조사는 어떤 역할을 하는가? 아래 (15)의 예문을 통해 조사가 포

8 예외적 격표시 구문과 주격–목적어 구문에서의 구조격 조사 인허 양상에 대한 자세한 설명은 이정훈(2008: 73~79)를 참고할 수 있다.

9 물론 한국어의 격조사가 항상 격의 기능만 표시하고, 기타 다른 의미를 나타내지 않는 것은 아니다. 이와 관련된 내용은 3.2절에서 다룬다.

함된 문장의 통사구조와 의미 합성 과정을 살펴보자.

(15) 버스가 왔다.

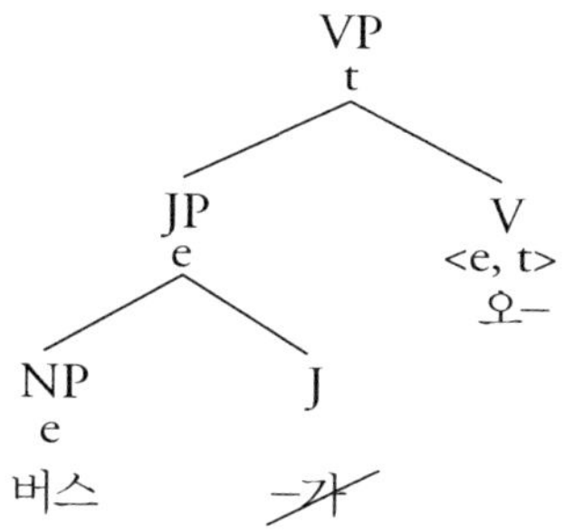

(시제 의미 생략, J는 조사(josa)를 의미)

실제로 (15)의 '버스가 왔다'의 의미는 주격 조사 '-가'를 생략해도 변하지 않는다. 이는 '버스가 왔다'나 '버스 왔다'나 의미가 같다고 보는 것이다. 이를 (15)의 나무 그림에서 조사 '-가'에 빗금을 표시하여 나타냈다. '버스(가) 왔다'의 의미를 형식화하여 나타내면 아래 (16)과 같다.

(16) 가. (기다리던 특정 버스를 가리키며) 버스(가) 왔다.

나. ⟦버스 왔다⟧^{w} = 참(T). iff 어떤 세계 w에서 (특정한 한 대의) 버스가 왔다.

= 참(T). iff ⟦버스⟧^{w} $\in$ ⟦왔다⟧^{w}

다. ⟦버스 왔다⟧^{w} = ⟦왔다⟧^{w}(⟦버스⟧^{w})

= f(버스), where f(x) = T iff x 왔다.

= 참(T). iff 버스가 왔다.

(16나)는 '온 것들의 집합에 (화자가 기다리던) 버스가 포함되어 있–'으면 참이 되는 것을 집합 개념을 바탕으로 형식화한 것이고 (16다)는 '오다'라는 술어를 함수(function)로 해석하여 '버스 왔다'의 의미가 언제 참이 되는지 나타낸 것이다.

주격 조사 '–이/가' 뿐만 아니라 목적격 조사 '–을/를'도 의미 변화 없이 생략될 수 있다. 아래 (17가)의 문장 의미 해석 과정을 함수 해석을 바탕으로 제시하면 (17나)와 같다.

(17) 가. 철수(가) 선생님(을) 만났어.

나. $[\![$선생님 만났다$]\!]^{w}([\![$철수$]\!]^{w})$

$=[f: x_e \rightarrow g_{x\langle e,t\rangle}$ iff $[g_x: y_e \rightarrow$ T. iff y(가) x(를) 만났다$]]$(선생님)

$=f$(선생님), where f(선생님) $= g_{\text{선생님}}$ such that

$g_{\text{선생님}}: y_e \rightarrow$ T. iff y(가) 선생님(을) 만났다.

$=g_{\text{선생님}}$(철수), where $g_{\text{선생님}}$(철수) = T. iff 철수(가) 선생님(을) 만났다.

=T. iff 철수(가) 선생님(을) 만났다.

격조사의 의미 유형(semantic type)은 이들이 문장 안에서 문법적 기능만 나타낼 때에는 (15)에서 본 것처럼 무시될 수도 있고, 개체 유형을 받아서 동일한 개체 유형을 내놓는 ⟨e, e⟩ 유형의 함수로 볼 수도 있다. 한국어의 조사가 통사적으로는 핵(head)이라는 것을 고려하면 의미론적으로도 격조사의 의미 유형은 ⟨e, e⟩로 설정할 수 있다.[10] 이러

---

10 조사가 통사적 핵(head)이라고 본다면 '철수가'나 '선생님을' 같은 단어를 통

한 조사의 의미 유형(semantic type)을 반영하여 (15)의 구조를 다시 제시하면 아래와 같다.

(18) 버스가 왔다.

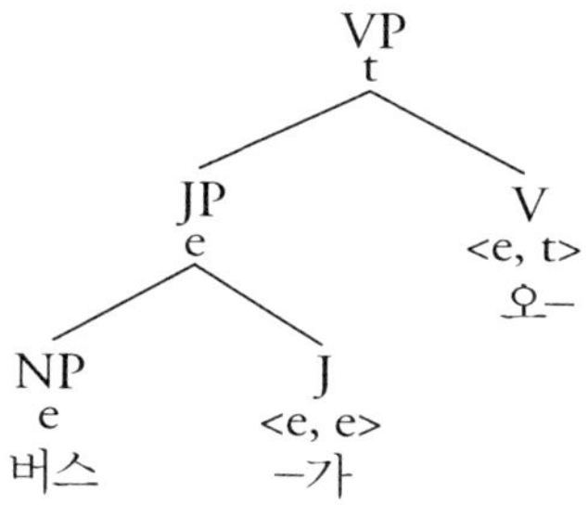

3.2. 격조사의 특수한 의미

위에서는 한국어의 주격 조사와 목적격 조사가 생략되어도 문장의 의미가 변하지 않는 현상, 예외적 격표시 구문과 주격 목적어 구문에서 나타나는 격조사 실현 양상을 통해 구조격 조사의 문법적 의미 기능을 확인하였다.

사적으로 명사구(NP)로 보지 않고 조사구(JP)로 분석하게 된다. 통사구조를 간단하게 그릴 때에는 이들을 모두 명사구로 표시하는 경우가 많으나, 조사가 명사구와 결합하는 통사적 핵이라는 것을 고려하면 (15)나 (18)처럼 조사구를 통사구조에 반영할 수 있다. 조사가 통사적 핵이라는 것은 조사가 결합한 명사구의 분포를 명사가 아닌 조사가 결정하는 것에서 확인할 수 있다. 가령 '콩으로 메주를 쑤자'나 '콩의 영양가'는 자연스럽지만 '*콩의 메주를 쑤자'나 '*콩으로 영양가'는 부자연스러운데 이는 조사 '–으로'와 '–의'에 의해 결정된 분포적 제약 현상이다(신승용 외 2020: 246).

그런데 재미있게도 격조사가 사용된 다양한 예를 들여다보면, 아래 (19)처럼 조사 실현 여부에 따라 의미 차가 두드러지는 경우가 있다.

(19) 가. 맥락: 철수는 평소에 상을 잘 받던 아이이다. 철수 엄마가 철수가 상 받은 소식을 철수 아빠에게 전달하고 있다.
"철수 상 받았어."
나. 맥락: 철수는 평소에 상을 받은 적이 없다. 그런데 철수가 상을 받았다고 하자 철수 엄마가 매우 놀라며 철수 아빠에게 그 소식을 전하고 있다.
"철수가 상 받았어."

(19가)와 (19나)의 문장이 가진 진리 조건적 의미(truth-conditional meaning)는 '상을 받은 사람들의 집합에 철수가 있을 때 참이 됨'이라는 것으로 동일하다. 하지만 맥락에 따라 도출되는 화용론적 의미(pragmatic meaning)는 다르다.

(19가)의 맥락에서는 '철수'라는 주체가 초점을 받지 않는다. 그러나 (19나)에서처럼 조사 '-가'가 동반된 경우에는 '철수가 상 받은-' 사실 전체가 강조된다. 또는 '상 받은 사람이 다른 사람이 아니라 바로 철수이다'처럼 해석되어 '철수'가 초점을 받는 것으로 해석되기도 한다. 이처럼 우리는 (19가)와 달리, (19나)처럼 '-가'가 결합되면, 조사에 의해서 특정 정보가 더해진다는 직관을 가지고 있다.

그리하여 주격 조사 '-가'가 쓰인 '철수가 상 받았어'에서 '철수'는 '다른 사람이 아닌 철수'라는 의미로 해석된다. 물론 '철수가'가 (19가)의 맥락에서 절대 사용될 수 없는 것은 아니다. 운율적 강세 없이, '철수가 상 받았어'를 발화한다면 (19가)의 맥락에서도 주격 조사가 실현된 문장이 사용될 수 있다. 또한 '-가'가 없는 '철수'도 강세가 얹힌 독특한 억양이 실현되면 (19나)의 맥락에서 쓰일 수 있다.[11]

그렇다면 (19가)와 (19나)의 의미 해석 차이는 단순히 맥락에 의해서 도출되는 것인가? 아니면 조사 '-가'의 실현 여부에 따라 달라지는 것인가? 단순히 맥락이 의미 차이를 가져오는 것이라면 조사 '-가'는 여전히 문법적 기능만 하는 것으로 볼 수 있다. 그러나 (19가)와 (19나)의 의미 차이가 조사 '-가'에서 비롯되는 것이라면, 이때의 조사 '-가'는 3.1절에서 살핀 구조격 조사 '-가'의 기능과 다른 기능을 하는 것으로 보아야 한다.

아래 예를 보면 조사 '-가'나 '-를'이 주어, 목적어 자리에 동반되는 것 외에 특수한 의미를 더하는 기능으로 전용되는 것을 확인할 수 있다.[12]

---

11 (19가)의 '철수'에 강세가 수반되면 (19나)의 맥락에서 사용 가능하며, (19나)의 '철수가'는 중립적인 운율이 얹히면 (19가)의 맥락에서도 사용 가능하다.

12 이러한 격조사의 쓰임을 '특수조사적 쓰임'이라고 부르기도 한다. 논자에 따라서는 한국어의 '-이/가', '-을/를'이 격조사가 아니라 양태조사라고 주장하기도 하는데(고석주 2002 등), 양태조사라는 명칭은 유동석(1984), 홍재성(1987) 등에서도 언급된 바 있다. 이 책에서는 한국어의 조사 '-이/가', '-을/를'은 3.1절에서 살펴본 대로, 격의 기능을 나타내는 격조사의 쓰임을 기본적으로 가지고 있되, 특정한 화용론적 맥락에서는 명제에 특수한 의미를 더하는 특수조사의 기능으로 전용된다고 본다. 어떤 문법 형식이 본래 지니고 있던 기능에서 또 다른 의미 기능을 나타내는 것으로 전용되는

(20) 가. 그 사람 성격이 좋지가 않다.

나. 차가 움직이지를 않는다.

(20)에서 조사 '-가', '-를'은 명사구 뒤가 아니라 어미 '-지' 뒤에 왔다. 여기서 '-가', '-를'은 명사구와 서술어의 문법 관계를 드러내지 않으므로 격의 관점에서 해석하기는 어렵다. 그렇다면 이때 '-가'와 '-를'의 의미는 무엇인가?

아래 예들에서 격조사 '-이/가', '-을/를'의 실현 환경 및 분포 제약을 통해 이들의 의미 특성을 파악할 수 있다. (21)은 '아무', '누구', '그 아이'가 조사와 결합한 예이다.

(21) 가. 이 일은 {아무나, *아무가} 할 수 있다.

나. {누가, *누구도, *누구만} 이 일을 했어요?

다. {그 아이가, ??그 아이} 드디어 울음을 멈췄어요.

(21가)에서 '아무'는 어떤 사람을 특별히 정하지 않고 이르는 인칭 대명사인데, 조사 '-가'와 결합할 수 없다. 이를 통해 '아무'가 나타내는 부정칭(不定稱)의 의미와 조사 '-가'의 의미가 상충됨을 알 수 있다. 한편 (21나)와 같이 어떤 행위를 한 특정인에 대한 정보를 얻고자 할 때에는 의문사 '누구'가 쓰이는데, 이때는 조사 '-가'만 허용되고 '-도'나

현상은 조사에서만 보이는 것이 아니다. 가령 한국어 어미 '-었-'은 시제 기능을 나타내지만 특정 환경에서는 양태나 완료상적 기능으로 전용되기도 한다.

'–만'과 같은 특수조사는 허용되지 않는다. (21다)에서도 '그 아이'는 특정 대상을 가리킨다. 이처럼 특정한 사람을 지칭하는 지시사 '그'가 통합된 명사구 뒤에는 조사가 생략되는 것보다 조사 '–가'가 통합하는 것이 더 자연스럽다. 이를 통해 조사 '–이/가'는 단순한 문법 관계 표지 기능을 넘어 특정성(specificity) 의미를 함의하거나 초점(focus)을 나타내는 화용론적 의미 기능을 가지는 경우도 있음을 알 수 있다.

이제 아래 (22)에서 조사 '–을'이 실현되는 것이 더 자연스러운 경우를 살펴보자.

(22) 가. 철수가 아까 {어떤 책을, ??어떤 책} 읽고 있었다.

나. 철수가 크게 웃는 {두 명의 학생을, *두 명의 학생} 보았다.

(22가)의 '어떤 책'이나 (22나)의 '두 명의 학생'은 모두 불특정한 대상이 아니라 특정한 대상을 가리키는 명사구이다. 이 경우에는 조사 '–을'이 생략되면 어색하거나 비문이 되어 '–을'의 실현이 훨씬 더 선호된다.

(21), (22)의 예문에서 확인할 수 있는 공통점은 '–이/가'와 '–을/를'이 모두 특정성을 나타내는 명사구와 잘 결합한다는 것이다. 이러한 특징으로 인해, 기존 국어학 논의에서도 격조사의 의미를 다양한 술어로 정리하여 왔다. 가령 조사 '–이/가'는 '배타적 지칭/대립'(임홍빈 1972), '지정 서술', '선택 지정'(신창순 1975, 고석주 2001 등)이라는 의미로 논의된 바 있으며, '–을/를'은 특정성 표지라는 주장도 있었다(김대

빈 1992 등).[13]

이러한 기존 논의에 대해 두 가지 질문을 던져볼 수 있다.

첫째, '-이/가'의 '선택 지정' 및 '배타적 대립'이라는 의미는 무엇이며 어떻게 도출되는가?

둘째, '-을/를'이 과연 특정성 표지인가?

첫 번째 질문에 대해 이 글에서는 선택 지정이나 배타적 대립이라는 의미는 조사 '-이/가'가 초점(focus)을 나타내는 환경에서 도출되는 화용론적 의미라고 본다. 두 번째 질문에 대해서는 '-을/를'은 특정성 표지라고 보기 어렵고, 초점이 나타나는 환경에서 초점을 표시하는 형태론적 표지로 기능한다고 주장한다.

첫 번째 질문에 대한 자세한 논의는 절을 나누어 다음 절(3.3)에서 살펴보기로 하고 여기서는 두 번째 질문, 목적격 조사가 특정성 표지인가에 대해 비판적으로 검토하며 이 절을 마무리하고자 한다.

위에서 언급한 대로 '-을/를'을 특정성 표지라고 보기는 어렵다. 조사 '-을/를'이 아래 예에서 보듯이 불특정성 명사구 뒤에도 잘 결합할 수 있기 때문이다.

13 목적격 조사가 한정성 및 특정성의 문법화와 관련이 있다는 것은 핀란드어, 헝가리어, 터키어, 페르시아어, 스페인어 등에서 확인된 바 있다고 한다(Lyons 1999). 한국어의 (불)특정성 표지와 관련된 논의는 이정민(1992), 전영철(2005)를 참고할 수 있다.

(23) 가. 나는 철수가 어떤 사람을 만나고 있다는 것을 알지만 그 사람이 누구인지는 모른다.

나. 모든 사람은 어떤 사람을 사랑한다.

다. 한국 사람들은 밥 먹을 때 김치를 먹는다.

(23)에서 '어떤'은 영어의 'some'에 대응하여 불특정의 의미를 나타낸다. (23가)에서 화자는 철수가 만나는 사람이 있다는 것은 알지만 그가 누구인지는 알지 못하는데 이때에 '-을'이 결합해도 자연스럽다. (23나)에서 '어떤 사람'은 특정적 속성을 가질 수도 있어서 중의적이지만, 불특정한 개체로 해석될 가능성이 있으므로 이 예문을 바탕으로 '-을'이 특정성 표지라고 주장하기는 어렵다. (23다)의 '김치' 역시 일반명사로서, 특정할 수 있는 개체가 아니다.

아울러 '-을/를'이 특정성을 지닌 명사구 뒤에서 반드시 실현되어야 한다는 직관도 아래 예에서 흔들린다. 즉 특정성을 나타내는 명사구가 와도 조사 '-을/를'이 통합하지 않을 수 있는 것이다.

(24) 가. 나는 너가 그 학생 혼내는 거 보고 놀랐어.

나. 영희는 학생 두 명 가르친다.

(24가)는 조사 '-을'이 없는 것이 더 자연스럽고 (24나)는 직관 차이가 있겠지만 '-을'이 없어도 수용 가능해 보인다(여러분의 직관은 어떠한가?).

이 절에서 살펴본 내용을 정리하면 격조사 '-이/가', '-을/를'은 격 기능으로 설명할 수 없는 환경에서 특수한 의미를 더하는 기능으로 전용되기도 하는데 그 의미를 특정성으로 규정하기는 어렵다. 이제 '-이/가', '-을/를'의 특수한 의미를 초점(focus)과 관련해서 논의해 보자.

3.3. 격조사와 초점

의사소통 과정에서 한 문장이 전달하는 정보 중 청자에게 알려져 있거나 공유되고 있는 지식이라고 가정된 부분을 전제(presupposition)라고 하고, 신정보 요소는 초점이라고 한다(Prince 1986). 이처럼 어떤 문장에서 전달하는 정보가 이미 화·청자 사이에 공유된 정보인가 아니면 새로운 정보인가와 관련된 의미는 정보 구조(information structure)이론 안에서 많이 논의되어 왔다.[14] 주제, 전제, 초점 등의 용어는 어떤 언어 표현의 정보 상태를 나타낸다. 이 절에서는 이러한 의미 중 초점에 주목하여, 초점이 한국어의 격조사 실현 구문에서 어떻게 나타나는지 확인하고, 초점 구문의 통사구조와 의미구조의 관계를 설명한다.

초점은 같은 형식의 문장에서 음운론적 강세나 독특한 억양의 차이만으로도 드러날 수 있다.[15]

---

14 한국어 정보구조에 대한 논의는 최윤지(2016), 김민국(2016), 함병호(2018) 등을 참고할 수 있다.

15 Selkirk(1996)과 Schwarzxchild(1999) 등에서는 문장 내부의 어떤 구성소(constituent)가 고성조로 발화되어 초점 표시(F-marked) 되는 것을 초점이라고 부른다. Selkirk(1996)에서 제시한 초점 할당 규칙(F-assignment Rules)을 제시하면 아래와 같다.

(25) 가. A: 누가 상을 받았어?

B: 철수 상 받았어.

나. A: 철수가 뭐 했어?

B: 철수 상 받았어.

(25가B)와 (25나B)는 문맥을 배제하고 봤을 때 억양의 차이에 의해서 의미가 구별된다. (25가)에서는 철수에 음성적 강세(고성조, H)가 놓여 $[\text{철수}]_F$에 초점이 놓이고 (25나)에서는 서술부에 강세가 놓여 $[\text{상 받았어}]_F$에 초점이 놓인다. 이처럼 초점은 일반적으로 의문문에서 요구하는 정보에 대한 대답에 실현되므로 (25가A)나 (25나A)의 의문문은 초점 문장이 실현될 수 있는 적절한 문맥을 형성한다.

한국어에서 초점 문장은 운율적 요소에 의해 실현될 수도 있지만 아래 예에서처럼 격조사에 의해 실현될 수도 있다.

(26) 가. A: 누가 상 받았어?

B: $[\text{철수가}]_F$ 상 받았어.

나. A: 지금 철수가 뭘 먹고 있어?

B: 철수가 $[\text{과자를}]_F$ 먹고 있어.

A. 기본 규칙(Basic F Rule): An accented word is F-marked.

B. 초점 투사(F projection)

a) F-marking of the head of a phrase licenses the F-marking of the phrase.

b) F-marking of an internal argument of a head licenses the f-marking of the head.

그렇다면 초점의 의미는 무엇인가? 이는 의미론적 자질과 화용론적 자질로 나누어서 살펴볼 수 있다. 예를 들어, (26가)는 'x가 상을 받았다. 그 x는 철수이다'로 해석되므로 '상을 받은 x는 철수이다' 정도로 해석할 수 있다. 따라서 문장의 의미에서 초점 성분은 동일성 술어의 '이다' 구문으로 나타낼 수 있다. 한편 화용론적으로 초점 성분은 담화 내 이전 맥락에는 제시되지 않았던 신정보(new information)에 해당하며, 질문에서 구하는 미지항에 해당하는 정보를 나타낸다.

초점의 의미 해석 과정을 자세히 살펴보기 위하여 (26)에 제시한 초점 문장(B)들의 의미론적 의미를 면밀히 들여다보면 아래와 같다.

(27) 가. [[철수가]$_F$ 상 받았어] (=(26가B))

나. 상을 받은 x는 철수이다.

다. 전제: 상을 받은 x가 있다.

(28) 가. [철수가 [과자를]$_F$ 먹고 있어] (=(26나B))

나. 철수가 먹고 있는 x는 과자이다.

다. 전제: 철수가 먹고 있는 x가 있다.

(27가)에서 초점의 의미는 (27다)처럼 '상을 받은 x가 있다'는 것을 전제로 하고 여기서 변항 x가 철수라는 초점 성분과 동일하다는 것을 보여 준다. (28가)의 초점 문장에서 초점화된 성분인 '과자'도 전제 내 변항 x와 동일성을 지닌다.

이처럼 초점의 의미론적 의미를 동일성 술어 구문으로 분석한 논의는

Chomsky(1976), Zubizzareta(1999), 위혜경(2007, 2010)에서도 찾아볼 수 있다. Chomsky(1976)에서 분석한 영어의 예를 인용하면 아래와 같다.

(29) 가. Who ate the pie? [[**John**]$_F$ [ate [the pie]]]

나. the x, such that x ate the pie, is John.

(29가)에서 초점 문장은 (29나)의 의미 구조에서 보듯이 'the x'라는 한정사를 취한 변항(definite variable)을 가지고 이 변항과 'John'이 동일성의 서술을 통해 주어-서술어 구조를 가지게 된다.

이처럼 문장 내부에서 어떤 성분이 초점 해석을 받기 위하여서는 변항 x가 존재하고 이것이 초점 성분과 일치해야 한다. 그렇다면 표면적 통사구조와 달리 변항 x가 도입된 의미형식 층위(LF)를 상정할 필요가 있다.

(27가), (28가)를 예로 들어, 변항과 초점 성분이 표시된 논리구조를 제시하면 아래와 같다.

(30) 가. [철수가]$_F$ 상 받았다.

나. ∃x[x가 상을 받다 & x=철수]

(31) 가. 철수가 [과자를]$_F$ 먹고 있다.

나. ∃x[철수가 x를 먹다 & x=과자]

(30), (31)의 논리구조에서 'x가 상을 받다', '철수가 x를 먹다'는 이미

맥락에서 주어진 정보(givenness)로서 전제에 해당한다. 그리고 변항 x를 채우는 '철수'와 '과자'는 조사 '-가', '-를'이 결합하며 초점 해석을 가진다. 이때 조사 '-가', '-를'은 초점 성분을 드러내는 기능을 한다.

이처럼 구조격 조사가 초점을 드러내는 맥락에서 초점 표지의 기능으로 전용된다고 보면, 기존 논의에서 제시하였던 '-이/가'의 선택 지정이라는 의미도 자연스럽게 설명할 수 있다.

Rooth(1985, 1992)에 따르면, 초점 표지(focus marker)는 초점 받은 성분과 동일한 의미 유형이 포함된 대체 명제 집합(a set of propositional alternatives)을 발생시키는데, '-이/가'는 대체항들 중의 하나가 전제 내용과 일치함을 표시한다. 예를 들어 (32가)가 발화된 맥락에서는, 아래 (32나)처럼 초점 대체항들이 포함된 명제들의 집합이 발생한다.

(32) 가. [철수가]$_F$ 상 받았다.

나. ⟦철수가 상 받았다⟧^{alt} = {철수가 상 받았다, 영희가 상 받았다, 영수가 상 받았다, 희철이가 상 받았다, …}

(alt는 대체 명제를 가리킴)

'-이/가'는 맥락에서 형성된 다양한 대체항들의 집합에 초점 성분 '철수'가 하나의 원소로 포함되어 있음을 표시한다. '-이/가'의 '선택 지정'이라는 의미는 이러한 의미 해석 과정에 의해서 도출되는 의미로 설명된다.

지금까지 구조격 조사 '-이/가', '-을/를'이 초점 표지로 전용되어 사용되는 경우, 초점 표지 및 초점의 의미가 전체 문장 해석에 어떻게 기여하는지 살펴보았다. 앞으로 더 논의해야 할 사항을 제시하며 이 절을 마무리하고자 한다.

이 절에서는 주격 조사와 목적격 조사를 초점이라는 주제 안에서 같이 묶어 다루었으나, 실제로 이 둘은 생략했을 때의 수용 가능성 정도에서 차이를 보인다.

(33) 가. (A와 B는 같은 미용실 주인들인데, 여행 가 있는 동안 무엇을 챙겨야 하는지에 대해 이야기하고 있다.)

A: 우리 없는 동안 강아지를 누가 돌보나?

B: {조카가, 조카} 돌볼 거야. (이한정 2010: 316)

나. (A와 B가 휴가에 대해 이야기하고 있다.)

A: 휴가 동안 뭘 좀 읽었어?

B: 머리를 식히려고 {일본 소설을, 일본 소설} 좀 읽었어.

(이한정 2010: 315)

(33가)는 '-이/가'가 (33나)는 '-을/를'이 쓰인 문장과 쓰이지 않은 문장을 제시하였다. 이한정(2010)에서는 이와 같은 두 맥락에서 '주어 초점', '목적어 초점'에 따라 두 문장의 수용 가능성이 어떻게 달라지는지 비교하는 실험을 진행하였다. 실험 결과, 주격 조사가 쓰인 경우에 수용성 점수가 4.05점이었던 것이 주격 조사가 생략되면 1.21점까지 떨어지는 결과를 보였다. 한편 목적격 조사는 조사가 있을 때 3.15점이었

던 것이 조사가 생략되면 3.25점의 결과를 보였다. 이러한 결과는 피험자들에게 격조사 생략으로 인한 수용성 정도가 격조사 종류에 따라 상당한 차이를 보인다는 것을 알려준다.

이와 같은 흐름에서 주격 조사 '–이/가'는 아래 (34)처럼 비교 구문에서 새로운 정보를 제시할 때에도 생략되면 매우 어색하다.

(34) 가. 이거보다 {저게, ??저거} 더 비싸.

나. 사실 단독주택보다 {아파트가, ??아파트} 살기 편하죠.

(33), (34)와 같은 예를 바탕으로 주격 조사, 목적격 조사의 초점 해석 차이에 대해서 더 연구할 필요가 있다.

한편 초점이 해석되는 다양한 구조에 대해서 의미구조와 통사구조의 상관관계를 더 면밀히 들여다볼 필요가 있다. 아래 (35)에 더 분석이 필요한 단순 의문문, 수사의문문, 다중 초점 구문을 제시하였다.

(35) 가. A: 너{*가} 요즘 뭐 하면서 지내니?

B: {저는/(저는)/*제가} 그냥 논문 쓰면서 지내요.

나. 무슨 말이야? {내가, *나} 왜 시집을 안 가? 당연히 시집 가지.

다. A: 영희가 누구에게 뭘 줬어?

B: 영희가 철수에게는 책을 주고 현우에게는 꽃을 줬어.

그동안 평서문에서의 초점은 많이 논의되었는데 의문문에서 초점은 많이 논의되지 않았다. (35가A)는 단순 의문문이지만 의문사가 존재할 때 다른 명사구에 주격 조사의 결합이 제한되는 현상을 보인다. 또한 (35가B)의 대답에서도 주격 조사 결합이 제한된다. 그렇다면 (35가B)에서 초점을 받는 요소는 주어를 제외한 '그냥 논문 쓰면서 지내요'라는 동사구만 해당되는가? 이와 관련하여 초점의 범위에 대해 논의해야 할 것이다.

두 번째로 (35나)는 수사의문문의 예이다. 수사의문문에서는 (35가)와 반대로 주격 조사가 반드시 실현되어야 한다. 이는 수사의문문의 의미와 관련하여 논의해야 할 문제이다.

마지막으로 (35다)는 다중 초점 구문으로 (A)에 다중 의문사(누구, 무엇)가 쓰여 원하는 대답이 두 개인 경우이다. 이때 (35다B)에 제시된 '철수에게는'은 조사 '-는'이 결합하였는데 이는 흔히 대조 주제어로 해석되는 것이다. 그렇다면 대조 주제어는 초점에 해당하지 않는가? 또한 다중 의문사에 대한 대답으로 쓰인 다중 초점 구문의 구조 및 의미 해석은 어떻게 이루어지는가? 이 역시 추후 자세한 분석이 이어져야 할 주제이다.

한편 초점은 음성적으로 운율적 돋들림(prosodic prominence)을 가지는 요소이자 담화상 새로운 정보를 나타내는 것으로 정의되는 것에서 알 수 있듯이 운율 요소와 깊은 관련성을 맺고 있다. 기존 국어학 논의에서 초점의 운율적 특징에 대한 연구가 없었던 것은 아니나, 다양한 종류의 담화 자료에서 질문-대답 쌍의 음성 자료를 대상으로 초점 해석과 운율 요소의 관련성을 심층적으로 들여다 본 연구는 찾기 힘들다. 이에 초점 연구는 위에서 제시한 여러 주제를 의미·화용론과 통사론, 억양음운론의 접면에서 본격적으로 들여다볼 필요가 있다.

4. 특수조사의 의미와 문장의 의미

한국어 조사에는 위에서 살핀 '-이/가'나 '-을/를'처럼 격 기능을 지닌 격조사도 있고 '-은/는', '-도', '-만'처럼 문법 기능을 지니지 않으며 특수한 의미를 더하는 특수조사도 있다.

아래 (1)에서 보듯이 특수조사 '-은/는, -도, -만'은 주어 자리에도 나타나고 목적어 자리에도 나타나며 '-에게'가 통합한 부사어 뒤에도 나타난다. 이는 특수조사가 특정한 격을 부여하는 기능을 하지 않는다는 것을 보여준다.

(1) 가. {철수는, 철수도, 철수만} 영이를 만났다.
   나. 철수가 {영이는, 영이도, 영이만} 만났다.
   다. 철수가 {영이에게는, 영이에게도, 영이에게만} 선물을 주었다.

또한 아래 (2)처럼 '-만' 같은 특수조사는 주격 조사나 목적격 조사 앞에 통합하여 '-만이', '-만을'로도 실현될 수 있다.

(2) 가. <u>협력만이</u> 살 길이다.
   나. 인기 드라마가 단 <u>2회만을</u> 남겨두고 있다.

그렇다면 '-은/는', '-도', '-만'은 문장의 의미 해석에 어떠한 기여를 하는가? 이 절에서는 한국어의 다양한 특수조사 중에서 '-은/는', '-도', '-만'을 주된 논의의 대상으로 삼아 이들의 어휘 의미를 살펴보고 그 어휘 의미가 문장 전체의 의미 해석에 어떠한 기여를 하는지 살펴본다.[16]

4.1. '-은/는'의 의미와 문장 의미

한국어에서 '-은/는'은 분포가 자유로운 만큼, 일상생활의 다양한 문맥에서 자주 쓰인다. 아래 '-은/는'이 쓰인 다양한 예를 보며 '-은/는'의 의미가 어떻게 해석되는지 생각해 보자. 아래 쓰인 '-은/는'의 의미는 하나로 통일되는가? 아니면 여러 가지 의미로 나누어지는가?

(3) 가. (자기소개할 때) {#제가, 저는} 김영희입니다.

나. a. 지난 학기에 {한 학생이, #한 학생은} 나를 찾아 왔었어.[17]

b. 그 학생은 시험 성적에 대해 궁금해했거든.

(4) 가. 철수는 의미론을 좋아한다.

나. 철수가 의미론은 좋아한다.

---

16 한국어의 특수조사에는 '-은/는', '-도', '-만' 외에 '-조차', '-마저', '-까지', '-부터', '-나마', '-야말로', '-밖에' 등이 있지만, 이 책에서는 '-은/는', '-도', '-만'에 한정하여 논의를 진행한다.

17 '#'는 의미 해석이 적절하게 되지 않음을 뜻한다.

왜 (3가)에서 '제가'는 의미상 어색하고 '저는'은 자연스러울까? 반대로 (3나a)에서는 왜 '한 학생은'보다 '한 학생이'가 더 자연스러울까? 그리고 (3가), (3나)에 쓰인 '-은/는'의 의미는 (4가), (4나)에 쓰인 '-은/는'의 의미와 같은가? 다른가?

4.1.1. 주제

꽤 많은 질문을 던졌으니 이제 하나하나 같이 풀어보자. 위 (3가)의 예문을 다시 제시하면 아래와 같다.

(자기소개할 때) {#제가, 저는} 김영희입니다.

'제가 김영희입니다'라는 문장은 실제로 한국어를 처음 배우는 외국인 학습자들이 자기소개를 할 때 자주 하는 실수이다. '제가 김영희입니다'가 자연스러운 발화로 사용되기 위해서는 아래와 같은 맥락이 설정되어야 할 것이다.

(5) 가. A: (여러 사람을 보며) 김영희 씨 오셨나요? 누가 김영희 씨죠?
B: 제가 김영희입니다!
나. A: (김영희 옆에 앉은 다른 사람에게) 김영희 씨 맞으시죠?
B: 저기요, 제가 김영희입니다.

(5가)처럼 여러 사람들을 바라보며 질문하는 것을 듣고 확인해 줘야 하는 상황이나 (5나)처럼 잘못된 사실을 정정해 주는 상황이라면 조사

'-가'가 통합하는 것이 자연스럽다. 이때 '명사(구)+이/가'는 '누가'라는 의문사에 해당하는 새로운 정보를 제공하므로, 새로운 정보인 초점(focus) 성분에 해당한다.

그런데 자기소개를 하는 상황은 화자가 자기 자신에 대해 이야기한다는 것이 이미 맥락상 전제되어 있으므로 화자 자신이 초점화되기는 어려운 상황이다. 그러므로 초점 표지로 쓰일 수 있는 '-이/가'가 결합하면 어색하다. 대신 이미 전제되어 있는 무언가를 나타낼 때 동반되는 '-은/는'이 오면 자연스럽다.

이미 주어진 정보를 나타내며 대하여성(aboutness)의 의미 특성을 지니는 것은 주제(topic)라고 한다.[18] 대하여성은 이야기하고자 하는 것을 가리키는데, (3가)에서 '-은/는'은 해당 문장에서 이야기하고자 하는 것이 화자인 '저'에 대한 것임을 나타내고 있다. 또한 (3나a)에서 '-은/는'이 제한되는 이유는 선행 명사구 '한 학생'이 발화에 새롭게 도입되는 신정보이기 때문이다. 그래서 초점 성분과 달리 주제를 나타내는 '-은/는'은 아래 예처럼 의문사에 대한 대답으로 쓰이는 것이 매우 어색하다.

18 주제어는 대하여성 혹은 언급대상성이라는 개념(aboutness)으로 정의되어 왔다(Reinhart 1981). 형식 의미론에서는 주제어를 질문의 집합(questions under discussion)으로 설명하기도 한다(Roberts 1996). 또한 Kuroda(1972)는 어떤 항목을 나열할 때 그 목록을 정렬하는 기준(sortal key)이라는 개념으로 주제의 의미를 논의하기도 하였다. 이외에 주제어에 대한 논의는 Lambrecht(1994), Vallduví(1994), 신창순(1975), 성기철(1985), 유동석(1998) 등을 참고할 수 있다.

(6) 가. A: 누가 내 장난감을 망가뜨렸어?

B: (B는 철수가 A의 장난감을 망가뜨린 것을 보았다.)

a. #철수는 네 장난감을 망가뜨렸어.

b. 철수가 네 장난감을 망가뜨렸어.

나. A: 영이는 뭘 전공했어?

B: (B는 영이가 국어국문학 단일 전공한 것을 알고 있다.)

a. #영이가 국어국문학은 전공했어.

b. 영이가 국어국문학을 전공했어.

위의 (6)과 달리 아래 (7)은 이전 문맥에서 이미 주어진 구정보나, 상대방도 친숙한 대상으로 인식할 수 있다고 가정한 것을 언급하는 맥락이다. 이런 맥락에서는 '-은/는'이 문제없이 결합한다.

(7) 가. 어제 친구들하고 영화를 봤어. 영화는 역시 다같이 봐야 재미있어.

나. (같이 시험 본 친구에게) 이번 시험은 진짜 어렵지 않았어?

다. (친구에게 내 동생을 실제로 소개한 적은 없지만, 나에게 동생이 있다는 것을 친구도 알고 있다. 내 동생이 친구에게 의문의 대상이 아니라는 것을 가정하고) 내 동생은 항상 새로운 일에 잘 도전해.

(7가)에서 '영화'는 이전 문장에 이미 등장한 것이므로 구정보에 해당한다. (7나)나 (7다)의 '명사구+은/는'은 이전 문장이나 맥락에서 발

화된 구정보가 아니라도, 발화자가 청자에게 이미 친숙한 정보라고 가정한 대상에 해당한다. 이렇듯 '-은/는'은 화자와 청자 사이에 공유된 정보를 나타내는 데 쓰이는 특징을 지니고 있기 때문에, 청자와 공유되지 않았거나 공유될 수 없는 정보를 나타내는 맥락에서는 그 쓰임이 제한된다.

이러한 주제어의 의미 특성과 관련하여 한정성(definiteness)에 대해서도 잠깐 언급할 필요가 있다. 한정성을 지니는 명사구는 화자가 마음속에 가지고 있는 특정한 개체를 가리키며, 청자도 그것이 무엇인지를 아는 경우 사용된다. 이와 구별되는 개념으로 특정성(specificity)이 있는데, 이는 화자가 특정한 개체를 염두에 두고 있는 경우를 가리킨다. 한정 명사구는 특정성을 지니고 있으므로 한정성과 특정성은 밀접한 관련을 맺는다(전영철 2005: 721). 아래 (8)에서 특정 명사구와 한정 명사구의 예를 확인해 보자.[19]

(8) 가. 우리 옆집에 <u>강아지 한 마리가</u> 입양됐어. <u>그 강아지는</u> 아주 사랑스러워.

나. 방금 <u>어떤 여자가</u> 나를 쳐다봤어. <u>그 여자는</u> 키가 아주 커.

19 김대빈(1992), 염재일(2007) 등에서는 '어떤', '한'이 결합한 명사구가 특정성을 지닌다고 보았다. 그러나 전영철(2005)에서는 '어떤 + N'가 항상 특정성을 지니지는 않는다고 주장하였다. 가령 '나는 리차드가 어떤 여자와 데이트하고 있는 것을 알고 있다'라는 문장에서 '어떤 여자'는 특정한 여자를 말하는 것일 수도 있지만, 누구인지는 모르나 한 여자와 데이트하고 있다는 의미로도 해석될 수 있다는 것이다. 한국어에서 특정성을 고유하게 나타내는 표지가 무엇인가에 대해서는 더 깊은 논의가 필요하다.

(8가)에서 '강아지 한 마리'는 '강아지' 전체를 가리키는 것이 아니라 화자의 마음속에 있는 특정한 개체를 가리키므로 특정성을 가진다. 그리고 두 번째 언급된 '그 강아지'는 청자에게도 공유된 정보이므로 한정성을 가진다. 마찬가지로 (8나)에서도 첫 번째 명사구 '어떤 여자'는 특정성을 지니고, 두 번째 명사구 '그 여자'는 한정성을 지닌다.

이때 특정성을 지니는 '강아지 한 마리', '어떤 여자'는 조사 '-는'이 결합하면 어색하고 '-가'가 결합하는 것이 자연스럽다. (8가)를 '#우리 옆집에 강아지 한 마리는 입양됐어'라고 하면 어색하고, (8나)도 '#방금 어떤 여자는 나를 쳐다봤어'라고 하면 어색하기 때문이다. 반면에 앞선 담화에서 언급된 대상으로 청자의 지식에도 존재한다고 믿는 개체를 가리킬 때에는 조사 '-는'의 결합이 것이 아주 자연스럽다.

이를 통해 '-은/는'은 한정성과 밀접한 관련이 있으며, 특정성만을 가지는 명사구의 경우 '-이/가'와 더 자연스럽게 어울린다는 것을 알 수 있다.

지금까지 이 절에서 살펴본 것을 정리하면 특수조사 '-은/는'은 어떤 명사구가 주제어로 해석될 때 동반된다. 다시 말하여, 주제어에 동반되는 조사 '-은/는'은 담화에 새로운 개체가 도입될 때 실현되는 것이 아니라 선행 명사구의 존재가 전제되는 맥락에서 실현된다.[20] 따라

20 Büring(2003)은 문장의 일반 의미와 더불어 초점 의미값(focus semantic value)과 주제 의미값(topic semantic value)이라는 것을 설정하여 초점과 주제가 문장의 의미가 해석되는 데에 어떻게 영향을 미치는지 설명하였다. 이때 초점이나 주제는 문장이 발생하는 맥락의 유형을 알려 주는 기능을 하는 것이라고 지적한 바 있다.

서 조사 '–은/는'은 선행하는 명사구가 지시하는 개체나 그 개체와 관련된 집합의 존재를 전제한다. 예를 들어 '내 동생은 착하다'에서 '–은/는'은 선행 명사구인 '내 동생'의 존재를 전제하는 것이다. '–은/는'이 전제하는 바를 논리식으로 나타내면 아래와 같다.

(9) '–은/는'의 전제(presupposition) 의미

$\exists X[(\alpha \in X) \wedge (|X| \geq 1)]$

(10) 가. 우리 학교 학생들은 참 똑똑하다.

나. 영수는 참 착하지.

(10가), (10나)에서 '우리 학교 학생들은'과 '영수는'은 어떻게 해석되는가? 이들은 맥락에 따라 두 가지 정도로 해석될 수 있다. 하나는 이들이 단순 주제로 해석되는 것이고, 다른 하나는 다른 개체들과 대조되고 있는 대상으로 해석되는 것이다.

두 번째의 경우에 화자는 '우리 학교 학생들', '영수'라는 개체 외에 이들과 대조되고 있는 대상들의 집합을 전제한다. (10가)에서 화자가 '우리 학교 학생들'과 '다른 학교 학생들'을 대조하고 있는 맥락이라면 화자가 전제하는 개체들의 집합은 {우리 학교 학생들, 다른 학교 학생들}이 된다. (10나)에서도 화자가 '영수, 영희, 철수, 돌이' 중에서 '참 착한' 사람은 '영수'라고 이야기하는 상황이라면, 화자가 전제하고 있는 개체들의 집합은 {영수, 영희, 철수, 돌이}가 된다. 바로 이런 경우에 '–

은/는'의 전제 의미에서 |X|>1이 성립한다. 대조와 관련된 내용은 아래에서 더 자세히 살펴보자.

4.1.2. 대조 주제, 대조 초점

'-은/는'이 결합한 명사구는 단순히 주제만 나타내는 것이 아니라 대조의 의미도 나타낼 수 있다. 아래 예를 통해 대조의 의미를 해석해 보자.

(11) 가. 철수는 의미론을 좋아한다. [주제(topic)]
(HLL)

나. 철수는 의미론을 좋아한다. [대조 주제(contrastive topic)]
(LHH)

(11가), (11나)에서 '철수는'은 음성학적 특성에 따라 의미가 두 가지로 해석돼 중의적이다. (11가)처럼 '철수는'에 강세가 없이 높은 음조에서 낮은 음조로 읽으면 '-은/는'은 일반적인 주제로 해석된다. 그리하여 '철수는'은 '철수에 대해 말하자면' 정도로 해석된다. 반면 (11나)처럼 '철수는'이 낮은 음조에서 높은 음조로 하강-상승의 어조로 읽히면, 이때의 '철수는'에는 대조의 해석이 더해진다. 물론 억양에 따른 의미 해석의 차이는 실험을 통해 더 면밀히 검증될 필요가 있다.

대조라는 것은 두 개 이상의 대상이나 내용을 비교하여 그 차이를 나타내는 것이다. 따라서 대조의 해석이 더해진 주제는 '-은/는' 앞의 명사구 외에 다른 개체들의 집합을 항상 전제하게 된다. 이 집합을 대체 집합(alternatives set)이라고 한다. 대체 집합이 형성되는 맥락을 더 세분화하여 제시하면 아래와 같다.

(12)

a. **우리 반 애들은** 어떤 과목을 좋아하니?

b. **철수는** 어떤 과목을 좋아하니?

c. **영수는** 어떤 과목을 좋아하니?

d. [철수는]$_T$ [의미론을]$_F$ 좋아한다

e. [영수는]$_T$ [통사론을]$_F$ 좋아한다

위의 (12a)와 같은 질문이 형성된 맥락에서 (12a)는 (12b)나 (12c)로 세분화될 수 있는데, 이때 (12d)의 '철수는'이나 (12e)의 '영수는'은 여전히 이미 주어진 정보(given information)인 '우리 반 애들'에 해당하므로 주제에 해당된다. 이러한 주제를 문장 주제(s-topic) 혹은 대조 주제(contrastive topic)이라고 한다.[21]

(11), (12)에서는 주어 성분에 '-은/는'이 결합한 경우를 살펴보았다.

21 (12d)와 (12e)의 주제어 같은 경우에는 초점어와 마찬가지로 음성적 강세를 받는다는 점에 주목할 만하다. 또한 이들은 구정보의 하위 정보이긴 하지만 구체적인 정보 차원에서는 신정보의 성격도 지닌다는 것을 부정할 수 없다. 따라서 이들이 '의미론을', '통사론을'처럼 초점의 특징도 가지고 있다면, 이 두 성분의 음성적 차이는 없는지 더 들여다볼 필요가 있다. 또한 '대조 주제'의 대조성과 '대조 초점'의 대조성은 어떻게 구별되는가도 더 깊이 연구할 필요가 있다.

다음으로 목적어 성분에 '–은/는'이 결합한 경우에 어떤 해석이 도출되는지 알아보자.

(13) 철수가 <u>의미론은</u> 좋아한다. [대조 초점]

가. 전제(presupposition): $\exists x(x \neq$ 의미론$)$

나. 함축(implicature): $\forall x[(x \neq$ 의미론$) \rightarrow \neg$좋아한다$($철수$, x)]$

(13)에서 목적어 성분에 '–은'이 결합한 '의미론은'은 항상 음성적 강세가 동반되어 초점 해석을 가진다. 즉 'NP은/는'이 주어 자리가 아니라 목적어 같은 동사구 내부 위치에 분포하면 주제 의미는 해석되지 않고, 초점을 받은 대조의 의미로만 해석된다는 것이다.

(13)에서 목적어 자리에 온 '의미론은'이 대조 초점으로 해석되는 맥락을 구체화하면 아래와 같다.

(14) A: 철수가 <u>어떤 과목을</u> 좋아해?

B: 철수가 <u>의미론은</u> 좋아해. 다른 과목은 안 좋아하지만.

B′: 철수가 <u>의미론은</u> 좋아해. 다른 과목도 좋아하고.

(14)의 대화에서 보듯 (A)의 질문에 대한 답으로 (B)의 '의미론'은 초점 성분이 되는 동시에 대체 집합을 형성하여 대조 의미도 가진다. 그러나 이러한 맥락에서 '철수가 의미론 외에 다른 과목은 안 좋아한다'라는 의미가 고정적으로 해석되는 것은 아니다. '철수가 의미론은 좋

아해'를 발화하고 나서, (14B')처럼 '다른 과목도 좋아한다'고 이어 말할 수 있기 때문이다. 따라서 '철수가 의미론이 아닌 x를 좋아하지 않는다'와 같은 의미는 취소가 가능하므로 함축 의미로 분석해야 한다.

4.1.3. '-은/는'의 의미와 통사구조

지금까지 살펴본 '-은/는'은 주제어 뒤에도 나타나고 초점어 뒤에도 통합될 수 있다. 이때 재미있는 것은 '-은/는'의 의미 해석이 '-은/는'이 통합하는 통사구조의 위치에 따라 달라진다는 것이다. 이 말이 무슨 뜻인지 확인하기 위하여 아래 예를 보자.

(15) 누가 아이를 울렸니?

가. #[$_{VP}$ 철수가 [$_{V'}$ 아이는 [$_{V}$ 울리-]]]

나. [$_{CP}$ 아이는$_{2}$ [$_{CP}$ [$_{VP}$ 철수가 t_2 울리-]]][22]

(15)의 질문에 대해 (15가)처럼 대답하면 적절성이 떨어지는 데 반해 (15나)처럼 대답하면 수용 가능한 문장이 된다. (15가)와 (15나)의 차이는 'NP은/는'의 위치에서 비롯된다. (15가)에서 '아이는'은 동사구(VP) 내부 목적어 위치에 실현되었는데, (15나)에서 '아이는'은 동사구(VP) 밖의 CP의 부가어 위치에 실현되었다. 이를 '아이는'이 목적어 위치(t_2)에서 주제어 위치로 이동한 것으로 보고 나무 구조를 제시하면 아래와

22 t는 이동하고 남은 흔적(trace)이라는 뜻이다.

같다.[23]

(16) 아이는$_2$ 철수가 t_2 울렸어요.

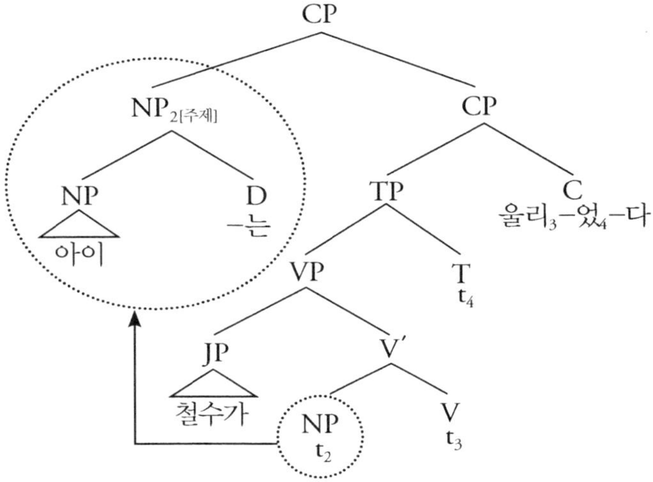

그렇다면 (15)의 질문에 대해 (15가)처럼 '아이는'이 원래 목적어 자리에서 실현되면 비문이 되고, (15나)와 같이 문두로 이동해야만 자연스러운 문장이 된다는 것인데, 왜 이런 현상이 생기는 것일까?

먼저 (15)의 질문을 분석해 보자. '누가 아이를 울렸니?'에서 '누가'에 해당하는 정보는 초점 해석을 받고, '아이를'은 이미 주어진 정보이므로 주제어가 된다. 그런데 (15가)처럼 동사구(VP) 내부 목적어 위치에 오는 'NP은/는'은 대조 초점으로만 해석된다. 그러하니 (15)의 질문에 대한 적절한 대답으로 해석되지 않는 것이다.

23 주제화 구문의 구조에 대한 자세한 논의는 이정훈(2008)을 참고할 수 있다.

반면에 동사구(VP) 밖에 실현된 명사구는 대조 해석을 받을 수도 있고 단순 주제 해석을 받을 수도 있다. 따라서 '아이는'은 주제의 의미를 나타내기 위하여 주제(topic)의 자질을 지니고 있는 VP 밖 CP 부가어 위치로 이동하는 것이다. CP 부가어 위치에서 주제 해석을 받은 'NP은/는'은 (15)의 질문에 자연스러운 대답을 형성한다. 이는 주제 해석을 받기 위해서는 통사적으로 'NP은/는'이 주제어 해석을 받을 수 있는 위치로 이동해야 함을 보여준다. 이러한 현상을 바탕으로 VP 밖인 CP 부가 위치가 주제어 위치라고 규정할 수 있다.

(15), (16)을 통해 'NP은/는'의 통사구조 내 위치에 따라 의미 해석이 어떻게 달라지는지 살펴보았으니, 이제 'NP은/는'의 의미가 합성되는 과정을 논의해 보자. 아래 (17)은 (15나) 예문에 종결어미 '-다'가 결합한 경우이다.

(17) ⟦아이는 철수가 울렸다⟧

= ∃x[x∈ALT(x) ∧ 울리다(철수, x) ∧ x=아이]

(ALT(x)는 x의 대체 집합(alternative set)을 의미한다)

(18) 아이는 철수가 울렸다.

가. ⟦아이는⟧ = λzλP[∃x[x∈ALT(x) ∧ P(x) ∧ x=z]](아이)

= λP[∃x[x∈ALT(x) ∧ P(x) ∧ x=아이]]

나. ⟦y는 철수가 울리다⟧ = λy[울리다(철수, y)]

다. ⟦아이는 철수가 울리다⟧

$=\lambda P[\exists x[x \in ALT(x) \wedge P(x) \wedge x=$아이$]](\lambda y[$울리다$($철수$, y)])$

$=\exists x[x \in ALT(x) \wedge \lambda y[$울리다$($철수$, y)](x) \wedge x=$아이$]$

$=\exists x[x \in ALT(x) \wedge$ 울리다$($철수$, x) \wedge x=$아이$]$

(18가)를 보면 '-은/는'이 통합하여 형성된 명사구 '아이는'은 양화사구처럼 해석되어 함수의 역할을 하며 술어 특성을 가진 논항 P를 요구한다. 그 P는 (18나)와 같다. 이 술어 P는 '철수가 누군가(y)를 울렸다'와 같은 의미로 해석된다. 마지막 단계인 (18다)는 (18가)와 (18나)가 합성하여 문장의 의미를 완성하는 단계이다. '아이는'의 의미가 요구하는 술어 논항(P) 자리에 (18나)의 의미가 들어와 합성되는 것을 확인할 수 있다.

4.2. '-도', '-만'의 의미와 문장 의미

이 절에서는 특수조사 '-도'와 '-만'의 의미에 대해 살펴본다. 다음 예문을 읽어보고, '-도'와 '-만'이 문장에 어떠한 의미를 더하는지 생각해 보자.

(19) 가. 가방에 도시락이 들어 있다.

나. 가방에 도시락도 들어 있다.

다. 가방에 도시락만 들어 있다.

(19가)에서는 '도시락'이 가방에 들어 있는 것 이외에 다른 정보를 알 수 없다. 그러나 (19나)에서는 '도시락' 외에 다른 물건도 있다는 것을 알 수 있고 (19다)에서는 가방에 '도시락' 외에 다른 물건은 들어 있지 않다는 것을 알 수 있다. 다시 말하면 (19나)의 '-도'는 이미 존재하던 개체들의 집합에 선행 명사구(도시락)이 [포함]된다는 것을 뜻하고 (19다)의 '-만'은 선행 명사구(도시락)이 [유일]하다는 것을 뜻한다.

그렇다면 특수조사 '-도'나 '-만'이 지닌 의미는 [포함]이나 [유일]이라는 술어로 모두 설명할 수 있는가? 아래 예문을 보면 [포함], [유일]로 설명하기 어려운 예문들이 확인된다. (20)은 '-도'가 사용된 예문이고 (21)은 '-만'이 사용된 예문이다.

(20) 가. 나도 이제 늙었다.
　　나. 은우도 화용론 수업을 듣는다.
　　다. 파티에 열 사람도 안 왔다.
　　라. 이 문법은 촘스키도 설명할 수 없다.
　　마. 원숭이도 나무에서 떨어진다.
(21) 가. 모임에 옹자만 왔다.
　　나. 은우는 하루종일 잠만 잤다.
　　다. 메리는 옹자만 따라다녔다.

(20가)~(20마)에 쓰인 '-도'는 모두 [포함]이라는 의미로 설명 가능한가? [포함]이라는 의미는 문장 의미 합성에 어떻게 기여하는가? 또한

(21가)~(21다)에 쓰인 '–만'의 의미는 선행 명사구가 [유일]하다는 것으로 모두 설명 가능한가? 이때 [유일]이라는 의미는 문장의 의미 합성에 어떻게 기여하는가?

4.2.1. '-도'의 의미

먼저 특수조사 '–도'의 의미에 대해 살펴보자. 위 (20)에서 보았던 '–도'의 예문 중에서 (20가), (20나)를 먼저 살펴보자. 이를 다시 제시하면 아래 (22가), (22나)와 같다.

(22) 가. 나도 이제 늙었다.

나. 은우도 화용론 수업을 듣는다.

(22)에 쓰인 예문들은 위에서 확인한 [포함]이라는 의미로 설명할 수 있다. 그렇다면 [포함]이란 무엇인가? '포함'이라는 술어로 '–도'의 의미를 정의하면 우리는 다시 한번 '포함'이라는 술어가 무엇을 뜻하는지 정의해야 한다. '포함'은 '더하다, 첨가하다'(additivity)라는 속성을 뜻하나? 아니면 '넣음'이라는 뜻인가? 아니면 '함께'라는 뜻인가?

우리가 쓰는 자연 언어(natural language)는 사람마다 직관이 달라, 같은 용어도 서로 다르게 정의할 수 있다. 따라서 이러한 혼란을 방지하기 위하여 우리는 계속하여 논리 체계를 활용하여 '–도'의 의미를 분석하고자 한다.

일단, (22가), (22나)에서 '–도'로 인해 전달되는 핵심적인 의미는 아래 (23)과 같으며 이를 논리식으로 포착하면 (24)와 같다.

(23) 가. (22가): '나'로 지칭되는 화자는 늙었다.

늙은 개체들의 집합에 화자가 있다.

나. (22나): '은우'가 화용론 수업을 듣는다.

화용론 수업을 듣는 개체들의 집합에 '은우'가 있다.

(24) 단언(assertion): P(x)

(22가), (22나)의 문장에서 '-도'가 나타내는 핵심적인 의미는 '-도' 앞에 결합한 명사구가 술어가 나타내는 어떤 속성을 지니고 있거나(23가), 술어가 나타내는 사건을 수행했다는 것(23나)이다. 따라서 (24)에서처럼 '-도' 앞에 통합한 명사구를 'x'라고 하고 술어를 'P'로 나타내, P의 논항에 'x'를 넣은 의미가 '-도'가 포함된 문장의 단언 의미라고 할 수 있다.

그런데 (24)로만 '-도'의 의미를 서술하자니 뭔가 부족한 느낌이다. 위에서 계속 언급하였던 '포함'의 의미가 포착되지 않아서 그렇다. '-도'가 포함된 문장이 단언하는 바를 더 자세히 나타내면 아래와 같은 문장들로 서술할 수 있다.

(25) 가. (22가): '나' 외에 또 늙은 사람이 있다.

나. (22나): '은우' 외에 또 화용론 수업을 듣는 사람이 있다.

(25)에 제시한 문장들은 (22가), (22나)가 참인지 거짓인지 판단하기 위해서 반드시 성립해야 하는 내용들이다. 즉 (25가), (25나)는 (22가),

(22나)의 전제(presupposition)에 해당한다. 따라서 (25가), (25나)는 (22가), (22나)가 부정되어도 여전히 참으로 성립한다.

(25나)를 예를 들어 [은우도 화용론 수업을 듣는다]가 부정되어도 [은우 외에 또 화용론 수업을 듣는 사람이 있다]는 여전히 참이 되는 상황을 살펴보자.

(26) [은우도 화용론 수업을 듣는다]는 것은 거짓이야.

가. 은우는 화용론 수업을 듣지 않거든.

나. 은우는 화용론 말고 통사론 수업을 듣거든.

다. #은우 말고 다른 사람들은 화용론 수업을 듣지 않거든.

(27) [은우도 화용론 수업을 듣는다]가 거짓이라도 [은우 외에 또 화용론 수업을 듣는 사람이 있다]는 참이다.

(26)에서 보듯, [은우도 화용론 수업을 듣는다]가 부정되면 (26가)나 (26나)와 같은 상황이 성립하지, (26다)와 같은 상황이 성립하지는 않는다. 따라서 (27)처럼 [은우 외에 또 화용론 수업을 듣는 사람이 있다]라는 문장은 [은우도 화용론 수업을 듣는다]가 부정되어도 참이 되므로, 전자는 후자의 전제라고 할 수 있다.[24]

'-도'가 포함된 문장의 전제 의미를 논리식으로 나타내면 아래와 같다.

---

24 이러한 전제 검증법을 부정 검증(negation test)라고 한다. 전제와 관련된 자세한 논의는 Strawson(1952) 등을 참고할 수 있다.

(28) $\exists y[y \in ALT(x) \wedge P(y)]$

(28)은 '–도' 앞에 선행하는 명사구 x의 대체 집합(ALT(x))에 y가 존재하고, 이 y는 P라는 술어의 논항이 된다는 것이다.

이제까지 살펴본 '–도'의 의미를 '은우도 화용론 수업을 듣는다'라는 문장에 적용하여 정리해 보자.

(29) 은우도 화용론 수업을 듣는다. (=(22나))

가. 단언: ⟦화용론 수업을 듣는다⟧(은우)

나. 대체 집합(ALT(x)): {화용론 수업을 듣는다(은우), 화용론 수업을 듣는다(영수), 화용론 수업을 듣는다(도희)}

다. 전제: $\exists y[y \in ALT(x) \wedge$ 화용론 수업을 듣는다$(y) \wedge y \neq$ 은우$]$

(30) $\exists x[$화용론 수업을 듣는다$(x) \wedge x =$ 은우 $] \wedge \exists y[y \in ALT(x) \wedge$ 화용론 수업을 듣는다$(y) \wedge y \neq$ 은우$]$

(29가)~(29다)를 바탕으로 '은우도 화용론 수업을 듣는다'의 의미를 (30)과 같은 논리식으로 표시할 수 있다.

이제 'NP도'의 의미와 술어의 의미가 합성되어 전체 문장의 의미가 도출되는 과정을 살펴보자. 문장의 의미가 도출되는 과정을 살펴보기 위해서는 문장의 구조가 어떻게 형성되는지를 먼저 고려해야 한다.

'NP도'가 통합한 문장의 구조를 그리기 위하여 우리가 주목해야 할 특징이 하나 있다. 바로 'NP도'의 음성학적 특징과 초점(focus) 의미이다. 아래 예문을 보면 'NP도'는 초점과 같은 음성적 강세(intonational prominence)를 받으며 초점과 같은 성격을 가지는 것으로 해석된다.

(31) 가. A. 영희 말고 또 누가 화용론을 들어?
　　　　B. [은우도]$_F$ 화용론을 들어.
　　나. A. 영희가 또 누구를 좋아해?
　　　　B. [은우도]$_F$ 영희가 좋아해.

'NP도'는 (31가B)에서처럼 주어 자리에서 초점을 받을 수도 있고, (31나B)에서처럼 초점 위치로 이동하여 초점 해석을 가질 수도 있다. (31나B)의 문장 구조를 그리면 아래와 같다.

(32) [은우도]$_F$ 영희가 좋아한다.

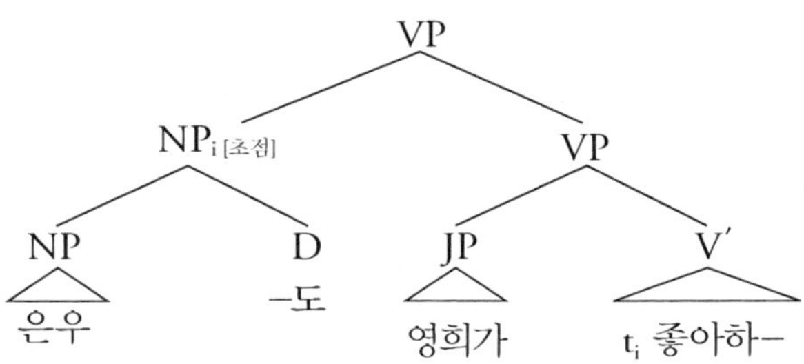

(32)에서 '은우도'는 초점 해석을 받기 위하여 초점(focus)화된 성분의 위치(VP 부가 위치)로 이동하게 된다.[25]

'–도'의 의미가 다른 문장의 요소들과 합성되어 전체 문장 의미가 도출되는 과정을 정리하면 아래와 같다.

(33) 은우도 영희가 좋아한다.

가. ⟦은우도⟧ = $\lambda z \lambda P[[\exists y[y \in ALT(x) \wedge P(y)] \wedge P(z)]]$(은우)

$= \lambda P[[\exists y[y \in ALT(x) \wedge P(y)] \wedge P(\text{은우})]]$

나. ⟦q도 영희가 좋아한다⟧= $\lambda q[\text{좋아하다}(\text{영희}, q)]$

다. ⟦은우도 영희가 좋아한다⟧

$=\lambda P[[\exists y[y \in ALT(x) \wedge P(y)] \wedge P(\text{은우})]](\lambda q[\text{좋아하다}(\text{영희}, q)])$

$=\exists y[y \in ALT(x) \wedge \lambda q[\text{좋아하다}(\text{영희}, q)](y)] \wedge \lambda q[\text{좋아하다}(\text{영희}, q)](\text{은우})$

$=\exists y[y \in ALT(x) \wedge \text{좋아하다}(\text{영희}, y)] \wedge \text{좋아하다}(\text{영희}, \text{은우})$

지금까지 '–도'가 '포함' 혹은 '첨가'의 의미를 가진다는 것이 무슨 의미인지에 대해서 논리적 개념을 바탕으로 살펴보고, '–도'의 의미가 문장 전체 의미 합성에 어떻게 기여하는지 살펴보았다. 그렇다면 지금까지 살펴본 '–도'의 의미를 바탕으로 아래 예문은 어떻게 설명할 수 있겠는가?

25 초점화 이동과 관련된 자세한 논의는 이정훈(2008)을 참고하기 바란다.

(34) 가. 그는 어떤 학생도 안 만났다.

나. 그는 {누구도, 아무도} 안 만났다.

우리는 위에서 '–도'가 결합한 문장의 의미는 P(x)를 단언하면서 P의 논항이 되는 x 외의 개체 y의 존재를 전제하는 것이라고 분석하였다. 그런데 (34가), (34나)에서 '–도' 앞에 선행하는 명사구는 특정 개체를 한정하지 않는다. 위와 같은 비한정성 명사구와 통합한 '–도'가 나타난 문장은 아래 (35)에서 보듯이 '안'과 같은 부정소가 빠지면 비문이 된다.

(35) 가. *철수는 어떤 학생도 만났다.

나. *철수는 {누구도, 아무도} 만났다.

'안'과 같은 부정소와 항상 같이 등장해야 하는 요소들을 부정극어(negative polarity items, NPI)라고 한다. '–도'가 결합하여 마치 부정극어처럼 해석되는 문장은 아래 (36나)처럼 전체 문장이 부정의 영향권 안에서 해석된다.

(36) 가. 철수는 어떤 학생도 안 만났다.

나. $\neg\exists x$[학생(x) $\wedge$ 만나다(철수, x)]

다. $=\forall x$[학생(x) $\rightarrow$ $\neg$[만나다(철수, x)]]

여기서는 (36가)의 의미가 (36나), (36다)와 같다는 것까지만 제시하고 '-도'의 의미가 결합하여 전체 문장의 의미가 도출되는 과정은 자세히 다루지 않는다. 하지만 한국어의 특수조사 '-도'의 의미를 분석할 때에는 (34)에서 해석되는 '-도'의 의미가 (33)에서 살핀 '-도'의 의미와 같은지, 다른지 논의해야 하고, 다르다면 어떻게 다른지에 대해서도 자세히 연구할 필요가 있다.

한편 (34)~(36)에서 다룬 예문은 앞으로 살펴볼 '-도'가 포함된 문장과 깊은 관련이 있다. 이 장을 시작하며 제시했던 (20다)~(20마)의 예문을 다시 제시하면 아래와 같다.

(37) 가. 파티에 열 사람도 안 왔다. (=(20다))

나. 이 문법은 촘스키도 설명할 수 없다. (=(20라))

다. 원숭이도 나무에서 떨어진다. (=(20마))

위의 예문에 쓰인 '-도'도 (33)에 제시한 '-도'의 의미와 같은가? 얼핏 보면 (37가)~(37다)에서도 첨가의 의미는 해석되는 듯하다. 그러나 (37가)의 의미가 단순히 파티에 안 온 사람들의 집합(대체 집합)에 '열 사람'이 첨가되었다는 것은 아니다. (37나)나 (37다) 역시 대체 집합에 선행 명사구가 가리키는 개체가 첨가되었다는 것을 나타내지는 않는다.

(37가)~(37다)에서는 공통적으로 선행 명사가 가리키는 수치나 속성이 그것의 대체 집합에 속하는 것들과 비교했을 때 가장 낮은 척도값에 해당한다는 의미가 추론된다.

먼저 수량 표현이 쓰인 (37가)에 대해 자세히 살펴보자.

(38) 파티에 열 사람도 안 왔다. ((37가) 참고)

가. 대체 집합(ALT) = {파티에 열 명이 안 왔다(9명 이하가 왔다), 파티에 오십 명이 안 왔다(49명 이하가 왔다), 파티에 백 명이 안 왔다(99명 이하가 왔다)…}

나.

기대 최대치	↑	백 명이 안 옴(=99명 이하가 옴)
	│	오십 명이 안 옴(=49명 이하가 옴)
기대 최소치	│	*열 명이 안 옴(=9명 이하가 옴)*

'파티에 열 사람도 안 왔다'라는 문장에서 '열 사람'의 대체 집합은 (38가)와 같다. '열 사람'은 파티에 안 온 사람을 가리키므로 대체 집합에 들어가는 사람들의 숫자도 파티에 안 온 사람들의 숫자를 가리킨다. 이때 [첨가]를 나타내는 '-도'의 의미와 다른 것은 바로 (38나)처럼 대체 집합의 원소들 사이에 척도가 형성된다는 것이다.

(38)을 발화한 화자는 파티에 최소한 열 명 이상은 올 것이라고 기대했을 것이다. 그런데 그 기대치의 최솟값이 만족되지 못했다. 그때 화자는 (38)과 같이 말할 수 있다. 따라서 '-도' 앞에 온 '열 사람'이라는 수량 표현은 화자가 기대한 값들 중 제일 낮은 척도를 지시한다. 또한 이러한 척도가 형성됨에 따라 (38)이 참이 되면 대체 집합의 명제들도

당연히 다 참이 된다.

척도값의 기준은 맥락에 따라 결정된다. 기대치의 최솟값을 결정하는 기준은 화자의 내적 기준에 따라 달라질 수도 있고, 화자와 청자가 공유하는 지식이나 널리 알려진 일반 상식에 따라 달라질 수도 있다.

(37나), (37다) 예문에서 척도가 어떻게 형성되는지 살펴보면 아래와 같다.

(39) 이 문법은 촘스키도 설명할 수 없다. ((37나) 참고)

가. 대체 집합(ALT) = {촘스키가 설명할 수 없다, 대학원생이 설명할 수 없다, 언어학 비전공자가 설명할 수 없다…}

나.

기대 최대치	↑	언어학 비전공자가 설명할 수 없음
	│	대학원생이 설명할 수 없음
기대 최소치	│	*촘스키가 설명할 수 없음*

(39)에서 '-도'가 발생시키는 대체 집합의 명제들은 (39가)와 같으며, 이들은 (39나)와 같은 척도를 형성한다. 일반적으로 촘스키가 천재로 알려져 있는 상황을 가정해보면, '촘스키가 (언어학과 관련된) 무언가를 설명할 수 없다'는 것은 기대하기 어려운 일이므로 가장 낮은 기대치를 형성한다. 따라서 이 명제가 성립하면, 그보다 높은 값을 가지는 다른 대체 집합 내 명제들도 다 참이 된다. 따라서 '이 문법은 촘스키도 설

명할 수 없어. 그러니까 일반 대학원생인 나는 당연히 설명할 수 없지' 라는 문장이 성립한다. 결국 (39)를 통해 화자가 함축하고 있는 것은 '이 문법은 아무도 설명할 수 없다'는 것이다.

아래 (40)은 우리나라에 잘 알려진 속담이다. 이는 일반 사람들의 공유 지식을 바탕으로 척도를 형성한다.

(40) 원숭이도 나무에서 떨어진다. (=(37다))

가. 대체 집합(ALT) = {원숭이가 나무에서 떨어진다, 강아지가 나무에서 떨어진다, 사람이 나무에서 떨어진다…}

나.

기대 최대치	↑	사람이 나무에서 떨어진다
		강아지가 나무에서 떨어진다
기대 최소치		*원숭이가 나무에서 떨어진다*

원숭이는 일반적으로 나무를 잘 탄다고 알려져 있으므로 '원숭이가 나무에서 떨어지는 것'은 상상하기 어려운 일이다. 따라서 이러한 상식에 따르면 원숭이가 나무에서 떨어지는 것은 나무를 잘 타지 못하는 강아지나 사람과 비교했을 때 가장 낮은 가능성을 가진 명제이다. 이에 (40)은 '원숭이가 나무에서 떨어지-'는 사건은 일어나기 어려운 사건으로 매우 예외적인 범주에 들어간다는 것을 뜻한다. 그럼에도 불구하고 그러한 사건이 일어난다는 것을 의미하므로 일을 아주 잘 하는

사람도 실수하는 일은 일어날 수 있다는 것을 뜻한다.

(38)~(40)에서 살펴본 '-도'의 의미 해석에는 화자의 기대 및 일반 상식과 같은 화용론적인 요인이 많이 관여하였다. 특히 '-도'가 통합함으로 인해 형성되는 대체 집합 및 기대치의 최솟값은 대화 참여자들이 공유하는 맥락에 따라 결정된다.

4.2.2. '-만'의 의미

한국어의 특수조사 '-만'은 어떤 의미로 해석되는가? (21가)에서 봤던 예문을 대화 맥락과 함께 다시 제시하면 아래와 같다.

(41) A: 모임에 **누가** 왔니?

B: 모임에 **<u>옹자만</u>** 왔다. (=(21가))

'-만'은 '-도'와 마찬가지로 의문사에 대한 대답으로 쓰여 새로운 정보를 나타내며 음성적 강세를 동반한다. 이에 '-만' 역시 초점을 표시할 수 있는 조사에 속한다.

그러나 '-도'와 달리 '-만'은 선행 명사구가 [유일]하다는 의미를 더 한다. (41B)의 의미를 논리식으로 표현하면 아래 (42)와 같이 전칭 양화사를 사용하여 나타낼 수 있다.

(42) $\forall x[x \in ALT(x) \wedge$ 모임에 왔다$(x) \rightarrow x=$옹자$]$[26]

26 (42)의 논리식 및 (43)의 문장 의미 도출 과정에 대한 자세한 논의는 최재

(42)는 '모임에 온 x가 대체 집합(ALT)에 속하는 x라면 그 x는 항상 옹자다'라는 의미이다. 이는 다시 말하여, '모임에 온 대체 집합의 원소 x는 옹자 외에는 없다'는 것이다.

이를 바탕으로 '모임에 옹자만 왔다'는 문장의 의미가 도출되는 과정을 제시하면 아래 (43)과 같다.

(43) 모임에 옹자만 왔다.

가. ⟦옹자만⟧ = $\lambda z \lambda P[\forall x[x \in ALT(x) \wedge P(x) \rightarrow x=z]]$(옹자)

= $\lambda P[\forall x[x \in ALT(x) \wedge P(x) \rightarrow x=$옹자$]]$

나. ⟦모임에 y가 왔다⟧= λy[모임에 왔다(y)]

다. ⟦모임에 옹자만 왔다⟧

=$\lambda P[\forall x[x \in ALT(x) \wedge P(x) \rightarrow x=$옹자$]](\lambda y$[모임에 왔다(y)])

=$\forall x[x \in ALT(x) \wedge \lambda y$[모임에 왔다(y)](x) $\rightarrow x=$옹자]

=$\forall x[x \in ALT(x) \wedge$ 모임에 왔다(x) $\rightarrow x=$옹자]

(43)에 제시한 '-만'의 의미로 아래 (44)에 쓰인 '-만'의 의미를 설명할 수 있을까?

(44) 은우는 하루종일 잠만 잤다. (=(21나))

웅(1998)을 참고하였다. 최재웅(1998)에서는 대체 집합을 C(맥락, context)로 표현하였다. 이는 주어진 개체들의 집합이라 하여 이 책에서 설명한 대체 집합과 같은 맥락에서 이해할 수 있다.

(44)에서 '-만'은 '잠'이라는 명사 뒤에 통합하였지만 '잠'이라는 것이 유일하다는 의미를 나타내지는 않는다. 예를 들어 '은우가 커피만 마신다'라는 예문에서는 '커피'의 대체 집합이 {커피, 우유, 술, 물}과 같은 것으로 형성될 수 있다. 그러나 (44)에서는 은우가 자는 것의 대체 집합 자체가 형성되기 어렵다. 다시 말하여 (44)에서 '-만'이 형성하는 대체 집합은 명사들로 나열되지 못한다. (44)의 '-만'이 형성하는 대체 집합은 아래 (45가)와 같다.

(45) 가. (44)의 대체 집합 = {은우가 <u>잠을 자다</u>, 은우가 <u>숙제를 하다</u>,
은우가 <u>TV를 보다</u>, 은우가 <u>책을 읽다</u>}

나. 은우가 하루종일 다른 것은 안 하고 잠 자기만 한다.

(45가)에서 보듯이 (44)에서 '-만'이 형성하는 대체 집합은 명사구가 아니라 사건을 나타내는 명제들로 구성된다. 이는 특수조사 '-만'의 의미 영향권이 명사일 수도 있지만 그보다 더 넓은 '문장 전체(예: 철수가 잠을 자다)'가 될 수도 있다는 것을 보여준다.

이러한 특성은 아래 문장이 중의적으로 해석되는 것에서도 확인된다.

(46) 영희는 <u>의미론만</u> 공부했다.

가. {의미론, 통사론, 형태론, 현대문학, 고전문학}

나. {영희가 의미론을 공부하다, 영희가 친구를 만나다, 영희가

운동을 하다}

(46)이 (46가)와 같은 대체 집합을 형성할 때에는 '영희가 다른 전공은 공부하지 않고 의미론만 공부했다'로 해석되고 (46나)와 같이 문장 단위의 대체 집합을 형성할 때에는 '영희가 다른 일은 안 하고 의미론 공부하기만 했다'로 해석된다.

이처럼 '-만'이 결합한 명사구가 넓은 영향권을 가진 것으로 해석되는 양상은 부사 뒤에 결합하는 '-만'에서도 확인할 수 있다.

(47) 가. 찬밥도 좋아요. 빨리만 주세요.

나. 한국도 축구를 잘만 한다.

다. 암은 일찍만 발견하면 치료 효과가 매우 높다.

(47가)는 '빨리 주기만 하세요'로 해석되고 (47나)는 '잘하기만 한다'로 해석되며 (47다)는 '일찍 발견하기만 하면'으로 해석된다. (44)~(47)에서 살펴본 특수조사의 영향권 문제는 '-만'뿐만 아니라 다른 특수조사로 확대될 수 있으므로 특수조사를 연구할 때 함께 고려해야 할 내용이다.

이제 6장에서 논의한 내용을 돌아보자. 6장에서는 격조사의 의미와 특수조사의 의미를 살펴보고 조사가 포함된 문장의 의미 해석 과정을 개괄적으로 살펴보았다. '조사와 문장의 의미'를 읽은 독자는 이제 [여는 대화]에서 옹자와 메리가 사용한 조사의 의미에 대한 직관이 더 명확해졌으리라 믿는다. 옹자와 메리가 사용한 조사 중 이 장에서 다루지 못한 조사에 대해서는 여기서 다룬 이론과 방법을 바탕으로 계속 탐구해야 할 남은 과제로 남겨둔다.

참고 문헌

고석주(2001), 한국어 조사의 연구: '가'와 '를'을 중심으로, 연세대학교 박사학위논문.

고석주(2002), 조사 '가'의 의미, 국어학 40, 국어학회, 221-247.

김건희(2003), 심리 형용사 연구: 논항 교체 유형들의 어휘 의미 구조를 중심으로, 언어학 37, 사단법인 한국언어학회, 47-70.

김민국(2016), 한국어 주어의 격표지 연구, 연세대학교 박사학위논문.

김완수(2016), 격틀 사전과 하위 범주 정보를 이용한 한국어 의미역 결정, 울산대학교 석사학위논문.

김용하·박소영·이정훈·최기용(2018), 한국어 생성 통사론, 역락.

김윤정·김완수·옥철영(2014), 전산언어학에서의 한국어 필수논항의 의미역 상정과 재고, 언어와 정보 18(2), 한국언어정보학회, 169-200.

남기심(1972), 주제어와 주어, 어문학 26, 한국어문학회, 128-131.

박재희(2017), 경험주 논항과 심리 표현 형용사 구문의 의미 · 통사구조, 반교어문연구 46, 반교어문학회, 35-64.

박철우·김종명(2005), 한국어 용언 사전 기술을 위한 의미역 설정의 기본 문제들, 어학연구 41(3), 서울대학교 언어교육원, 543-568.

성기철(1985), 국어의 주제 문제, 한글 188, 한글학회, 65-90.

신창순(1975), 국어의 주어 문제 연구, 문법연구 2, 탑출판사, 131-170.

염재일(2007), 두 특정성 표시 "어떤"과 "한"에 대한 고찰, 언어와 정보 11(2), 한국언어정보학회, 23-47.

위혜경(2007), 초점 현상 분석에 의한 통사구조, 정보구조, 담화구조의 관련성 탐구, 생성문법연구 17(2), 한국생성문법학회, 123-164.

위혜경(2010), 대조주제의 주제성과 초점성, 언어와 정보 14(2), 한국언어정보학회, 47-70.

유동석(1984), 양태 조사의 통보 기능에 대한 연구 -{이}, {을}, {은}을 중심으로-, 서울대학교 석사학위논문.
유동석(1998), 주제어와 주격중출문, 서태룡 외 5인 편, 문법연구와 자료, 태학사, 47-81.
이광정(1999), 전통 문법에서의 격 연구, 한국어학회(편), 국어의 격과 조사, 월인, 9-48.
이정민(1992), (비)한정성/(불)특정성 대 화제(Topic)/초점, 국어학 22, 국어학회, 397-424.
이정훈(2008), 조사와 어미 그리고 통사구조, 태학사.
임홍빈(1972), 국어의 주제화 연구, 서울대학교 석사학위논문.
전영철(2005), 한국어의 소위 특정성 표지들에 대하여, 언어 30(4), 한국언어학회, 715-743.
전영철(2006), 대조 화제와 대조 초점의 표지 '는', 한글 274, 한글학회, 171-200.
채완(1990), 특수조사, 국어연구 어디까지 왔나, 서울대 대학원 국어연구회, 263-270.
최윤지(2016), 한국어의 정보구조 연구, 서울대학교 박사학위논문.
최재웅(1996), '-만'의 작용역 중의성, 언어 21(1), 한국언어학회, 673-692.
최재웅(1998), 한국어 특수조사 "-만": 형식 의미론적 분석, 한국어 의미학 3, 한국어의미학회, 41-65.
함병호(2018), 한국어 정보구조의 화제 연구, 동국대학교 박사학위논문.
홍사만(1983), 국어 특수조사론, 학문사.
홍재성(1987), 현대 한국어 동사구문의 연구, 탑출판사.

Büring, D.(2003), On D-Trees, beans, and B-Accent, *Linguistic Philosophy* 26, Dordrecht: Springer, 511-545.
Chomsky, N.(1976), Conditions on rules of grammar, *Linguistic Analysis* 2(4), 303-351.
Kim, D. B.(김대빈)(1992), The Specificity/Non-Specificity Distinction and Scrambling Theory, PhD Dissertation, University of Wisconsin, at Madison.
Kuroda, S. Y.(1972), The categorical and the thetic judgement: Evidence from Japanese syntax, *Foundations of Language* 9(2), 153-185.

Lambrecht, K.(1994), *Information Structure and Sentence Form: Topic, Focus, and the Mental Representations of Discourse Referents*, Cambridge: Cambridge University Press.

Lee, H. J.(이한정)(2010), Explaining variation in Korean case ellipsis: Economy versus iconicity, *Journal of East Asian Linguistics* 19(4), 291–318.

Lyons, C. (1999), *Definiteness*, Cambridge: Cambridge University Press.

Prince, E. F.(1986), On the syntactic marking of presupposed open propositions, In A. M. Farley, P. T. Farley, and K.–E. McCullough (Eds.), *Proceedings of the 22nd Annual Meeting of the Chicago Linguistic Society, Papers from the parasession on pragmatics and grammatical theory*, Chicago: Chicago Linguistic Society, 208–222.

Reinhart, T.(1981), Pragmatics and linguistics: An analysis of sentence topics, *Philosophica* 27(1), 53–94.

Roberts, C.(1996), Information structure in discourse: Toward a unified theory of formal pragmatics, *Ohio State University Working Papers in Linguistics* 49, 91–136.

Rooth, M.(1985), Association with Focus, PhD Dissertation, University of Massachusetts, Amherst.

Rooth, M.(1992), A theory of focus interpretation, *Natural Language Semantics* 1(1), 75–116.

Schwarzschild, R.(1999), GIVENness, AvoidF and other constraints on the placement of accent, *Natural Language Semantics*, 7(2), 141–177.

Selkirk, E.(1996), Sentence prosody: Intonation, stress and phrasing, In J. A. Goldsmith (Ed.), *The Handbook of Phonological Theory*, Cambridge, MA: Blackwell, 550–569.

Strawson, P. F.(1952), *Introduction to Logical Theory*, London: Routledge.

Vallduví, E.(1994), Detachment in Catalan and information packaging, *Journal of Pragmatics* 22(6), 573–601.

Zubizarreta, M. L.(1998), *Prosody, Focus, and Word Order*, Cambridge, MA: MIT Press.

Zubizarreta, M. L.(1999), Las funciones informativas, Tema y foco, In I. Bosque & V. Demonte (Eds.), *Gramática descriptiva de la Lengua Española*, Madrid: Espasa, 4215–4244.

7장

어미와 문장의 의미

여는 대화

옹자와 메리는 요즘 생활에 대해 이야기한다.

옹자: 메리야, 우리 수업 듣는 건물 뒤에 꽃 핀 거 봤어?

메리: 아니? 벌써 꽃이 피었다고?

옹자: 응! 나랑 지금 가서 같이 보자.

(건물 뒤로 이동한 후)

메리: 꽃이 어디 있다는 거야? 앙상한 나무뿐인데.

옹자: 어?! 그러네. 근데 정말 여기 꽃이 피었었어!!

메리: 폈다가 다 졌나 보네. 이렇게 빨리 꽃이 피었다가 지다니!

옹자: 그러게. 아쉽다. 하지만 곧 다른 꽃들도 활짝 필 거야.

메리: 맞아. 그때까지 좀 더 기다려야겠어.

옹자: 그리고 지금쯤 진해에는 예쁜 꽃들이 많이 피었겠네!

메리: 그러게. 어렸을 때 진해에 꽃 보러 정말 많이 갔었는데.

옹자: 그랬어? 요즘에는 안 가?

메리: 아니. 요즘도 자주 가는 편이야.

옹자: 아, 나는 너가 '갔었다'고 말해서 이제는 안 가는 줄 알았어.

메리: 응. 그렇게 들렸을 수 있겠다. 그런데 생각해 보니, 어렸을 때도 많이 갔었고, 지금도 진해에 자주 가는 편이야.

옹자: 그렇구나. 올해는 나랑도 같이 가자!

메리: 그러자!

1. 도입

우리는 제7장에 도달하기까지 문장을 구성하는 명사구와 술어, 명사구 뒤에 결합하는 조사의 의미에 대해 탐구하였다. 이 과정은 명사구(NP)와 조사구(JP), 동사구(VP)의 의미가 모여서 합성되는 문장의 의미 해석 과정에 해당한다.

(1)

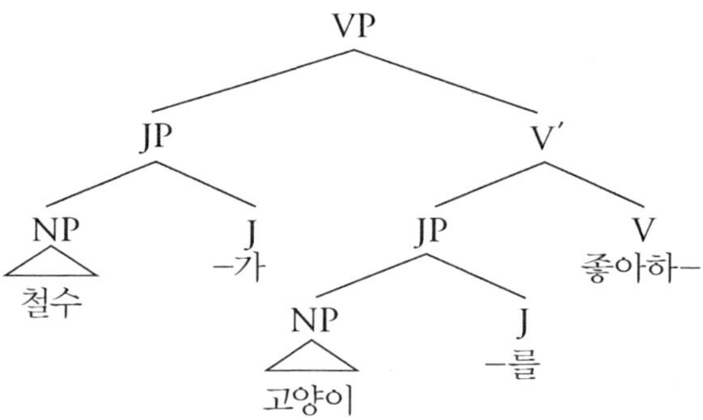

위의 구조를 보면 '고양이를'이 형성하는 JP와 동사 '좋아하–'가 결합하여 V'를 형성하고, 여기에 다시 주어 '철수가'가 결합하여 VP가 만들어졌다. 여기에서 알 수 있듯이 우리는 아직 동사구(VP) 뒤에 오는 어휘 항목들의 의미에 대해서는 살펴보지 않았다.

동사구 뒤에 결합하는 어휘 항목에는 무엇이 있을까? 아래 (2가)를 보면, 동사 '오–' 뒤에 '–시–', '–었–', '–겠–', '–더–', '–라' 같은 어휘 항목들이 결합하였는데 이들을 어미(endings)라고 부른다. (2가)의 문장 구조를 그리면 (2나)와 같다.

(2) 가. 선생님께서 벌써 오셨겠더라(오–시–었–겠–더–라).

나.

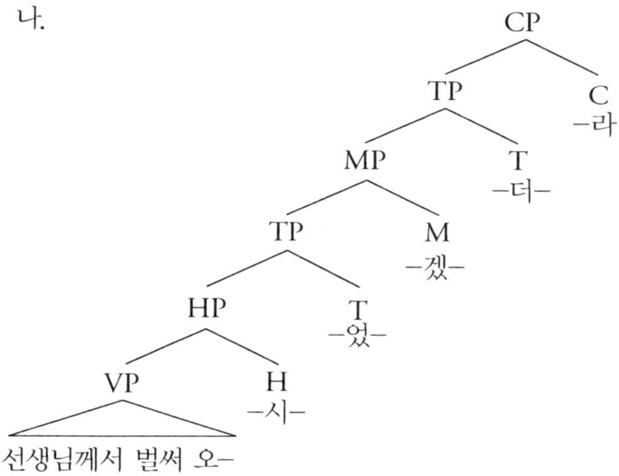

위의 그림에서 동사 '오–' 뒤에 결합한 어휘 항목들에서 알 수 있듯이, 한국어의 어미는 조사만큼 매우 다양하다. 어미는 문장 맨 마지막에 오는 종결어미와 종결어미 앞에 올 수 있는 선어말어미로 나누어진다.[1]

1 '종결어미'라는 술어는 문장을 끝낸다는 의미가 강조된 용어이다. 문장의

(2나)에서 문장의 가장 바깥에 나타난 종결어미 '–라'는 문장의 통사적 성격을 결정한다. 예를 들어 종결어미 '–라'나 '–다'는 문장이 평서문(declarative)임을 나타내고, '–니'나 '–냐' 같은 어미는 문장이 의문문(interrogative)임을 나타낸다. 그리고 청유문(propositive)을 만들 때에는 종결어미 '–자'를 결합하고 명령문(imperative)을 만들 때에는 '–라'를 결합한다. 이 밖에도 절과 문장의 유형을 나타내는 어미에는 '–음', '–기', '–고', '–게', '–고자', '–으니까' 등이 있다. 이렇게 문장 가장 자리에 위치하며 절이나 문장의 유형을 결정하는 형태소들을 보문자(complementizer)라고 하여 CP의 핵(C)으로 표시한다.

이러한 종결어미 앞에 오는 어미들은 선어말어미에 해당하는데 선어말어미의 종류는 각 어미가 나타내는 문법적 기능에 따라 나누어진다. '–시–'는 경어법(honorification)을 나타내고 '–었–'은 시제(tense)를, '–겠–'은 양상(modality)을 나타낸다. '–더–'는 선행하는 명제 내용을 화자가 발화시 이전에 인식했다는 것을 나타내므로 시제(tense)로 분류할 수 있다.[2]

이 장에서는 바로 이러한 어미의 의미 해석 방법을 다룬다. 모든 어미의 의미를 다루면 좋겠지만, 이 책 한 권에 한국어 어미 각각이 가

마지막에 통합하는 요소라는 점을 강조하여 '종결어미'는 '문말어미'라고도 부른다. 이에 대응하여 선어말어미는 '문말 앞 어미', '선문말어미'로 불리기도 한다.

2 그러나 선어말어미 '–더–'의 문법적 기능은 시제 외의 다양한 기능과 관련되어 간단하지 않다. '–더–'는 인식과 관련이 있어 양상(modality)으로 분류되기도 하며 증거성(evidentiality)으로 분류되기도 한다. 자세한 논의는 송재목(2009) 등을 참고할 수 있다.

지고 있는 다양한 특성을 모두 담아내는 것은 불가능하다. 이에 이 장에서는 양상 어미 '–겠–'과 시제 어미 '–었–'을 중심으로 논의를 진행하고자 한다. 이들의 의미를 해석하기 위해서는 지금까지 설명하지 않았던 내포 의미론(intensional semantics)에 대한 개념을 알 필요가 있다. 내포 의미론이 무엇인지, 그리고 왜 '–겠–'이나 '–었–'과 같은 어미의 의미를 설명하는 데 내포 의미론적 관점이 필요한지부터 살펴보자.

2. 내포 의미론

우리는 언어를 통해 우리 마음속(두뇌)에 떠오르는 생각들을 표현할 수 있다. 생각에는 우연히 보거나 전해 들어서 알게 된 내용도 있고, 숙고(熟考)하여 얻은 결론도 있다.

우리가 시각을 통해 인지한 내용을 언어로 표현하는 경우부터 생각해 보자. 지금 잠깐 책에서 고개를 들어 주변을 둘러보자. 무엇이 보이는가? 무엇이 보이는가? 만약 커피를 마시면서 이 책을 읽고 있었다면 커피가 보였을 것이고, 고양이를 키운다면 고양이가 보였을 것이다. 이렇게 인지한 내용은 '커피가 책상 위에 있다'나 '내 옆에서 고양이가 잔다'와 같은 언어로 쉽게 표현할 수 있다.

이제 좀 더 추상적인 생각을 언어로 표현해 보자. 우리는 단순히 현재(now), 여기에서(here) 일어나는 일들뿐만 아니라, 다른 시간과 다른 장소에서 발생한 일을 생각하는 경우도 많다. 이런 생각들은 아래 예와 같은 문장들로 표현될 수 있다.

(3) 가. 미나는 작년에 대학원을 졸업했다.

나. 미국에 폭우가 내려 약 30명이 실종됐다.

(3가), (3나)는 현재가 아닌 과거에 일어난 일을 기술하고 있다. 또한 (3나)는 여기, 한국에서 일어난 일이 아니라 다른 장소에서 일어난 사건을 나타낸다. 이처럼 우리가 사용하는 언어는 현재 우리가 존재하는 이 세계의 시공간에 메여 있지 않고, 다른 시공간으로 이동할 수 있다.

나아가 실제로 일어나지 않은 일도 상상하는데, 상상은 자유라고 했듯 아래 예들에서처럼 실제로 일어난 사건과 반대되거나 아직 일어나지 않은 일에 대해서도 얼마든지 표현할 수 있다.

(4) 가. 5분만 일찍 일어났다면 지각을 안 했을 텐데.

나. 내가 너라면 지금 당장 여행을 떠날 거야.

(4가)의 화자는 실제 세계(actual world)에서 일어난 사실과 반대되는 가정을 하고, 그로부터 추측되는 결과를 '-다면'에 이어지는 후행절에 서술하였다. 역사에서 '만약'을 가정하는 것은 의미가 없다고 하지만, 제1차 세계 대전이 발발하지 않았다면 이 세상이 어떻게 바뀌었을지 가정해 보는 것은 자유이다. 그러한 상상은 모두 (4가)처럼 반사실적 조건을 설정해 보는 것에 속한다. 아울러 (4나)처럼 사실과 다른 비사실적 상황을 가정해 보고 그 상황에서 일어날 법한 가능성을 이야기하는 것도 우리에게는 일상적인 일이다.

이러한 예들은 언어로 표현할 수 있는 것에 불가능한 세계는 없다는 것을 보여준다. 이는 인간의 언어가 다른 동물들의 언어와 구별되는 큰 특징 중 하나이다. 즉 우리가 사용하는 자연 언어(natural language)는 현실세계에서 시간과 공간을 이동해(displacement), 가능세계(possible worlds)의 일들을 표현할 수 있다.

가능세계란 무엇인가? 물리적으로 실재하는 실제 세계가 현실 세계라면, 그 외에 존재할 수 있는 모든 가능성들이 가능세계이다. 더 나아가 넓은 관점에서 보면 우리가 있는 이 현실 세계도 무수히 많은 가능세계 중 하나라고 볼 수 있다.[3]

이제 이러한 가능세계의 개념이 의미 해석에 어떻게 관여하는지 구체적인 예들을 통해 살펴보고, 이를 바탕으로 내포 의미론을 본격적으로 탐구해보고자 한다.

---

3 가능세계란 말 그대로 가능한 세계여야 한다. 어떤 명제가 참이면서 동시에 거짓인 세계는 가능한 세계가 아니다. 이를 논리학에서는 모순율이라고 한다('p이면서 ~p'는 논리적으로 거짓이다). 모순이 아닐 것, 이것은 가능세계의 특징 중 하나인 '일관성'이다. 또 가능세계는 '완전'해야 한다. 어떤 사건이 참이거나 거짓이어야지, 참도 아니고 거짓도 아닌 것처럼 이도 저도 아닌 것은 없어야 한다는 것이다. 그리고 가능세계는 그 자체로 스스로 독립되어 있어야 한다. 이를 가능세계의 '독립성'이라고 한다. 서로 다른 가능세계들끼리는 시공간이 분리되어 있어야 한다는 뜻이다. 여러분 머릿속에 독립된 여러 가능세계들(이해하기 어려우면, '가능한 경우들'이라고 생각해 보라.)이 완전성과 일관성을 지닌 상태로 무한히 존재하는 논리 공간을 상상해 보기 바란다. 그리고 그 가능세계들의 관계는 어떠한지도 고민해 보라. 서로 접근 가능한 가능세계가 있다면 그 가능세계들의 특징은 어떠해야 하겠는가? 이러한 고민들과 함께 가능세계와 관련된 철학적 질문은 미우라 도시히코(2011) 등의 책을 참고하며 탐구할 수 있다.

내포 의미론이란 시간이나 양상 차원에서 평가(evaluation) 시점을 이동하는 것을 모델화하는 의미론의 한 유형이다(von Fintel and Heim 2023: 5).

내포 의미론을 이해하기 위해서는 우리가 이 책을 시작할 때 논의했던 지시적 의미 이론을 다시 떠올릴 필요가 있다. 지시 의미 이론으로는 설명할 수 없는 의미 현상들로 인하여 내포 의미론이 도입되었기 때문이다.[4]

먼저 아래 예문들을 통해 동일한 지시물을 가리키는 여러 언어 표현들의 의미에 대해서 다시 상기해 보자.

(5) 가. 새벽별이 금성이다. (새벽별 = 금성)

나. 저녁별이 새벽별이다. (저녁별 = 새벽별)

다. 그러므로, 저녁별은 금성이다. (저녁별 = 금성)

---

4 가능세계 개념의 기원은 라이프니츠(Leibniz)까지 거슬러 올라가지만 현대 가능세계 의미론의 기초는 1950~1960년대에 카르납(Carnap), 힌티카(Hintikka), 몬태규(Montague)에 의해 확립되었다. 카르납은 외연(extension)과 내포(intension)를 체계적으로 구분하였으며, 사태-기술(state-descriptions)이라는 개념을 제시하여 가능세계를 나타내고자 했다. 그는 모든 가능한 세계(사태-기술)에서 동일한 외연은 동일한 내포를 갖는다고 하였다. 이러한 접근법은 양화 양상 논리의 발전을 이끌었으나, 도덕적 의무와 같은 양상 개념에는 잘 적용되지 않았다. 이후 몬태규는 카르납의 논리적 필연성 개념을 취하면서 이를 물리적 필연성, 의무론적 필연성으로 확장하여 보편 양화 개념과 함께 설명하였고, 힌티카는 모델 집합(model sets)이라는 개념을 통해 믿음 논리와 인식 논리에서 가능세계의 가치를 보였다. 모형 이론적 논의와 함께 양상 논리, 시제 논리, 명제 태도 논리와 같은 내포 논리의 발전은 형식 의미론의 발전에 크게 기여하였다(Partee 2011 참고).

위에서 새벽별, 저녁별, 금성은 모두 동일한 외연(same extension), 같은 행성을 지시한다. 따라서 위의 (5가), (5나)를 통해 나온 결론 (5다)는 참이다.

어떤 언어 표현 두 개가 동일한 개체를 지시한다면 서로 대치되어도 문장의 진릿값(truth value)은 변하지 않을 것이다. 이를 라이프니츠의 원리(Leibniz's law)라고 한다. 아래 예를 통해서 대체 가능 테스트(substitutivity test)를 해보자.

(6) 가. 이 사람은 세종대왕이다.

나. 이 사람은 이도이다.

위에서 (6가)의 '세종대왕'은 (6나)의 '이도'와 동일한 대상을 지시한다. 따라서 (6가)가 참이면 (6나)도 참이고 (6가)가 거짓이면 (6나)도 거짓이다. 아래 예문도 마찬가지이다.

(7) 가. 이 건물은 잠실롯데타워이다.

나. 이 건물은 서울에서 가장 높은 빌딩이다.

이 글을 쓰고 있는 시점에 서울에서 가장 높은 빌딩이 잠실롯데타워라고 해보자. 이러한 상황에서 '잠실롯데타워'와 '서울에서 가장 높은 빌딩'은 같은 개체를 지시하므로, (7가)의 '잠실롯데타워'를 (7나)의 '서울에서 가장 높은 빌딩'으로 바꿔 쓸 수 있다. 이처럼 어떤 표현 a와 b가 동일 개체를 지시하는 경우 이들을 바꾸어도 진리 조건적으로 동일하다는 것을 일반화하여 표기하면 아래 (8)과 같다.

(8) $(a = b) \rightarrow [\varphi \leftrightarrow \varphi^{b/a}]$

(φ: 임의의 명제 형식(formula))

(8)의 식에서 우변의 의미는 동일 개체를 나타내는 a, b를 임의의 명제 형식(φ)에 서로 바꿔 써도 두 형식(문장)의 의미는 동일하다는 것이다. 이때 의미가 같다는 것은 외연적 맥락에서 문장의 진리 조건적 의미가 같다는 것을 뜻한다. 다시 말하여 (8)은 '만약 a와 b가 동일하다면, 임의의 명제 φ는 φ에서 a와 b를 대체한 명제와 논리적으로 동일하다'는 것을 표현한다.

그런데 아래 (9)와 (10)에서는 (6), (7)에서 확인한 (가)와 (나)의 관계가 성립하지 않는다.

(9) 가. 영희는 세종대왕이 조선의 제4대 왕이라고 생각한다.
  나. 영희는 이도가 조선의 제4대 왕이라고 생각한다.

위의 (9가), (9나)에서 모문의 주어인 영희는 내포문 주어인 '세종대왕'이 '이도'와 동일한 개체를 지시하는지 모를 수도 있다. 세종대왕의 이름이 이도인 것을 모를 수 있기 때문이다. 이러한 경우에는, (9가)의 '세종대왕'을 (9나)의 '이도'와 대체했을 때 문장 전체의 진릿값이 동일하지 않다. 예를 들어 영희가 '세종대왕'의 의미만 알고 '이도'는 누구인지 모른다면, (9가)는 참이지만 (9나)는 거짓이다. 마찬가지로 (9가)가 거짓이라고 해서 (9나)가 거짓인 것도 아니다.

이처럼 동일한 개체를 지시하는 서로 다른 표현이 진릿값에 영향을 미치기 때문에, 동일한 개체를 지시하는 두 개의 언어 표현이 서로 대치될 수 없는 맥락을 불투명 맥락(opaque/oblique context)이라고 한다. 반대로 (6), (7)처럼 서로 다른 표현이 동일한 개체를 지시하므로, 서로 대체되어도 문장의 진릿값에 영향을 미치지 않는 맥락은 지시적으로 투명한 맥락(refrentially transparent context)이라고 한다.

불투명 맥락에서는 (8)에서 확인한 라이프니츠의 원리가 적용되지 않는다. 불투명 맥락은 명제 태도(propositional attitude) 술어가 쓰인 맥락으로 '생각하다', '믿다' 등의 서술어가 내포문을 가지고 있는 경우를 모두 포함한다.[5]

이러한 언어 현상을 통해 보건대, 프레게가 지시(German, *Bedeutung*)에 더해 뜻(German, *Sinn*)을 제시한 것은 불투명 맥락에서 지시적 의미만으로 해석될 수 없는 의미 해석을 위한 것이라고 할 수 있다.

형식 의미론에서 구분하는 외연적 맥락(extensional contexts)과 내포적 맥락(intensional contexts)도 이에 대응하여 고민해 볼 수 있다.

내포적 맥락을 이해하기 위해 아래 예문을 살펴보자.

(10) 가. 지금 짓고 있는 건물이 <u>서울에서 가장 높은 빌딩</u>이 될 것

5 명제 태도와 관련된 서술, 양상(modal)과 관련된 내용은 이 장의 3절에서 더 자세히 다룬다.

이다.

나. 지금 짓고 있는 건물이 잠실롯데타워가 될 것이다.

(10가)와 (10나)의 진릿값은 같은가? '서울에서 가장 높은 빌딩'과 '잠실롯데타워'는 외연이 같은가? 이를 판단하기 위해서는 (10가)와 (10나)에 결합한 '–을 것이–'에 주목할 필요가 있다. 이 표현으로 인해 (10가), (10나)에서 기술하고 있는 상황은 현재가 아니라 미래에 대한 것이기 때문이다. 아래 그림을 보자.

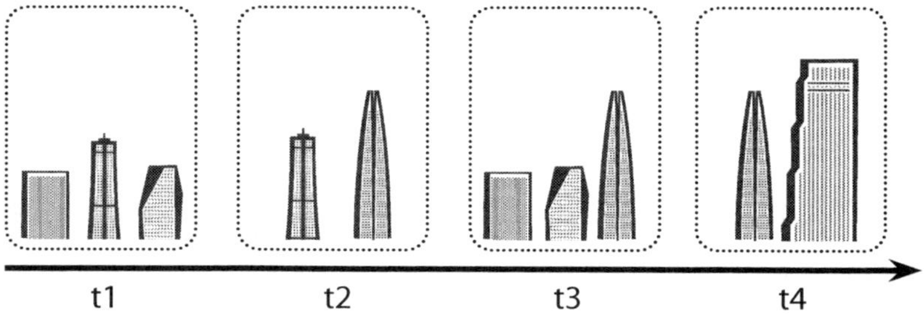

〈그림 1〉 시간에 따라 달라지는 언어 표현의 의미

위의 예에서 (10가)가 참이라고 하여 (10나)가 반드시 참인 것은 아니다. 지금 짓고 있는 건물이 잠실롯데타워가 아니라 그것보다 더 높은 새로운 빌딩이 될 수도 있기 때문이다. 다시 말하여 (10가)와 (10나)는 '–을 것이–'가 나타내는 미래 시제적 의미로 인해 어느 시점에서 말하느냐에 따라 '서울에서 가장 높은 빌딩'이 지시하는 개체가 달라질 수 있다. 위의 〈그림 1〉에서처럼 시간(t1~t4)의 흐름에 따라 가장 높은 빌딩이 달라지는 시나리오를 생각해 봤을 때 (10가)의 '서울에서 가장 높은 빌딩'은 (10나)의 '잠실롯데타워'로 대치될 수 없다.

위에서 봤던 (6)이나 (7)에서처럼 동일한 개체를 나타내는 두 언어 표현을 대상으로 대체 테스트를 해봤을 때 진릿값이 변하지 않으면서 대체가 되는 경우는 외연적 맥락이라 할 수 있지만, 진릿값이 변해 대체가 어려운 경우는 내포적 맥락으로 분류한다. 이에 따르면 (10가), (10나)처럼 '–을 것이–' 같은 시간 요소가 표현된 문장은 내포적 맥락에서 해석된다. 한국어 시제 문장은 모두 내포적 맥락에서 사용된 문장에 속하는 것이다.

그렇다면 내포적 맥락에 쓰인 문장들의 진리 조건(truth condition)은 어떻게 정해지는가? 문장 의미를 생각하기 전에 문장보다 작은 단위인 단어부터 생각해 보자. 예를 들어, '빨갛다'라는 술어나 '고양이'라는 명사의 외연과 내포는 무엇인가?

〈그림 2〉 '빨갛다'의 의미

〈그림 3〉 '고양이'의 의미

먼저 외연에 대해 살펴보자. 제1장에서 이야기했던 것이라 기억이

날지 모르겠다. '빨갛다'라는 술어의 외연적 의미는 무엇인가? 빨간색에 속하는, 즉 빨간 속성(property of being red)을 지니는 모든 개체들의 집합(the set of all red entities)이다. '고양이'의 외연적 의미는 무엇인가? '고양이'로 지칭되는 모든 것들의 집합(the set of individuals x such that x is a cat)이다.[6] 이제 '빨갛다'와 '고양이'의 내포적 의미에 대해 생각해 보자. 이들의 내포적 의미는 무엇인가?

위의 예문 (10)과 〈그림 1〉에서도 살펴봤듯이 어떤 언어 표현의 고유한 외연은 어느 시점과 어떤 상황에서 말하느냐에 따라 달라진다. '각 언어 표현의 내포가 고유한 외연을 결정한다(principle of intensional reference)'는 말은 바로 이를 두고 하는 말이다.

이러한 관점에서 내포는 어떤 언어 표현의 의미를 해석할 때, 모든 가능세계(possible worlds)에서 그것의 외연이 달라질 수 있다는 것을 반영한 개념이다. 이를 기억하고 카르납이 말한 내포(carnapian intension)의 정의를 보면 그것이 무슨 의미인지 쉽게 이해된다. 카르납에 따르면 내포란 '입력값(=가능세계)로부터 적절한 외연(extensions)으로 가는 함수'로 정의된다! (미안하지만) 또 다시 함수다. 외연적 의미를 해석할 때에도 우리는 함수에 대해서 이야기한 바 있다. 일반 명사나 동사, 형용

6 프레게의 제자였던 카르납(Carnap, 1947)의 용어를 따르면 *Bedeutung*에 대해서는 외연(extension)이 대응되고 *Sinn*에 대해서는 내포(intension)가 대응된다. 그러나 이들은 완전히 같은 개념이라 할 수 없어 깊은 논의가 필요하다. 또한 이때 내포적 의미를 개념(concepts, ideas)과 같은 개념, 즉 심리적(인지적) 개념으로 이해할 수도 있는데, 이 논의에서(형식 의미론) 내포는 외연과 마찬가지로 세계에 있는 무언가를 지시하기 위한 개념임에 주의해야 한다.

사의 의미를 해석할 때 그들은 모두 특정 상황에 속하는 개체들의 집합을 나타냈다. 집합적 개념은 다시 함수의 관점에서 설명할 수 있었는데, 술어는 불완전한 명제로서 특정 개체(논항)를 요구하는 함수와도 같았다. 이 개념이 내포를 설명할 때에도 그대로 적용되는 것이다. 다만 이번에는 입력값이 특정 개체가 아니라 가능세계로 바뀌었을 뿐이다.

이러한 설명이 여전히 추상적이라서 잘 이해가 안 될 수 있다. 이해가 안 될 때는, 구체적인 예문을 들여다보고 예문에 원리를 적용해 가며 이해하면 좋다.

(11) 케네디가 암살되었다.

(11)은 언제 참이되고 언제 거짓이 되는가? 문장의 참(1)과 거짓(0)을 진릿값(truth value)이라고 하고, 이러한 진릿값을 결정하는 것들을 진리 조건(truth-conditions)이라고 한다. 우리가 어떤 문장의 의미를 안다는 것은 어떤 문장의 참과 거짓을 판단할 수 있다는 것을 뜻하므로, 문장의 진리 조건을 알고 있다는 말과 같다. 위 (11)의 경우, 아래 (12가)~(12다)를 안다면, 문장의 참, 거짓을 판단할 수 있다.

(12) 가. '케네디'는 **케네디**라는 개체를 지시한다.
나. '암살되다'는 암살되는 것들의 집합이다.
다. **케네디**는 암살되는 것들의 집합의 원소이다.

외연적 의미론에서는 문장의 진릿값을 문장의 외연적 의미로 본다. 그렇다면 이러한 문장의 외연을 결정하는 가능세계를 따져보는 것이 바로 문장의 내포적 의미이다. 예를 들어 모든 가능세계(W_1~W_n)까지를 따져보며 각 가능세계에서 위 (12가)~(12다)가 성립하는 세계를 찾는 것이다. 이를 함수로 나타내면 문장의 내포는 가능세계를 논항(arguments)으로 가지고 문장의 외연(진릿값, t)을 내놓는 함수이다. 이 함수를 바탕으로 (11)의 문장을 해석하면 [케네디가 암살된 세계]에는 1의 진릿값을 할당하고, [케네디가 암살되지 않은 세계]에는 0의 진릿값을 할당한다.

(13) 가. 문장의 외연: 진릿 값(truth value, 1 or 0)

나. 문장의 내포: 가능세계(w)에 따라 달라지는 외연(extension in dependence of the world)

다시 아래 예문을 통해 문장의 내포가 해석되는 양상을 확인해 보자. 아래 문장을 해석할 때 시제 의미는 고려하지 않는다.

(14) 옹자가 잔다.

(15) 가. ⟦옹자⟧ = {x: x는 옹자다}

나. ⟦잔다⟧ = {x: x는 잔다}

다. ⟦옹자가 잔다⟧ = 1 iff 옹자가 잔다

(14)의 의미를 해석할 때 외연은 (15가)~(15다)를 고려한다. 그런데 내포를 고려할 때에는 (15가)~(15다) 각각이 가능세계에서 어떻게 해석되

는가를 고려해야 한다. 이에 가능세계를 입력값으로 받아 진릿값을 내놓는 아래와 같은 과정을 고려해야 한다.

(16) 가. (15가)의 내포

가능세계	외연
w_1 →	김철수
w_2 →	김수민
w_3 →	정희수
… →	…
w_n →	The person who is 용자 in w_n
… →	…

나. (15나)의 내포

가능세계	외연
w_1 →	{김철수, 정희수}
w_2 →	{빌, 김철수}
w_3 →	{빌, 메리, 철수}
… →	…
w_n →	The individuals who 잔다 in w_n
… →	…

다. (15다)의 내포

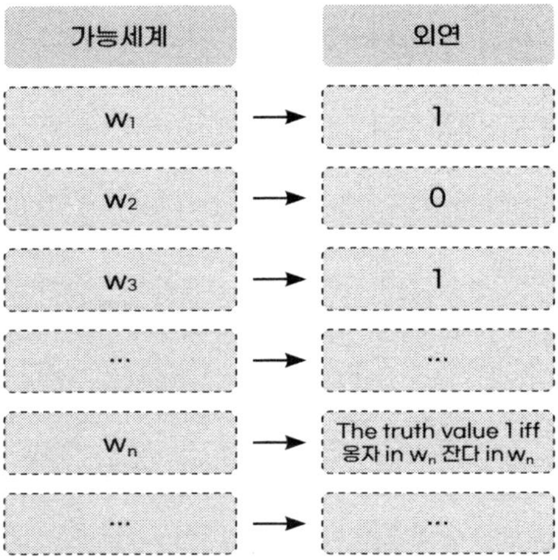

(15가)~(15다)의 의미를 해석할 때 (16가)~(16다)에서 보듯 가능세계를 고려하면, '옹자'의 의미도 어느 가능세계에서 참이 되는지 판단하게 되고 '잔다'의 의미와 '옹자가 잔다'의 의미도 가능세계들을 고려하게 된다. (16가)에서 명사의 내포는 가능세계를 논항으로 취하여 특정 개체를 결과로 내놓고, (16나)에서 술어의 의미는 가능세계를 논항으로 삼아 개체들의 집합을 결괏값으로 내놓는다. 결국 언어 표현의 외연적 의미는 어떤 가능세계에서 평가되느냐에 따라 그 값이 달라진다.

(16가)~(16다)에서 주목할 것은 (16다)이다. (16다)는 문장의 내포 해석 과정을 그림으로 나타낸 것이다. 이 그림을 잘 보면, 문장의 내포는 항상 결괏값으로 진릿값(1 또는 0)을 내놓는다. 그래서 내포 의미론에서 문장의 의미 유형은 t가 아니라 ⟨s, t⟩가 된다. 가능세계를 입력값으

로 받아서 진릿값 1 또는 0을 내놓기 때문이다. 내포 의미론에서의 의미 유형은 아래에서 다시 정리하겠다.

(16)에서 살펴본 것을 토대로 어떤 표현 α의 외연과 내포 의미를 형식 의미론의 방법으로 표상하면 아래와 같다.

(17) 가. $[\![\alpha]\!]^{w,g}$

나. $\lambda w.[\![\alpha]\!]^{w,g}$

(17가)에서 보듯 언어 표현의 의미는 이제 w라는 가능세계를 고려하게 된다. 윗첨자로 쓰인 w는 가능세계를 고려하여 언어 표현의 의미를 해석하라는 것이다. 즉 가능세계 w에서 α의 의미값은 (17가)와 같이 표상한다.[7] 이는 다른 말로 하면 'w에서 α의 외연(extension)'이라고 표현할 수 있다.

그리고 (17나)는 람다 기호를 써서 함수를 표기한 것인데, 모든(임의의) w에서 α의 외연을 구하는 함수라는 것이다. 이것을 보통 α의 내포(intension)라고 부른다.[8]

---

7 종종 형식 의미론 논문이나 책에서 ^a와 같은 표기도 볼 수 있는데, 이 역시 a의 내포를 표상하는 하나의 방법이다

8 람다 계산법(lambda calculus)은 미국의 논리학자이자 수학자인 알론조 처치(Alonzo Church, 1903~1995)에 의해 처음 도입되었다. 람다(λ)는 원래 논항 변항(argument variable) 위에 ^와 같은 기호로 표시($\hat{x}$)될 수 있었으나, 옛날 타자기에서 이러한 표기를 나타내는 것이 어려워 ^ 대신 영어 알파벳 L에 대응되는 그리스 알파벳인 람다(λ)를 사용하게 됐다(이광근 2015: 155). 형식 의미론에서 람다 기호는 함수(function)을 정의할 때 사용된다. 예를 들어 'λx.x+1'은 x를 입력값으로 취하여 x+1을 결괏값으로 반환하는

이제 (17가)처럼 언어 표현 α을 계산하기 위해 평가 세계(evaluation world) w를 도입하게 되면, 우리가 위에서 궁금했던 '고양이'와 '빨갛다'의 내포 의미를 해석할 수 있다. 이들은 이제 모두 가능세계에 의존적인 의미를 지니는 것으로 해석된다.

'고양이'와 '빨갛다'의 의미를 람다 기호를 써서 함수로 표현하면 아래와 같다.

(18) 가. $[\![$고양이$]\!]^{w,g} = [\lambda x \in D_e.$ x is a 고양이 in w$]$

나. $[\![$빨갛다$]\!]^{w,g} = [\lambda x \in D_e.$ x is 빨갛다 in w$]$

(18가)는 모든 세계 w에서, 할당 함수 g를 고려했을 때 '고양이'의 의미는 '개체(entities)들의 집합(domain)에 속하는 x가 w라는 세계에서 고양이다'가 성립하는 것을 뜻한다. (18나)는 모든 세계 w에서 할당 함수

함수를 나타낸다. 의미론에서 람다 표현은 일반적으로 아래와 같이 표기한다.

$$\lambda\alpha \in \beta.\ \gamma$$

람다 옆의 α는 논항(argument)인 변항을 나타내며 'β'는 논항들의 유형(type)을 결정하는 정의역 조건(domain condition)을 나타낸다. 이를 길게 표현하면 '$\lambda\alpha: \alpha \in \beta.\ \gamma$'로 쓰기도 한다. 이는 β에 있는 모든 α는 함수 적용 결과 γ라는 값을 내놓는다는 것을 의미한다. 이를 적용하여 '자다'라는 단어의 의미를 람다식으로 표현하면 '$\lambda x \in D_e.$ x 자다'가 된다. 이를 통해 x라는 변항이 e 유형을 가진다는 것을 알 수 있으며 '자다'라는 술어가 논항을 한 개만 요구하는 한 자리 술어라는 것도 알 수 있다. 또 다른 예로 두 자리 술어인 '사랑하다'는 '$\lambda x \in D_e.$ [$\lambda y \in D_e.$ y(가) x(를) 사랑하다]'로 나타낸다.

g를 고려했을 때 '빨갛다'의 의미는 '개체들의 집합에 속하는 x가 w라는 세계에서 빨갛다'라는 것과 같다는 것을 표상한 것이다.

(16)~(18)에서 논의한 것을 바탕으로 내포 의미론에서의 의미 유형을 정리해보자. 외연 의미만 다룰 때 우리가 정리한 의미 유형은 개체를 나타내는 e 유형과 진릿값을 나타내는 t 유형이었다. 내포 의미론에서는 가능세계를 하나의 논항으로 삼는 의미 유형이 추가되는데, 이는 s로 표시한다. 내포 의미론에서의 의미 유형과 의미 정의역(영역)을 정리하면 아래와 같다.

(19) 의미 유형

가. e, t는 의미 유형이다.

나. 만약 σ, τ가 의미 유형이면 ⟨σ, τ⟩도 의미 유형이다.

다. 만약 σ가 의미 유형이면, ⟨s, σ⟩도 의미 유형이다.

라. 그 외에는 어떤 것도 의미 유형이 아니다.

(20) 의미 정의역(semantic domains)

가. D_e : 모든 가능한 개체(individuals)들의 집합

나. $D_t = \{0, 1\}$: 진리값들의 집합

다. 만약 σ, τ가 의미 유형이면, $D_{<\sigma, \tau>}$는 D_σ에서 D_τ로 가는 모든 함수의 집합

라. σ가 의미 유형이면, $D_{<s, \sigma>}$는 W(가능세계의 집합)에서 D_σ로 가는 모든 함수의 집합

이제 우리는 내포 의미론이 무엇이고 내포가 무엇인지 알게 되었다. 이제야 우리가 이 절에서 다루고자 했던 선어말어미 '–겠–'과 '–었–'의 의미에 대해서 논할 준비가 되었다. 내포 의미론과 관련된 설명을 마무리하기 전에 가능세계를 고려하여 내포 의미를 해석해야 하는 표현들이 아닌, 세계 독립적으로 해석되는 언어 표현 종류에 대해 언급하고자 한다.

가능세계에 따라서 그 의미가 달라지지 않는 어휘 표현에는 어떤 것이 있을까? 즉 어느 세계에서든 그 의미가 같은 언어 표현 말이다. 혹시 여러분의 '이름'이 떠올랐는가? 물론 이름도 가능세계별로 가리키는 대상이 달라질 수 있다고 주장하는 철학자가 있을 수 있다. 그러나 형식 의미론을 다루는 언어학에서는 이름을 고정 지시어로 보아 세계 변항과는 독립적으로 늘 동일한 대상을 지칭한다고 본다. 즉, '메리'라는 이름의 의미는 w_1에서도 메리라는 개체를 지시하고, w_2에서도 메리라는 개체를 지시하며, w_n에서도 메리라는 개체를 지시한다는 것이다. 이는 고유명사의 의미가 모든 가능세계(입력값)에서 동일한 개체(결괏값)를 산출하는 상수 함수(constant function)적 의미를 갖는다고 보는 것이다. 고유명사의 내포 의미는 아래와 같다.

(21) 가. $[\![\text{Noam Chomsky}]\!]^{w, g}$ = Noam Chomsky

나. $[\![\text{옹자}]\!]^{w, g}$ = 옹자

다. $[\![\text{롯데월드}]\!]^{w, g}$ = 롯데월드

이름 외에 또 어떤 어휘형식이 모든 가능세계에서 같은 의미를 가지겠는가? 논리 연산자에 해당하는 '그리고(and)'도 이런 종류에 해당한다. 이 어휘형식의 의미도 어느 가능세계에서나 늘 연언의 논리 연산자로서의 기능을 하기 때문이다.

(22) $[\![그리고]\!]^{w, g} = \lambda p \in D_t.\ \lambda q \in D_t.\ p=q=1$

그리고 '모든'과 같은 양화 한정사의 의미도 모든 가능세계에서 동일한 의미를 가진다. '모든'의 의미는 어떤 집합에 속하는 개체들이 전부 특정 속성을 만족함을 뜻한다. 그래서 개체를 논항으로 취하여 진릿값을 내놓는 함수 두 개를 논항으로 취하는 것이다.

(23) $[\![모든]\!]^{w, g} = \lambda f_{<e,t>}.\lambda h_{<e,t>}.\forall x_e\text{: } f(x) = 1 \rightarrow h(x)= 1$

(23)에서 $f_{<e,t>}$는 개체 영역(D_e)에서 진릿값(t)으로 가는 술어를 나타낸다. 즉 '모든'이 한 자리 술어를 논항으로 취한다는 것이다. 이는 '모든'이 수식하는 명사로서, '모든 사람'의 경우 '사람'에 해당한다. 그 후 $h_{<e,t>}$는 또 다른 술어로 '모든 사람'에 대해 서술한 서술어의 의미 유형을 나타낸다. 가령 '모든 사람이 행복하다'의 '행복하다'는 $h_{<e,t>}$로 표시된다. 그리하여 (23)은 x가 f(x) 조건을 만족하면 반드시 h(x) 조건도 만족한다는 것을 뜻한다.

지금까지 논의하였듯이 내포 의미론에는 가능세계가 도입되는데 꽤 많은 이들이 "문장의 내포를 알면 그 문장의 진릿값도 아는 것이다"라는 오해를 한다. 예를 들어 '철수가 잠을 잔다'라는 문장의 의미를 안다는 것이 실제로 (현실세계에서) 철수가 잠을 자는지, 안 자는지를 아는 것을 뜻한다고 생각하는 것이다. 하지만 그렇지 않다. 비트겐슈타인이 논리철학논고에서 말했던 것처럼, 명제를 이해한다는 것은 그것이 참일 때가 어떤 상황인지를 아는 것이다. 문장의 내포를 안다고 해서 실제로 우리가 지금 그 문장이 현실에서 실현되고 있는가를 알고 있다는 것은 아니다. 문장의 내포를 안다는 것은 그 언어 표현이 언제 참이 되는지 여러 가능한 경우들(=진리 조건들)에 대한 지식을 가지고 있다는 것이다.

3. 어미 '-겠-'의 양상 의미

3.1. 한국어 양상 선어말어미 '-겠-'의 다양한 의미

위에서 논의한 대로 언어는 우리가 현실세계를 인지하고 경험한 바를 그대로 기술하는 데 사용되기도 하고, 여기에서 지금 일어난 일 외의 일들을 표현하는 데 쓰이기도 한다. 여기에 더해 우리는 언어를 통해 어떤 상황에 대한 생각이나 태도를 표현하기도 한다. 예를 들어 옹자가 지금 밥을 먹고 있는 것을 보면서 '옹자가 지금 밥을 먹는다'라고 특정 상황을 그대로 표현할 수도 있지만, '옹자가 지금 밥을 먹어야 한다'라고 말하면서 '옹자가 지금 밥을 먹는 상황'이 필요하다는 화자의 판단을 표현하기도 하는 것이다. 또는 비가 오는 상황을 보면서 '비가 온다'라고 기술하기도 하고, 현재 비가 오지는 않지만, 곧 비가 올 것 같다고 생각하여 '비가 오겠다'라고 말할 수도 있다. 이처럼 화자가 믿는 모든 가능세계에서 어떤 상황이 실현될 가능성의 정도를 나타내는 범주가 바로 양상(modality)이다.[9]

양상을 표현하는 대표적인 문법 요소로 선어말어미 '-겠-'을 들 수 있다. 아래 예에 쓰인 '-겠-'이 모두 동질적인 의미를 지니고 있는지 고민해 보자.

(1) 가. 곧 비가 오겠다.

나. 고향에서는 벌써 추수를 끝냈겠다.

다. 이번 달까지 목표한 바를 달성하겠다.

라. 나도 그 정도 문제는 풀겠다.

마. 들어가도 괜찮겠습니까?

바. 너는 공부를 좀 더 열심히 해야 하겠다.

---

9 가능세계를 도입하여 양상 논리를 바탕으로 형식 의미론적 관점에서 양상(modality)을 논의한 연구로는 Kratzer(1981), Portner(2009), Mun(2016), 양정석(2017), 명정희(2021나), 전영철(2022) 등이 있다. 이와 달리 양상을 '명제에 대한 화자의 태도'로 정의하기도 한다(Lyons 1977 등). 이러한 정의에는 양상 논의에 의미론적 요소 외에 화자의 태도와 관련된 화용론적 요소가 개입된다는 인식이 반영되어 있다. 하지만 '화자의 태도'라는 개념이 포괄할 수 있는 범위가 지나치게 방대하다 보니 '화자의 태도'를 나타내는 양상 표현의 범위나 종류에 대해서는 연구자마다 의견이 다르다. 이 글에서는 양상 해석에 의미론적 요소와 화용론적 요소가 어떻게 관여하는지 체계적으로 분석하고, 다양한 양상 표현들이 지닌 본질적인 의미 특성을 포착하기 위하여 양상 논리를 바탕으로 한 양상의 정의를 따르기로 한다.

사. 네가 해 주면 고맙겠다.

아. 별사람을 다 보겠다.

(1가)~(1아)에 나타난 '-겠-'은 모두 같은 의미를 나타내는가? 아마 대부분 (1가), (1나)에서는 '추측', (1다)에서는 '의지'를 해석했을 것이다. 그러나 (1라)의 '-겠-'은 어떻게 해석되는가? 누군가는 '추측'이라고 생각했을 수도 있고 누군가는 '능력'이라고 생각했을 수도 있다. (1마)~(1아)의 예에 쓰인 '-겠-'의 의미를 파악하기는 한층 더 까다롭다. 만약 맥락에 따라 달라지는 의미를 모두 '-겠-'의 의미로 부여한다면 (마)는 '허가', (바)는 '조언', (사)는 화자의 '현재 상태', (아)는 '놀라움'의 의미를 지닌다고 해볼 수 있겠다.

우리가 이런 식으로 어떤 언어 형식의 의미를 규정한다면, 새로운 맥락에 쓰인 예문이 나올 때마다 새로운 의미를 추가해야 한다. 이처럼 어떤 언어 표현이 맥락에 따라 가지는 구체적인 의미를 모두 그 언어 형식의 의미론적 의미로 인정하는 것은 다양한 의미를 동음이의적인 것으로 처리하는 것이다. 그렇게 되면 하나의 형식이 가진 의미론적 의미가 '-겠1-', '-겠2-', '-겠3-', '-겠4-' … 처럼 무한정 늘어나게 되는 부담도 생긴다. 늘어나는 의미에 붙일 수 있는 숫자도 무한대이고 우리 사전의 용량도 넉넉하다면, 이러한 부담을 기꺼이 받아들일 만하다.

그러나 '-겠-'을 동음이의적인 것으로 처리하더라도 아래 예에서처럼 하나의 예문에서 두 가지 이상의 의미가 동시에 해석되는 경우는 어떻게 설명할 수 있는가?

(2) 가. 내일 우리 집에 오겠는 사람 손 좀 들어봐. (장경희 1985: 53)

나. 이 문제를 풀겠는 사람 손 들어 봐. (장경희 1985: 53)

다. 잘하면 그가 미국 최초의 흑인 대통령이 될 수 있어.

(2가), (2나)에 쓰인 '-겠-'과 (2다)에 쓰인 '-을 수 있-'에서는 '추측'과 '능력'의 의미가 동시에 해석된다. (1)에서 살펴본 '-겠-'의 의미를 동음이의어로 처리하면 (2)의 현상을 설명하기가 난감해진다. 무엇보다 (1), (2)에서 확인한 '-겠-'의 의미를 다 다른 술어로 나타낸다면 '-겠-'이 가진 공통된 의미를 포착하기 어렵다.

이러한 문제 의식을 바탕으로 여기에서는 아래 두 가지 질문에 대한 답을 구하고자 한다. 특히 '-겠-'을 중심으로 한국어 양상 표현의 의미를 설명할 것이다.

(3) 가. 다양한 양상 표현들이 공통적으로 지니고 있는 논리적, 본질적인 특성은 무엇인가?

나. 양상의 다양한 의미가 체계적인 틀 안에서 해석되는 과정은 무엇인가?

위의 (3가), (3나)에 대한 답을 추구하는 것은 양상에 대한 체계적이고 일관된 분석을 시도하는 것과 같다.

3.2. 의미론적 의미와 맥락 의존적 의미의 구분

다양한 맥락에서 사용되는 한국어 양상 어미 '–겠–'의 공통 의미부터 논의해 보자.

(1가)~(1라)의 예를 대상으로 살펴보면 아래 (4)에서처럼 가능성의 의미가 공통 의미로 해석된다.

(4) 가. *내가 알고 있는 정보들에 따르면* 곧 비가 올 **가능성**이 있다.
　나. *내가 알고 있는 정보들에 따르면* 고향에서는 벌써 추수를 끝냈을 **가능성**이 있다.
　다. *나의 내적 목적에 따르면*, 이번 달까지 목표한 바를 달성할 **가능성**이 있다.
　라. *내가 가진 물리적, 환경적 조건과 의지에 따르면* 나에게 그런 문제를 풀 **가능성**이 있다.

(4가)~(4라)는 (1가)~(1라)의 의미를 맥락 정보를 반영하여 구체적인 의미로 풀이한 것이다. 이때 기울임체로 표시된 '~에 따르면'이라는 절은 명시적으로 말하지 않더라도 (1가)~(1라)의 문장을 발화할 때 암묵적으로 반영하고 있는 정보이다. 이러한 정보를 대화 배경(conversational background)이라고 한다(Kratzer 1981). 이를 보면 양상을 해석할 때 적어도 두 가지 요소가 영향을 미치는 것을 알 수 있다. 첫째, 발화에 명시적으로 언급되든 언급되지 않든, 대화 배경이 중요한 영향을 미친다. 둘째, 양상 어미 '–겠–'은 공통적으로 가능성

(possibility)의 의미를 지닌다.

그렇다면 양상 표현이 공통적으로 나타내는 의미는 가능성뿐일까? 양상 표현 중에는 '–겠–'이나 '–을 수 있–'처럼 **가능성**(possibility)의 의미를 지니고 있는 것도 있고, '–어야 하–'처럼 **필연성**(necessity)의 의미를 지니는 것도 있다. 아래 (5)의 담화 맥락에서 나타날 수 있는 두 가지 발화를 통해 가능성과 필연성의 개념을 이해해 보자.

(5) 맥락: 며칠 전 A도시에서 살인 사건이 발생하였습니다. 경찰은 이 살인 사건의 범인을 찾기 위해 조사를 진행하고 있습니다. 경찰들이 그동안 수집한 단서와 증거들을 바탕으로 아래 대화를 나눕니다.

A경찰: 김철수가 사건 당일에 현장 근처에 있었다고 하니까 그가 범인일 수 있어. 하지만 아직 증거가 충분하지 않네.
B경찰: 맞아. 김철수가 범인일 수 있긴 한데, 더 명확한 증거가 필요해.

(6) 맥락: 경찰들은 며칠 후 김철수가 범인이라는 결정적인 증거를 확보합니다. 김철수의 지문이 범행 현장에서 발견되었고, 관련 영상 자료도 발견되었습니다.

A경찰: 이제야 모든 증거들이 김철수를 범인으로 지목하는군.

김철수는 범인일 수밖에 없어.

B경찰: 맞아. 이 증거들에 따르면 김철수가 범인이어야 해. 다른 용의자들은 범인일 리가 없어.

(5)와 같은 맥락에서 경찰관들의 주장은 '그들이 알고 있는 바(in view of what is known)에 따르면' 김철수가 범인일 가능성이 있다는 것이다. 이럴 때 한국어는 '–을 수 있–'과 같은 양상 표현을 사용한다. 반면에 (6)과 같은 맥락에서는, 김철수가 범인이라는 증거가 더 많이 확보되었으므로, 경찰들은 '김철수가 범인이다'라는 명제에 대해 확실성을 갖게 되었다. 이처럼 판단 주체가 알고 있는 증거들에 따라 명제가 참인 것이 확실하다 판단되면, 필연성을 나타내는 양상 표현이 사용된다. 한국어에서는 (6)에 쓰인 '–을 수밖에 없–'이나 '–을 리 없–'과 같은 표현이 필연성을 나타낸다.

(4)~(6)에서 확인한 '가능성'과 '필연성'은 양상 표현들이 공통적으로 지닌 의미론적 의미에 해당한다. 이 글에서는 이러한 의미론적 의미와 맥락에 따라 달리 해석되는 맥락 의존적 의미를 구분한다. (1)의 예에서 확인한 '추측', '의지' 등의 의미는 '가능성'이나 '필연성'이 특정 맥락에서 해석된 결과로서 맥락 의존적 의미에 해당한다. 이처럼 구체적인 양상 의미가 해석되는 데에는 맥락 정보가 중요한 영향을 미치므로, 맥락 의존적 의미의 해석 과정을 이해하는 것은 양상 의미 연구의 핵심적인 과제라고 할 수 있다. 양상의 맥락 의존적 의미가 도출되는 과정은 '3.4절'에서 자세히 다룰 예정이다.

3.3. 의미론적 의미: 가능성, 필연성, 그리고 총칭성

양상 표현의 [가능성], [필연성]과 같은 의미론적 의미는 양상 논리의 가능세계 양화 개념으로 설명할 수 있다.

(7) 가. 슬기가 범인일 리가 없다.

나. 슬기가 범인일 수도 있다.

(8) 가. 너는 놀면 안 된다.

나. 너는 놀아도 된다.

(7가)는 '슬기가 범인이 아니다'라는 명제에 대한 화자의 확신을 나타내고 (7나)는 '슬기가 범인이다'라는 명제에 대한 화자의 추측을 나타낸다.

이러한 의미는 다시 가능세계에 대한 양화로 설명할 수 있다. (7가)는 명제가 모든 접근 가능한 가능세계에서 참이 된다는 것을 나타내므로 [필연성(necessity, □)]을 나타낸다. 이는 명제가 접근 가능한 모든 가능세계에서 참이 됨을 뜻한다. 이는 가능세계에 작용하는 보편(=전칭)양화, ∀로 표상된다.[10]

(7나)는 명제가 참이 되는 가능세계가 한 개 이상 존재한다는 것을

10 어떤 명제가 필연적이라는 것은 그 명제가 참이 되는 세계의 집합에서 그 명제(p)가 논리적으로 귀결될 때에 해당한다(p follows from f(w)). 한편 어떤 명제가 가능하다는 것은 그 명제가 참이 되는 가능세계의 집합과 명제 p가 양립 가능함을 의미한다(p is compatible with f(w))(Kratzer 1981: 43 참고).

의미하여, [가능성(possibility, ◇)]을 나타낸다. 여러 가능성 중 명제가 참이 되는 가능성이 한 개 이상 존재한다는 판단은 가능세계에 대한 존재 양화 ヨ로 표시할 수 있다.

이러한 설명 방식은 양상을 판단하는 판단자에 의해 명제의 참 여부를 판단할 수 있는 가능세계 범위가 한정되는 것을 표상하는 것이다. [필연성]은 화자가 접근 가능한 모든 가능세계에서 명제가 참이 되는 것을 나타내고 [가능성]은 명제가 참이 되는 접근 가능한 가능세계가 한 개 이상 존재함을 나타내기 때문이다.

이때 '접근 가능하다(be accessible from w)'는 것은 무슨 뜻인가? 독립성을 가진 가능세계들(w1, w2, w3, ... wn)이 서로 유사관계를 형성할 때 우리는 도달관계 혹은 접근 가능 관계(relation of accessibility)를 가진다고 한다. 예를 들어 w1과 w2는 서로 독립된 별개의 세계이지만, w1에서 w2가 접근 가능한 세계여야 w2에서 성립하는 명제를 w1에서 평가할 수 있는 것이다. 유사성이 하나도 없는 세계를 놓고 어떤 명제가 두 세계에서 모두 참이 될 가능성을 따지는 사람은 없지 않겠는가? 다시 말하여 '세계 w1로부터 w2로 접근 가능하다'라는 것은 'w2에서 참인 것은 무엇이든 w1에서도 가능하다'가 성립한다는 뜻이다. 예를 들어 우리가 현재 살고 있는 현실세계가 w1이고, w2는 여러분이 상상할 수 있는 가능세계 중 하나라고 해보자. w2는 현실세계의 물리적 원칙이 모두 적용되어 w1와 유사성(similarity)을 지니고 있다. 그래서 w2에서 '비가 오다'가 성립하는 상황과 w1에서 '비가 오다'가 성립하는 상황은 같다. 그렇기에 우리가 상상한 세계(w2)에서 '비가 오다'가 참이면(=

비가 올 가능성이 있다고 판단되면), w1에서도 '비가 올 가능성'이 있다고 보는 것이다. 그리고 이때 w1과 w2는 접근 가능 관계에 있다고 말한다. 또 다른 예를 생각해 보자. '1+1=2'라는 명제는 어떠한 가능세계에서 참이 될까? 모든 가능세계에서 이 명제가 참이 된다면? 이는 모든 가능세계가 같은 논리 체계를 지니고 있다는 것이기에 그들 사이의 접근 가능성이 모두 성립한다고 볼 수 있다. 그렇다면 우리는 현실세계와 나머지 모든 가능세계가 동일한 논리체계를 가지고 있으므로, 현실세계 w1의 논리식도 w2~wn의 가능세계에서 모두 평가할 수 있게 된다. 지금까지 물리 법칙, 논리 법칙만 이야기했는데 도덕 법칙 같은 것도 적용해 볼 수 있다. 우리가 사는 세계에서는 물건이나 돈을 훔치면 감옥에 간다. 다른 가능세계 중 w3에서도 물건이나 돈을 훔치면 감옥에 간다고 해보자. 그렇다면 우리는 'w3은 우리 세계 w1에서 접근 가능하다'라고 말하고, '돈을 훔치면 감옥에 간다'는 명제가 w3에서 참이 된다고 판단할 수 있다. 접근 가능 관계는 보통 R(relation)로 표기하고, 함수로도 나타낼 수 있다.

(9) 가. R(w)(w′): w는 w′과 접근 가능 관계를 가진다.[11]

= w′는 w에서 접근 가능하다.

나. R에 대한 정의

모든 세계 w와 w′ ∈ W, R(w)(w′) = 1 iff w에서 참인 명제는 모두 w′에서도 참이다.

---

11 R(w)(w′)는 wRw′로 표기하기도 한다.

평가세계(보통 현실세계)에서 접근 가능한 가능세계가 한 개 이상 있다면 이는 우리가 평가하고 있는 명제가 참일 [가능성]이 존재하는 것이다. 그리고 평가세계에서 접근 가능한 세계가 전부라면 이는 명제가 참인 것인 [필연적]인 것이다.

이러한 접근 가능 관계를 바탕으로, 양상을 가능세계에 대한 양화로 설명할 때에는 양상 논리(modal logic)에서 성립하는 가능성과 필연성의 관계가 자연어 양상 표현들 사이에서도 성립한다. 양상 논리를 바탕으로 위에서 살펴본 (7), (8)의 예문들 사이의 의미 관계를 다시 살펴보자. (7), (8)의 예문을 다시 제시하면 아래와 같다.

(10) 가. 슬기가 범인일 리가 없다. (=(7가))
= 슬기가 범인이 아닌 것이 확실하다.
나. 슬기가 범인일 수도 있다. (=(7나))
= 슬기가 범인이 아님이 확실하지 않다.

(11) 가. 너는 놀면 안 된다. (=(8가))
= 너는 놀 수 없다.
나. 너는 놀아도 된다. (=(8나))
= 너는 놀 수 있다.

(10가)에서 [[슬기가 범인이-]-ㄹ 리가 없-]은 '슬기가 범인이-'라는 명제(P)의 가능성(◇)을 부정하고 있다. [가능성]의 부정(~◇P)은 부정문의 필연성(□~P)과 동의 관계를 맺는다. 이는 (10가)와 동의문인 [[슬

기가 범인이 아니-]-ㄴ 것이 확실하-]에서 확인된다. 또한 (10나)처럼 [가능성](◇P)이 [필연성]의 부정(~□P)과 동의 관계를 맺는 것은, [[슬기가 범인이-]-ㄹ 수도 있-]과 [[[슬기가 범인이 아니-]-ㅁ이 확실하-]-지 않-]]]이 동의문이라는 자연어 현상에도 적용된다.

가능성과 필연성의 관계는 (11)의 부정 관계에서도 드러난다. (11가)는 '너는 놀지 않-'이라는 부정문에 대한 필연성 표현과 같다. 즉 '너는 놀지 않아야 한다'와 동의문으로 '□~P'라고 나타낼 수 있다. 이는 곧 '너는 놀 수 있-'다는 가능성을 부정하는 것과 같은 것이므로, '너는 놀 수 없다, 너는 놀 수 있지 않다' 등으로 표현할 수 있다. 한편 (11가)를 부정하면 '~(□~P) = ◇P'이다. 이는 (11나)처럼 '너는 놀아도 된다'나 '너는 놀 수 있다'와 같은 가능성의 양상문으로 나타낼 수 있다. 즉 (11가)와 같이 금지를 나타내는 필연성 문장을 부정하면 (11나)처럼 허가를 나타내는 가능성 문장이 된다. 이는 '~(□~P) [not p가 필연적이지 않음] = ◇P [p가 가능함]'과 같은 논리적 관계를 반영한다.

지금까지 논의한 것에서 알 수 있듯이, 가능세계에 대한 양화 개념은 우리가 사용하는 자연어 양상 문장들 사이의 관계를 설명하는 데에 적절한 틀을 제공한다. 또한 양상 표현이 결합하여 나타내는 다양한 의미들이 [가능성]과 [필연성]의 개념으로 대립 관계를 형성하는 것을 알 수 있다. 그런데 아래 예문을 보면, 위에서 제시한 양상 논리만으로는 자연어에 나타나는 양상 의미들을 모두 포착해 내기가 어려워 보인다.

(12) 가. 새는 {나는 법이다, 날기 마련이다}

나. 아기들은 원래 {우는 법이다, 울기 마련이다}

전통적 양상 논리에 따르면 양상적 힘은 [가능성]이나 [필연성], 이 두 가지로 나타나 쌍대성(duality) 관계를 가진다. 그리하여 (10), (11)에서 보았듯 '◇P(P가 가능하다) ↔ ~□~P(P가 반드시 거짓인 것은 아니다)'와 '□P(P가 반드시 참이다) ↔ ~◇~P(P가 거짓일 가능성이 없다)'와 같은 상호 변환 관계를 가진다. 그렇다면 (12)에 결합한 '-은 법이-'나 '-기 마련이-' 같은 구문은 [가능성]이나 [필연성]으로 설명할 수 있는가?

[가능성] 양상 문장은 명제가 접근 가능한 세계들 중에서 단 하나의 가능세계에서 성립하면 참이 된다. 그러나 (12가), (12나)에 쓰인 '-은 법이-', '-기 마련이-' 구문은 명제가 나타내는 상황이나 사건이 어쩌다 한 번 성립한다고 해서 사용될 수 있는 구문이 아니다. 가령 '#어쩌다가 여름은 더운 법이야'라는 문장은 매우 어색하다.

여러 국어학 논의에서도 이미 언급한 것처럼, '-은 법이-'나 '-기 마련이-'는 어떤 사건이 당연하고 일반적인 사실로 판단될 때 사용된다. 이러한 관점에서라면, '-은 법이-', '-기 마련이-' 구문은 [가능성] 양상으로 구분하기 어렵다. 그렇다고 해서 이들을 지금까지 우리가 설명한 [필연성]으로도 설명하기 어렵다. [필연성]은 양상 논리에서 보편 양화에 대응되는 만큼 모든 가능세계에서 명제가 참이 됨을 나타내는데 아래 예에서 보듯이 '-은 법이-' 구문은 예외를 인정하기 때문이다.

(13) 가. 새는 나는 법이다. 그런데 날지 않는 새도 있다.

나. 아기들은 원래 우는 법이다. 그런데 울지 않는 아기도 있다.

이처럼 예외를 허용하되, 일반 상식이 통하는 전형적인 세계에서는 일반적으로 명제 내용이 참이 되는 것은 [가능성]이나 [필연성]이 아니라 [총칭성(genericity, GEN)]으로 포착할 수 있다. [총칭성]을 가능세계에 대한 양화적 관점에서 설명하면, '어떤 상황이 접근 가능한 세계에서 대개, 일반적으로 성립하되, 예외도 인정한다'는 것이다. 이때 예외가 인정된다는 특성에서도 알 수 있듯이 총칭성은 가능성보다는 강한 개념이고 필연성보다는 약한 개념이다.

그렇다면 [총칭성]의 의미는 어떻게 표상할 수 있는가? 지금까지 논의한 [가능성]이나 [필연성]과 다른 제3의 연산자라고 본다면, '일반적이고 전형적임'을 나타내는 총칭 연산자(GEN)를 새로 도입하는 것이 하나의 방법이다. 그렇다면 아래 (14)처럼 일반적이고 전형적인 맥락으로 접근 가능한 세계의 범위를 한정할 수 있을 것이다.

(14) 아기들은 우는 법이다. (참고. 아기들은 운다.)

가. GENx, s[아기(x) & C(x, s)][운다(x, s)]

나. x가 아기이면서 화자의 판단에 일반적이고 전형적인 것이 성립하는 맥락 C가 성립한다면 x는 운다.

(15) 가. 아기들은 원래 우는 법이다.

나. (평소에 울지 않는 철수) 철수는 아기이다.

다. 따라서 철수는 우는 법이다.

(14)의 '–은 법이–' 구문을 총칭성으로 표현한다면 (14가)로 나타낼 수 있고 (14나)와 같이 조건문으로 풀이할 수 있다. 이는 '화자의 주관적 판단 하에, 일반적이고 전형적인 것이 성립하는 맥락에서 x가 아기라면 x는 운다'라는 의미로 풀이된다.

그러나 총칭성 연산자를 새로 도입한다 하더라도, 여전히 [총칭성]이 나타내는 것이 무엇인가라는 문제는 해결되지 않은 숙제이다. [총칭성]을 위에서 논의한 [필연성]의 개념으로 치환하여 표상할 수는 없는 것인가? 또는 [가능성]으로 치환할 수는 없는 것인가? 이러한 질문에 답하고 총칭성 연산자가 새로 도입되는 것이 타당한지 밝히기 위해서는 '–은 법이–' 구문 등이 표현하는 총칭성이 가능성이나 필연성으로 설명하기 어렵다는 논증이 필요하다. 이에 대한 자세한 논의는 제9장에서 자세히 다룬다.

3.4. 맥락 의존적 의미의 도출 과정

지금까지 양상 표현의 의미론적 의미인 [가능성], [필연성], [총칭성]에 대해 살펴보았다. 여기서는 의미론적 의미에서 구체적인 맥락 의존적 의미들이 도출되는 과정에 대해 논의하고자 한다.

3.4.1. 관여 맥락

우리는 양상 논의를 시작하면서 아래 (16가)~(16라)의 예문을 보았고, 이 예문들을 맥락 정보를 바탕으로 해석하면 아래 (17가)~(17라)와 같이 풀이된다고 하였다.

(16) 가. 곧 비가 오겠다.
    나. 고향에서는 벌써 추수를 끝냈겠다.
    다. 이번 달까지 목표한 바를 달성하겠다.
    라. 나도 그 정도 문제는 풀겠다.

(17) 가. *내가 알고 있는 정보들에 따르면* 곧 비가 올 가능성이 있다.
    나. *내가 알고 있는 정보들에 따르면* 고향에서는 벌써 추수를 끝냈을 가능성이 있다.
    다. *나의 내적 목적에 따르면* 이번 달까지 목표한 바를 달성할 가능성이 있다.
    라. *내가 가진 물리적, 환경적 조건과 의지에 따르면* 나에게 그런 문제를 풀 가능성이 있다.

(17)을 보면 맥락의 내용이 양상의 구체적 의미 해석을 결정한다는 것을 알 수 있다. (17가)~(17라)에서 '~에 따르면'이 구체적인 맥락 정보를 보여주는데 이 맥락 정보라는 것은 화자가 명제의 진릿값을 판단한 근거와 같다. 예를 들어 (17가)에서 화자가 '비가 올 가능성이 있다'고 판단한 이유는 화자가 알고 있는 정보들이 존재했기 때문이다. 그리하

여 화자가 아는 내용들을 조합해 봤을 때 비가 올 가능성이 결론으로 도출된 것이다.

어떠한 상황이 참일 가능성 정도를 판단할 때 고려하는 맥락 정보의 종류는 크게 우리들의 인식 정보를 바탕으로 한 것(인식 맥락)과 상황에 존재하는 사건 참여자나 사건이 발생할 수 있는 주변 상황 정보(사건 맥락)로 나누어진다.

(17가)와 (17나)의 화자가 상황을 판단할 때 관여한 맥락 정보들을 구체화하면 아래와 같다.

(18) 가. (17가)의 관여 맥락

내가 알고 있는 정보들

= {하늘이 흐리다, 하늘에 구름이 많다, 공기 중 수증기가 많아 매우 습하다…}

나. 곧 비가 오겠다.

(19) 가. (17나)의 관여 맥락

내가 알고 있는 정보들

= {지금은 10월 중순이다, 고향에서는 10월 초에 보통 벼를 추수한다…}

나. 고향에서는 벌써 추수를 끝냈겠다.

(18가), (19가)에 구체화된 관여 맥락을 보면 명제들의 집합(set of propositions) 형태로 구성되어 있다. 예를 들어 (18가)에서 '하늘이 흐리

다, 하늘에 구름이 많다' 등과 같은 명제들은 '곧 비가 오다'라는 명제가 성립하는 정도성을 판단할 때 화자가 고려한 인식 정보들이다. 이러한 맥락 정보들을 바탕으로 명제의 [가능성]이나 [필연성]이 판단된 양상을 국어학(언어학)에서는 인식 양상(epistemic modality)이라고 부른다. 인식 양상에 관여하는 맥락 정보들은 공통적으로 명제의 실현 가능성을 판단하기 위해 화자가 인식한 증거나 상식 등의 정보로 구성된다.

다음으로 (17다)의 맥락에 관여하는 정보의 특징을 살펴보자. 이들은 명제의 실현 가능성을 판단하기 위해 화자가 인식한 증거들로 구성되는 것이 아니라, 사건 참여자에게 사건을 실현시킬 가능성이 있는가에 관여하는 정보들로 구성된다.

구체적으로 (17다)의 명제는 사건 참여자에 의해 가능한 사건이라고 할 수 있다. (17다)의 관여 맥락을 구체화하면 아래와 같다.

(20) 가. (17다)의 관여 맥락

사건 참여자가 설정한 목적

= {이번 달에 논문 10편을 읽는다, 논문 10편 읽는 건 어렵지 않다…}

나. 이번 달까지 목표한 바를 달성하겠다.

(20가)와 같은 맥락 정보들을 바탕으로 (20나)를 발화하면 '-겠-'에서 '추측'의 의미가 해석되지 않고 '의지'의 의미가 해석된다. 이처럼 의

지가 해석되는 데 관여하는 맥락 정보들은 사건 참여자의 내적 믿음과 관련된다. 이는 기존 논의에서 동적 양상(dynamic modality)으로 분류되기도 하고 의도(intention) 양상으로 독립되어 분류되기도 하였다.[12]

다음으로 (17라)의 맥락에 관여하는 명제들은 어떤 특성을 지니는가? '내가 그런 문제를 풀 가능성이 있다'고 판단하는 데 관여하고 있는 맥락 정보 역시 (17다)의 맥락처럼 사건 참여자와 관련된 정보들로 구성된다.

(21) 가. (17라)의 관여 맥락

사건 참여자가 처한 물리적, 환경적 조건

= {그런 문제는 쉽다, 나는 그런 문제를 많이 풀어 봤다…}

나. 나도 그 정도 문제는 풀겠다.

(21나)를 발화한 화자는 자신에게 그 정도 문제를 풀 가능성이 있음을 어떤 근거로 판단했는가? (21가)와 같은 사건 참여자 관련 정보들을 기반으로 한다. 이때 (21나)의 '-겠-'의 맥락 의존적 의미는 '능력'으로 해석되는데, '능력' 역시 '의지'와 마찬가지로 사건 참여자와 관련된 정보들을 바탕으로 사건 참여자에게 사건을 실현할 가능성이 있는지 판단할 때 도출된다. 이에 기존 논의에서는 '능력'을 '의지'와 같이 동적 양상으로 분류하였다.[13] 이 글에서는 인식 양상 해석이 도출되는 데

12 의도 양상을 다른 동적 양상과 독립적으로 분류한 논의는 양정석(2017: 101~102)를 참고할 수 있다.

13 (20), (21)에 제시한 양상은 기존 논의에서 동적 양상, 정황(circumstantial)

관여하는 맥락을 인식 맥락이라고 하고, 사건 참여자와 관련된 양상이 도출되는 맥락을 사건 맥락이라고 부르겠다. 이를 정리하면 아래 〈표 1〉과 같다.

〈표 1〉 맥락 의존적 의미를 결정하는 관여 맥락의 종류

관여 맥락 종류	특징	예
인식 맥락	명제가 참이 될 가능성의 정도를 판단할 때 참고하는 화자의 인식 내 증거들	가. 곧 비가 오겠다. 나. 고향에서는 벌써 추수를 끝냈겠다.
사건 맥락	사건 참여자에 의하여 사건이 성립할 가능성 정도를 판단할 때 참고하는 사건 참여자 관련 정보들	가. 이번 달까지 목표한 바를 달성하겠다. 나. 나도 그 정도 문제는 풀겠다.

〈표 1〉에 제시하였듯이 양상의 맥락 의존적 의미를 결정하는 관여 맥락에는 크게 '인식 맥락'과 '사건 맥락'이 있다. '사건 맥락'은 사건 참여자의 내적 동기나 능력과 관련된 정보들로 구성되는 경우도 있지만 아래 예들처럼 사건 참여자의 행위에 영향을 미치는 외부 규칙이나 관습으로 구성될 수도 있다.

(22) 가. {반드시, 꼭} 철수가 식당에 가야 한다.

나. [[철수가 식당에 가-]-아야 하-]

양상, 행위(act) 양상과 같은 다양한 술어로 칭해 왔다. 한편 인식 양상 외 나머지 양상은 모두 비인식 양상 혹은 뿌리 양상(root modality)으로 분류되기도 한다. 양상 분류와 관련하여 자세한 논의는 손혜옥(2016), 명정희(2021나)를 참고하기 바란다.

위의 (22가)에 쓰인 '-어야 하-' 구문의 의미론적 의미는 [필연성]이다. '-어야 하-'의 [필연성]도 관여 맥락에 따라 다양한 맥락 의존적 의미로 세분화된다.

(23) 가. 관여 맥락

사건 참여자가 지켜야 할 규칙, 관습

= {철수는 식당 아르바이트 시간에 맞춰 식당에 가야 월급을 받는다, 아르바이트 시간을 지키지 않으면 아르바이트를 지속하지 못한다…}

A: 철수가 왜 수업 끝나자마자 뛰어 나갔어?

B: 철수 식당 아르바이트하잖아. 아르바이트 잘리지 않으려면 식당에 가야 해서 빨리 나갔대.

나. 관여 맥락

사건 참여자가 소망하는 바

= {철수는 맛있는 음식을 좋아한다, 맛집이 있으면 꼭 가서 먹어보는 것을 좋아한다…}

A: 철수 진짜 맛집 가는 거 좋아하는 거 같아.

B: 그치? 철수가 그 식당에 가 봐야 해. 거기 진짜 맛있는데.

(23가)에서 철수가 지켜야 하는 규칙들에 따르면 [철수가 식당에 가-]는 것은 필수적이다. 그리고 (23나)에서는 철수가 소망하는 바에

따랐을 때, [철수가 식당에 가-]는 것이 필수적이다.

(23가), (23나)의 관여 맥락은 모두 사건 참여자에 의해 사건이 성립하기 위해 필요한 조건들에 해당하므로 사건 맥락에 해당한다. 하지만 관여 맥락의 종류가 '-겠-'에서 '의지'나 '능력'이 해석될 때 관여하는 세부 맥락 정보와 또 다르다. (23가)는 사건 참여자가 지켜야 하는 규칙들, 관습들에 근거했을 때, 철수가 '학교 앞 식당에 가는' 행위가 필수적이므로 이때는 '-어야 하-'에서 '의무'가 해석된다. (23나)는 사건 참여자가 원하는 바를 얻고 싶을 때 철수가 '식당에 가는' 행위가 필수적이므로, 이때는 '-어야 하-'에서 '선호' 또는 '소망'의 의미가 해석된다. 이처럼 관여 맥락의 세부 내용에 따라, '-어야 하-'는 '의무'의 의미로 해석되기도 하고 '선호' 또는 '소망'의 의미로 해석되기도 하는 것이다.

3.4.2. 관여 맥락과 문장 의미 합성

지금까지 맥락 의존적 의미가 도출되는 데 영향을 미치는 관여 맥락의 종류에 대해 알아보았다. 여기서는 지금까지 살펴본 내용을 바탕으로 관여 맥락이 문장 전체의 의미가 합성될 때 어떻게 작용하는가에 대해서 알아보고자 한다. 맥락 의존성을 양상 해석 과정에 반영하기 위하여 3.3절에서 제시한 접근 가능 관계(accessibility relation)를 떠올려 볼 수 있다. 관여 맥락이라는 것은 결국 명제가 모든 가능세계에서 판단되는 것이 아니라, 특정한 접근 가능세계에서 참이 되도록 한정하는 역할을 하기 때문이다.

접근 가능한 세계에서 명제가 항상 참이 되는 경우를 예로 들어 설명하기 위하여 가능세계의 집합에 w0, w1, w2, w3만 있다고 가정해 보자. 그리고 명제는 '철수가 집에 있다'이다. 우리가 해석할 양상 문장은 아래 (24)의 '철수가 집에 있어야 한다'이다.

(24) 철수가 집에 **있어야 한다**.

가. W(모든 가능세계의 집합), W = {w0, w1, w2, w3}

철수가 실제로 어디에 있는지 정확하게 단언할 수 없는 상황에서 접근 가능한 4가지 세계.

나. $[\![-\text{어야 하}-]\!]^{w,g} = \lambda f_{\langle s,st\rangle}.\lambda q_{\langle s,t\rangle}.\forall w'\text{: } f(w)(w') = 1 \rightarrow q(w') = 1$

위의 (24나)에서 f 함수는 특정 세계(s)를 논항으로 취해서 다른 세계 w'로의 접근 관계를 나타내는 함수다. 〈s, st〉에서 오른쪽에 있는 st는 〈s, t〉를 줄여 표기한 것이다. 〈s, t〉는 가능세계에서 1 또는 0을 따져 보는 것을 표기한 것으로 가능세계의 집합이라고 볼 수 있다. 따라서 〈s, st〉는 특정 세계를 취해서 (이 세계로부터) 접근 가능한 세계들의 집합을 내놓는 함수를 나타낸다.

(24)의 양상 문장을 해석하기 위해 '–어야 하–'의 의미를 접근 가능성 함수로 표상하면 (24나)와 같다. '–어야 하–'는 접근 가능성 함수를 논항처럼 취하고 명제 q도 또 다른 논항으로 취한다. 마치 타동사가 두 개의 논항(주어, 목적어)을 취하는 것과 같은 모습이다. '–어야 하–'는 '–어야'와 '–하'로 더 분석될 수 있지만 논의의 편의상 '–어야 하–'

전체를 하나의 양상 구문으로 다루어 (24)의 의미 구조를 의미 유형의 합성 과정과 함께 제시하면 아래와 같다.

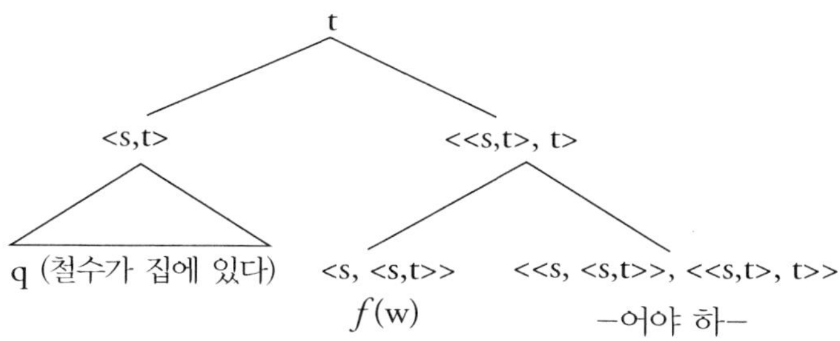

〈그림 1〉 '–어야 하–'의 의미 합성 과정

위의 〈그림 1〉에서 '–어야 하–'의 의미가 합성되는 과정을 보면 '–어야 하–'가 접근 가능한 세계로 연결하는 함수 *f*(w)를 하나의 논항으로 취한 후 명제 q를 두 번째 논항으로 취하는 것을 확인할 수 있다. 이는 '–겠–'의 양상 의미를 해석할 때도 적용되고 다른 모든 양상 표현의 해석 과정에도 똑같이 적용된다. 즉 양상 표현은 양상 판단에 관여하는 맥락 정보도 하나의 논항으로 취하고, 판단의 대상인 명제도 하나의 논항으로 받는 것이다.

그런데 (24나)의 식, 〈그림 1〉에서의 *f*(w)의 의미 유형을 보며 한 가지 생각해 볼 것이 있다. 결국 *f*(w)는 접근 가능 관계에 있는 세계들을 연결하는 함수의 기능을 하는데, 이것만으로 우리가 지금까지 3.4절에서 논의한 관여 맥락의 종류들을 다 반영할 수 있을까?

쉽게 생각해 보기 위하여, 가능세계를 w0~w3로 한정한 모형을 가정하고 다시 이야기해 보자. w0~w3이 아래 (25)와 같은 세계라고 가정해 보면, 명제 q(철수가 집에 있다)는 w0에서 접근 가능한 w1, w2, w3에서 모두 참이 된다.

(25) w1: 철수는 보통 학교가 끝나면 집에 간다.
w2: 철수가 몸이 아파서 집에 갔다.
w3: 철수는 줌으로 조모임을 하려고 집에 갔다.

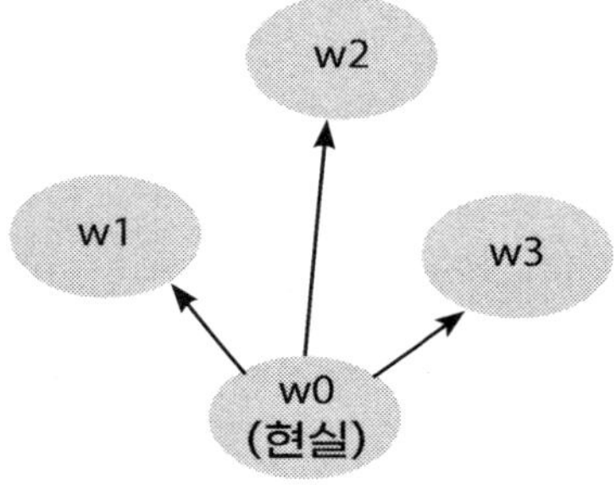

(25)에 제시한 접근 가능한 세계 w1~w3에서 '철수가 집에 있다'는 항상 참이 된다. 그런데 만약 w3이 '철수는 유럽에서 여행 중이다'라는 명제가 참이 되는 세계라면, '철수가 집에 있다'는 w3에서 참이 될 수 없으므로(철수가 유럽에 있으면서 동시에 집에 있을 수는 없지 않은가!), w0에서 접근 가능한 모든 세계에서 참이 되는 것이 아니다. 따라서 그때는 아래 (26)과 같은 접근 가능성 관계를 가질 것이고, (27)의 '–을 수 있–' 구문이 사용될 것이다.

(26)

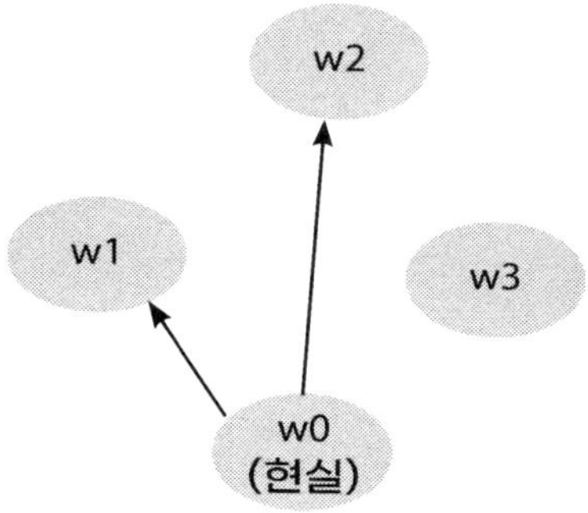

(27) 가. 철수가 집에 있을 수 있다.

나. $[\![-\text{을 수 있}-]\!]^{w,g} = \lambda f_{\langle s,st\rangle}.\lambda q_{\langle s,t\rangle}.\exists w'{:}\ f(w)(w') = 1\ \&\ q(w') = 1$

이처럼 접근 가능성 관계를 바탕으로 양상의 의미를 설명하면 [가능성], [필연성] 양화 개념이 잘 설명된다. 그러나 이 함수만으로는 (17)~(23)에서 살펴본 관여 맥락 정보를 반영하기 어렵다. 접근 가능성 관계는 특정 세계에서 다른 세계로의 접근성만을 제공하는 함수이기 때문에 화자가 명제를 판단할 때 고려하는 구체적인 증거나 규칙, 목표 등의 정보들을 반영할 수 없기 때문이다. 어떤 명제의 가능성, 필연성이 판단될 때에는 모든 접근 가능세계를 대상으로 하는 것이 아니라, 인식 맥락을 바탕으로 했을 때 명제가 참이 되는 세계인지 사건 맥락을 바탕으로 했을 때 명제가 참이 되는 세계인지 여부가 고려되어야 한다. 이러한 점을 반영하여, Kratzer(1981)는 접근 가능성이 대화 배경이라는 매개변인을 가진 상대화된 함수임을 밝혀 냈다. 위에서 살펴본 관여 맥락은 명제들의 집합으로 구성되므로, 이를 대화 배경이라는 함수 식으로 나타내는 것이다. 이렇게 하면 단순히 세계와 세계 간의 관계(접근 가능세계)가 아니라 그 세계에서 어떤 명제들이 성립하는가를 기반으로 양상 연산자(가능성, 필연성)의 해석 결과를 산출할 수 있다.

따라서 대화 배경(이 논의에서는 관여 맥락으로 논의했던 것) 함수는 가능세계를 취해서 접근 가능한 세계들의 집합을 내놓는 것이 아니라, 가능세계를 취해서 p가 참이 되는 명제들의 집합을 내놓는다.

구체적인 대화 배경(관여 맥락) 함수를 적용하기 위해 아래 (28), (29)의 예를 보자.

(28) A: 철수가 오늘 왜 집에 있어야 해?

B: 철수는 어제 엄마한테 혼나서 오늘 하루종일 집에서 나갈 수 없게 됐대. 집의 규칙이 엄한가 봐. 그래서 철수는 오늘 하루 종일 <u>집에 있어야 해</u>.

(29) 관여 맥락을 구성하는 명제들의 집합:

{s(철수 부모님은 철수가 잘못하면 집에 머물게 한다), q(철수는 어제 잘못해서 벌을 받았다), r(철수는 오늘 집에서 나갈 수 없는 벌을 받았다)…}

(29)를 보면 '철수가 오늘 집에 있다'가 참이 될 수 있는 명제들에는 's, q, r'이 있다. 그리고 현실세계를 w0이라고 했을 때 s, q, r이 참이 되는 세계를 아래와 같이 가정해 보자.

(30) 가. w1에서 참이 되는 명제 {s, q, r}

나. w2에서 참이 되는 명제 {s, q, r, g, c}

다. w3에서 참이 되는 명제 {s, g, c}

w0에서 의무적으로(deontically) 접근 가능한 세계는 s, q, r이 모두 참이 되는 w1과 w2이다. 이 세계은 현실세계에서 지켜야 하는 규칙이나 관습이 유지되는 세계다. 한편 w3에는 q, r이라는 명제가 없기 때문에, 이 세계에서는 '철수가 오늘 집에 있다'가 반드시 성립하지 않는다.

위와 같이 접근 가능세계를 대화 배경이라는 매개 변수를 고려하여 다시 해석하면, 특정 관여 맥락(대화 배경 정보)에 따라 명제의 가능성, 필연성을 고려하게 된다. 그리고 관여 맥락을 구성하는 명제들의 교집합(∩(P))을 선택하게 된다. 그래서 여러 가능세계 중에서도 '(29) 규칙이 적용되는 세계들'만을 뽑아낼 수 있다. 이를 기호화하여 나타내면 아래와 같다.

(31) $[\![$–어야 하–$]\!]^{w,g} = \lambda M_{\langle s, \langle st, t\rangle\rangle}.\lambda p_{\langle s,t\rangle}.\ \cap(M(w)) \subseteq p$

(31)에서 '–어야 하–'의 의미를 해석할 때 필요한 논항은 *M*이라는 함수와 p라는 명제이다. 이때 *M*은 대화 배경, 즉 관여 맥락을 결정하는 함수이다. 관여 맥락은 크게 인식 맥락과 사건 맥락이 있지만, 사건 맥락 같은 경우는 '규칙을 기반으로 한 명제들', '사건 참여자의 내적 목적', '사건 참여자의 소망' 등으로 더 세분화된다. 이러한 관여 맥

락은 규칙이나 화자의 소망 등이 명제 형식으로 표현되어 명제들의 집합이라고 규정할 수 있다. 따라서 *M*은 가능세계를 논항으로 취해서 명제들의 집합을 결괏값으로 내놓는 함수이므로 ⟨s, ⟨st, t⟩⟩의 의미유형을 가진다.

지금까지 살펴본 내용을 적용하여 이 장에서 애초에 보고자 했던 '-겠-'의 의미를 정리해 보자. '-어야 하-'와 마찬가지로 관여 맥락에 의해 선행 명제를 판단할 수 있는 가능세계가 결정되고, 가능세계에 대한 양화를 바탕으로 [가능성]의 의미가 결정된다. '-겠-'의 의미를 함수로 표현하면 아래와 같다.

(32) $[\![\text{-겠-}]\!]^{w,g} = \lambda M_{\langle s, \langle st, t\rangle\rangle}.\lambda p_{\langle s,t\rangle}.\ \cap(M(w)) \ \&\ p \neq \emptyset$

'-어야 하-' 구문과 달리 '-겠-'은 [가능성]을 나타내므로 (32)에서처럼 관여 맥락을 구성하는 명제들의 집합이 참이 되는 교집합과 '-겠-' 앞에 오는 명제가 참이 되는 집합이 공집합이 아니면 되는 것이다.

이 장에서는 2절에서 논의한 내포 의미론의 접근 방법을 취하여 한국어 양상 선어말어미 '-겠-'의 의미에 대하여 논의하였다. 그 결과 '-겠-'의 의미론적 의미와 맥락 의존적 의미를 구별하여 해석해야 한다고 주장하였고 '추측, 의지, 능력'과 같은 의미는 모두 맥락 의존적 의미에 해당한다고 보았다. 그리고 '-겠-'의 의미론적 의미는 양상 연산자의 하나인 [가능성]에 해당한다고 보고, 이러한 [가능성]이 관여 맥락의 종류에 따라 구체적인 맥락 의존적 의미(추측, 의지, 능력 등)로 분화됨을 살펴보았다. 그리하여 '–겠–'이 문장의 의미 합성 과정에 참여할 때에는 (32)에 제시한 것처럼 관여 맥락을 고르는 함수(대화 배경 함수)와 명제를 논항으로 취하는 함수의 역할을 한다고 주장하였다.

이러한 설명은 3.1절을 시작하며 제시한 '–겠–'의 다양한 의미 중 (1가)~(1라)의 의미를 체계적으로 설명하게 해 준다. (1)의 예문을 다시 제시하면 아래 (33)과 같다.

(33) 가. 곧 비가 오겠다.
나. 고향에서는 벌써 추수를 끝냈겠다.
다. 이번 달까지 목표한 바를 달성하겠다.
라. 나도 그 정도 문제는 풀겠다.
마. 들어가도 괜찮겠습니까?
바. 너는 공부를 좀 더 열심히 해야 하겠다.
사. 네가 해 주면 고맙겠다.
아. 별사람을 다 보겠다.

우리는 (33가)~(33라)에 대한 궁금증을 해결하였으나, (33마)~(33아)에 쓰인 '–겠–'의 의미에 대해서는 깊이 논의하지 않았다. (33마)~(33아)에 나타난 '–겠–'도 [가능성]의 의미로 포착할 수 있는가부터 고민해야 할 것이다. (33마)는 의문문으로 청자에게 양상 판단을 요구하고 있는 문장이다. 그런데, '들어가도 괜찮습니까?'라는 문장과 '들어가도 괜찮겠습니까?'라는 문장의 의미 차이가 '–겠–'의 맥락 의존적 의미인

추측 등으로 나누어지는 것 같지 않다. 왜냐하면 (33마)의 발화가 청자에게 자신이 들어가도 괜찮은 것인지에 대한 추측을 요구하는 것은 아니기 때문이다. 청자에게 추측 판단을 요구하는 문장으로는 '내일 비가 오겠어?', '너가 생각했을 때, 철수가 시험에 합격하겠어?'와 같은 문장들이 있으니 이들과 비교해 보면 된다. 확실히 (33마)의 '-겠-'은 청자에게 특정 맥락 정보를 바탕으로 명제에 대한 [가능성] 판단을 요구하는 것은 아니다. 그러면 이때 '-겠-'은 어떠한 기능을 하는가? '-겠-'의 의미론적 의미인 [가능성]이 의사소통 과정에서 청자의 부담을 줄여주는 기능을 하게 된 것으로 해석할 수 있다. '들어가도 되겠습니까?'라고 했을 때 청자가 허가할 수 없는 상황을 생각해 보자. 이때 청자는 '들어올 수 없습니다'라고 단언할 상황에 놓이게 된다. 이는 청자에게 꽤나 부담이 되는 상황이다. 그러나 화자가 '들어가도 되겠습니까?'라고 '-겠-'을 사용함으로써, 청자에게 단언의 대답이 아닌 가능성 판단의 대답을 할 수 있는 기회를 준다면 어떻겠는가? 청자는 요청에 대한 거절을 하여도 부담스럽지 않다. 애초에 화자가 추측할 것을 요구한 것이기 때문에, 청자는 무슨 대답을 하더라도 자신이 단언한 것이 아닌 게 되기 때문이다.

이러한 접근 방법을 취하면 (33바), (33사)도 동일한 방법으로 설명할 수 있다. '너는 공부를 열심히 해야 한다'보다 '너는 공부를 열심히 해야 하겠다'가 더 부드러워 보이는 이유가 여기에 있다. 그리고 '네가 해주면 고맙다'도 고마움의 표현이 아니라, 상대방에게 요청하는 맥락에서 쓰인 것이므로 화행 측면에서는 요청, 부탁의 발화이다. 따라서 '네가 해 주면 고맙다'에 '-겠-'을 붙이면 직접적인 부탁이 되지 않는 효과를 거둔다. 마지막으로 '별사람을 다 보겠다'는 (33마), (33바), (33사)에 비해 '-겠-'이 없는 '별사람을 다 본다'라는 표현과 비교했을 때 의미 차이를 발견하긴 어렵다. 그러나 (33아)도 (33마)~(33사)를 해석한 방법과 일관된 방법으로 해석해 보자. '별사람을 다 본다'를 상대방의 면전 앞에서 이야기하는 것보다 '별사람을 다 보겠다'를 상대방 앞에서 이야기하는 것이 조금이나마 상대방에게 주는 영향이 적다고 판단한 것이 아닐까.

이 장에서는 '-겠-'이 쓰인 모든 예문들을 다루지는 못하였다. 그러나 일반적으로 쓰이는 '-겠-'의 의미들, '-겠-'과 같은 양상 어미가 다양한 의미로 해석되는 현상 자체를 설명할 수 있는 틀을 제시하였다. '-겠-'의 본질적인 특성(양상 연산자로 [가능성]의 의미를 지님)을 알고 있다면, (33마)~(33아)처럼 의사소통의 특수한 효과를 얻게 되는 현상까지 설명할 수 있다.

4. 어미 '-었-'의 시제 의미

4.1. 한국어의 시제 현상

시간 표현(temporal expressions)은 문장에 어떠한 의미를 더하는가?

(1) 가. 영희는 올해 한국 대학교 국문과 2학년생이다.

나. 영희는 작년에 한국 대학교 국문과를 졸업했다.

(1가)는 올해 일어난 일을 기술하고 있어 서술어 '이다'가 현재 시제로 표현되었고 (1나)는 작년 사건을 기술하여 동사 '졸업하-' 뒤에 과거 시제 '-었-'이 결합하였다. 이러한 시간 표현들은 문장이 기술하고 있는 사건이 '언제' 참이 되는지를 결정한다. (1가)가 참인 상황에서 (1나)는 참이 될 수 없으며 (1나)가 참인 상황에서 (1가)가 참이 될 수는 없다. 다시 말하여 어떤 사건이 참인지 거짓인지 판단하기 위해서는 그 사건의 발생 시점을 고려해야 한다.

이처럼 문장의 진릿값은 시간의 흐름에 따라 변한다. 따라서 문장의 의미를 온전히 해석하기 위해서는 그 문장이 표현하는 사건의 의미에 더해 사건과 관련된 시간적 정보도 해석해야 한다.

그렇다면 한국어에서 시간(time)은 어떻게 표시되는가? 시간(time) 개념이 언어로 표현되는 방식은 언어마다 다른데, 한국어의 시간 표현은 (1)에서 확인하였듯이 '올해, 작년에'와 같은 어휘 형식으로도 나타나고 선어말어미 '-었-'과 같은 문법 형식으로도 나타난다. 이 장에서는 시간을 표현하는 문법 형식을 중심으로 문장이 나타내는 사건과 사건의 시간이 어떻게 합성되어 해석되는지 살펴본다.

시제(tense)는 어떤 시점(주로 발화시 the utterance time or the speech time)을 기준으로 문장이 나타내는 사건의 시간적 위치를 지시하는 기능을 한다. 이에 따르면 시제는 아래 그림처럼 시간선(timeline) 상에서 기준시(아래 그림에서는 발화시)와 사건시의 선후 관계로 표상할 수 있다.

(2)

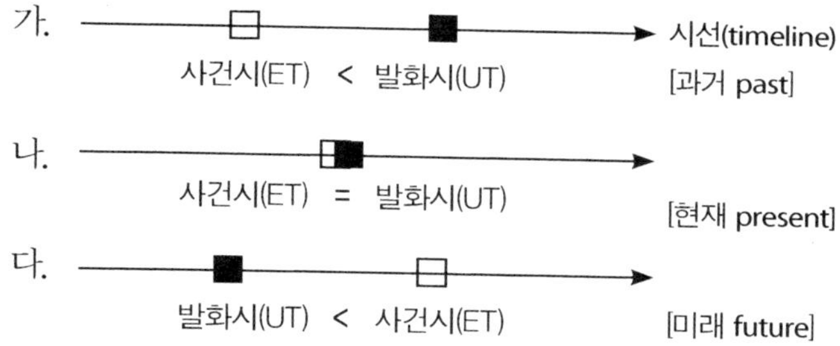

(2가)처럼 발화시 이전에 사건시가 위치하는 것은 과거 시제이며 (2나)처럼 발화시 위치에 사건시가 존재하여 동시 관계를 이루는 것은 현재 시제로 해석된다. 그리고 (2다)처럼 발화시 이후에 사건시가 위치하는 것은 미래 시제로 해석된다.

(2가)~(2다)에 표시한 시제가 한국어에서는 아래 (3가)~(3다)처럼 선어말어미로 실현된다.

(3) 가. 어제 철수가 공부했다. [공부하-+-았-+-다]
나. 지금 철수가 공부한다. [공부하-+-ㄴ-+-다]
다. 내일 철수가 공부하겠다. [공부하-+-겠-+-다]

(3가)에서 '철수가 공부한 사건'은 '어제' 일어난 과거 사건으로 어미 '-았-'과 어울린다. 또한 (3나)에서처럼 사건이 '지금' 일어나 현재를 표현할 때에는 동사와 '-ㄴ-'이 어울리고 (3다)처럼 '내일'과 결합하는 미래 사건은 '-겠-'과 어울린다.

그런데 한국어에서 '-ㄴ-'은 아래 (4)에서처럼 현재에 더해 미래 사건에도 쓰일 수 있고 '–겠–'은 (5)에서처럼 현재나 과거 사건에도 쓰인다.

(4) 가. 내일 철수는 공부한다. [공부하–+–ㄴ–+–다]

나. 내일 비가 온다. [오–+–ㄴ–+–다]

(5) 가. 지금 서울에 비가 오겠다. [오–+–겠–+–다]

나. 어제 서울에 비가 왔겠다. [오–+–았–+–겠–+–다]

다. 내일 서울에 비가 오겠다. [오–+–겠–+–다]

(4)에서 확인할 수 있듯이 '–ㄴ–'은 미래의 시간 부사 '내일'하고도 잘 어울린다. 이에 한국어의 '–ㄴ–'은 현재와 미래 시제성을 모두 가진 어미라고 할 수 있다.

한편 '–겠–'은 (5가)와 (5나)에서처럼 현재나 과거 사건에도 쓰일 수 있다. 이는 '–겠–'이 시제적 기능 외에 양상(modal) 기능을 지니고 있는 것과 관련된다(양상 논의는 위의 3절에서 자세히 다루었다). 즉 '–겠–'은 [가능성]을 나타내는 양상 표현이므로 '과거, 현재, 미래'의 사건에 모두 결합할 수 있는 것이다. 다만 (5나)에는 시제 어미 '–았–'이 결합하여 사건의 과거를 나타내므로 이때 '–겠–'에서는 [가능성]의 양상 기능이 부각된다. 반면에 (5가)나 (5다)처럼 시제 어미가 따로 결합하지 않은 경우에는 '–겠–'의 [가능성] 의미 해석으로 인해, 비과거 시제 기능이 부각된다. 그리하여 (5가)에서는 사건시 현재가, (5다)에서는 사건시 미래가 해석된다.

이러한 현상을 토대로 한국어의 시제 체계를 정리하면 한국어의 시제 범주는 과거(past)와 비과거(non-past)의 이원 체계를 구성한다. 과거는 선어말어미 '-았-'이 표시하고 비과거인 현재와 미래는 '-ㄴ-'과 '-겠-'이 표시한다.

4.2. 시제 문장의 구조와 해석

4.1절에서 한국어의 시제가 과거를 나타내는 '-았-'과 비과거(현재-미래)를 나타내는 '-ㄴ-', '-겠-'에 의해 표시된다는 것을 확인하였다. 여기서는 이러한 어미들이 사건을 나타내는 동사구(VP)와 통합하여 어떻게 의미가 합성되는지 살펴보자.

4.2.1. 시제 논리와 시제 연산자

시제 기능을 표시하는 어미 '-았-', '-ㄴ-', '-겠-'은 동사구에 결합해 문장이 나타내는 사건 전체를 영향권(scope)으로 삼는다. 어미 '-았-'을 예로 들어 구조를 제시하면 아래와 같다.

(6) 옹자는 연구실에서 살았다.

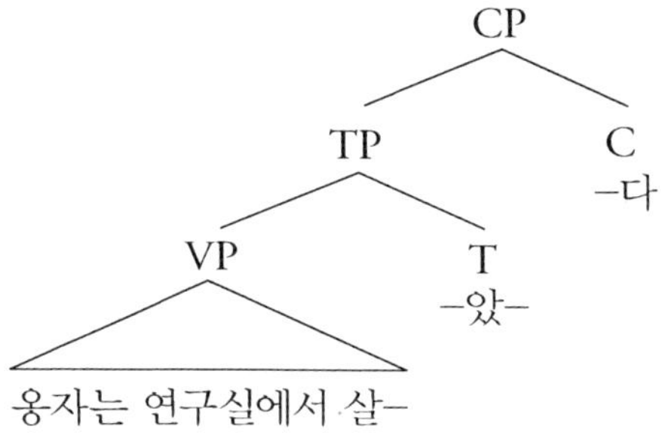

어미 '–았–'은 동사구(VP)와 결합해 위의 통사구조를 형성하며 명제가 나타내는 사건의 발생 시점(event time)이 과거임을 나타낸다. 다시 말하여, (6)에서 '–았–'이 결합하기 전의 VP는 시제가 없는 형식인데 '–았–'이 결합하면서 '옹자가 연구실에서 사는 사건'이 발화시 이전에 존재했음을 지시하게 된다.

이를 시제 논리(tense logic)의 관점에서 설명하면 시제 어미는 명제를 영향권으로 삼는 문장 연산자(sentential operator)로 분석할 수 있다.[14] 과거 연산자는 PAST로, 현재 연산자, 미래 연산자는 각각 PRES, FUT로 표시하여 시제 문장의 논리식을 간단하게 표현하면 아래와 같다.[15]

(7) 가. 철수는 밥을 먹었다.

PAST[먹다(철수, 밥)]

나. 철수는 밥을 먹는다.

---

14 문장 연산자는 문장의 의미에 작용하여 새로운 의미를 만드는 연산자로, 문장의 진릿값에 영향을 미친다. 논리적 연산자, 양상 연산자, 시제 연산자 같은 것이 문장 연산자에 해당한다. 가령 부정 연산자(negation operator)는 문장의 진릿값을 뒤집는 역할을 하고, 양상 연산자는 명제의 가능성이나 필연성을 평가한다. 시제 연산자의 경우 명제의 평가 시점을 사건 시점으로 이동시키는 기능을 한다.

15 시제논리(tense logic)를 확립하고 시제 연산자 P, F를 도입하여 시제를 분석한 것은 Prior(1967, 1968)에서 제시되었다. 이 논의에 따르면 만약 p가 문장이라면 Pp나 Fp도 문장이다. 여기에서 p는 시제 표시가 없는 문장이며 시제 연산자인 P와 F는 시점에 대한 존재양화사적 의미를 지닌다(송민영 2011 참고).

PRES[먹다(철수, 밥)]

다. 철수는 밥을 먹겠다.

FUT[먹다(철수, 밥)]

(7가)~(7다)에서 시제 연산자(tense operator)인 '-었-', '-는-', '-겠-'은 '철수가 밥을 먹-'는 사건을 취해서 특정 시점에 사건이 위치한 값을 도출해 낸다. 이를 반영하여 (7가)~(7다) 문장의 진리 조건을 나타내면 아래와 같다.

(8) 가. $[\![\text{PAST}[\text{먹다(철수, 밥)}]]\!]^{w,t,g}=1$ iff $\exists t'(t' < t) \wedge [\![\text{먹다(철수, 밥)}]\!]^{w,t',g}=1$

나. $[\![\text{PRES}[\text{먹다(철수, 밥)}]]\!]^{w,t,g}=1$ iff $\exists t'(t' = t) \wedge [\![\text{먹다(철수, 밥)}]\!]^{w,t',g}=1$

다. $[\![\text{FUT}[\text{먹다(철수, 밥)}]]\!]^{w,t,g}=1$ iff $\exists t'(t < t') \wedge [\![\text{먹다(철수, 밥)}]\!]^{w,t',g}=1$

(t는 기준시, 위에서는 발화시를 나타냄)

위의 (8가)~(8다)에 제시된 논리식을 이해하려면 $[\![\cdots]\!]^{w,t,g}$에 윗첨자로 표시된 't'의 의미를 알아야 한다. 문장 내 포함된 개체의 의미를 해석하려면 할당 함수(assignment function) 'g'를 적용하여 개체 각각에 대응되는 의미를 해석해야 하듯, 문장이 나타내는 사건의 시간을 해석하기 위해서는 't'라는 시간 변수(time parameter)를 참고해야 한다. 예를 들어 (8)에서 '철수가 밥을 먹-'는 사건의 참, 거짓 여부는 사건이 취하는 시간이 언제인가에 따라 달라지는 것이다.

(8가)~(8다)에 제시한 예문을 하나 하나 풀어서 설명해 보자. (8가)의 PAST[먹다(철수, 밥)]은 '발화시(t) 이전의 어느 시점(t')이 있고 그때(t')

철수가 밥을 먹는 사건이 참이면, 그때에만 참이다'라는 의미이다. 이때 〈 은 시간의 순서(ordering on times)를 표시하며 t′〈t는 사건시(t′)가 발화시(t) 이전(before)에 있다는 것을 나타낸다.

(8가)의 해석을 (8나)와 (8다)에 적용해 보자. (8나)는 발화시와 겹치는 동일한 시점이 있고 그때 철수가 밥을 먹는 사건이 참이 되는 경우에만 참이 됨을 의미한다. (8다)는 발화시 이후의 어느 시점이 있고 바로 그 시점에 철수가 밥을 먹는 사건이 참이 되면 FUT[먹다(철수, 밥)]이 참이 된다는 것을 의미한다.

(8)에 제시한 예문 중 과거 시제의 문장만 예로 들어 시제를 반영한 통사구조와 의미를 나타내면 아래 (9)와 같다.

(9) 가. 철수가 밥을 먹었다.

나.

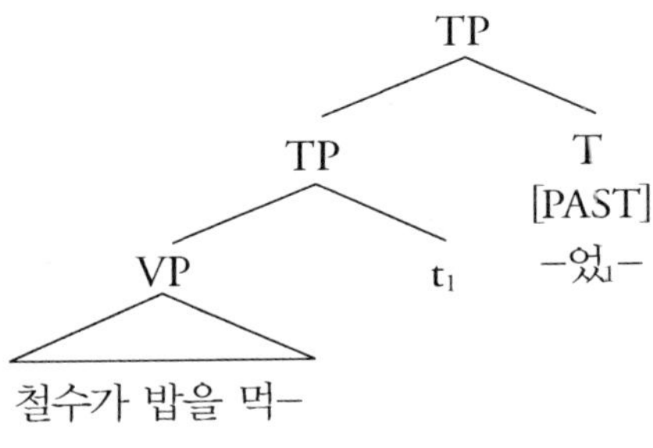

다. $[\![TP]\!]^{w,t,g}=1$ iff $\exists t_1(t_1 \langle t) \wedge$ 철수가 밥을 먹다 in w at t_1

위의 (9)에서 과거 시제([PAST]) '–었–'은 동사구(VP)에 실현된 '철수가 밥을 먹–'이라는 사건의 시간을 과거로 구속하는 역할을 한다. 그런데 이때 [PAST]라는 연산자는 특정한 의미 유형(semantic type)을 가

지지 않는다. 다시 말하여 (9)의 시간 연산자는 특정 범주로 정의되지 않으며, 자체적인 의미를 가지지 않는다. 바로 다음 절에서 우리는 이러한 해석의 문제점을 살펴보고, 대안을 제시하고자 한다.

4.2.2. 시제는 특정 시점을 지시하는가?

4.2.1.에서는 시제 문장의 의미를 시제 연산자를 도입하여 살펴보았다. 그리고 시제 연산자는 기준시(발화시라고 가정함)와 같은 위치 또는, 기준시보다 앞이나 뒤 어딘가에 사건시가 존재하는 것을 표상한다. 그리하여 시제 형태의 의미를 시간(times)에 대한 존재 양화(existential quantifier)로 표상하였다.

이러한 관점에서 시제는 '어떤 상황 시점 t′이 존재한다'를 의미하여 상황 시점의 범위가 매우 넓거나 비한정적(indefinite)이다. 이러한 관점에서는 아래 (10)의 예문이 잘 설명된다.

(10) 가. 철수가 서울에 살았다.

나. 영희가 철수를 안다.

다. 철수가 내일 부산에 갈 것이다.

(10가)~(10다)의 예문들은 각각 '철수가 서울에 산 사건이 과거 언젠가 존재한다', '현재 시점에 영희가 철수를 아는 사건이 존재한다', '철수가 부산에 가는 사건이 내일 중 언젠가 존재한다'로 해석되므로 특정 시점을 지시하지 않는다.

그러나 이러한 시제 의미는 아래 (11)의 맥락에서 발화되는 예문의 시제 의미를 포괄하지는 못한다.

(11) 맥락: 철수는 급하게 나오느라 문을 잠그고 나오지 못했다.
"아! 깜빡하고 문을 안 잠갔다!"

위의 맥락에서 '문을 안 잠갔다'의 '–았–'은 비한정적 시점을 의미하지 않고 어느 한 특정 시점을 지시한다. 그러면 (11)의 의미도 (8가)에 제시했던 것과 같이 PAST 연산자를 도입하여 설명할 수 있는가?

위의 (11)을 시제 연산자를 도입하여 해석하면 아래 (12가), (12나)와 같은데 이 두 해석 모두 (11) 예문의 의미로 적절하지 않다.

(12) 가. [NOT[PAST[내가 문을 잠그다]]]
나. [PAST[NOT[내가 문을 잠그다]]]

(12가)의 경우 '내가 과거에 문을 잠근 시점이 존재하지 않는다'로 해석되어 과거에 한 번도 문을 잠그지 않았다는 것을 뜻하므로 (11)의 의미와 다르다. 또한 (12나)는 '내가 문을 안 잠근 사건이 과거 어느 시점에 있다'로 해석되는데 이는 특정한 한 시점을 지시하는 (11)의 의미를 나타내기에 충분하지 않다. 결국 (11)의 예문이 정확하게 해석되기 위해서는 '화자가 집을 나올 때'라는 특정한 시점에 믄을 잠그지 않은 사건이 존재하는 것으로 해석되어야 한다. 이를 시제 이론에서는 특정한 시점을 지시하는 시제로 이해하여 지시적 해석, 직시적 해석이라고 이

야기한다. 이는 마치 '이, 그, 저' 같은 지시 대명사가 맥락에 의존하여 지시 대상이 결정되는 것과 같아서 시제의 대명사적인 현상으로 논의되기도 한다(Partee 1973).

이에 우리는 (11)과 같은 문장의 시제를 정확히 표현하기 위해서 시제를 제한된 비한정사(restricted indefinite)와 같은 것으로 다룰 수 있다. 그리하여 시제를 시간(times)을 대상으로 하는 양화사(quantifiers)처럼 보는 것이다. 그리고 시제가 논항으로 취하는 동사구는 시간을 논항으로 취하여 진릿값을 내놓는 함수로 분석된다. 즉 술어는 어떤 사건의 참, 거짓을 판단하기 위하여 특정 시간을 참조해야 하므로, 단순히 개체를 취하여 진릿값을 내놓는 것이 아니라 시간 정보가 포함된 가능세계를 취하여 진릿값을 결과로 내놓는 것이다. 이처럼 문장의 의미를 해석할 때 시간 변수를 고려하는 것은 2절에서 설명한 내포 의미론적 해석 방식이다. '-겠-'의 의미를 해석할 때 우리는 명제의 의미를 가능세계를 취하여 진릿값을 내놓는 〈s, t〉로 다루었다. 여기에서는 '시간을 고려한 가능세계'라는 의미를 담아 s 대신 i 유형을 도입한다. i는 시간 간격(interval)의 약자이다. 이에 따라 자동사의 의미유형은 〈e, 〈i, t〉〉가 되고 타동사의 의미유형은 〈e, 〈e, 〈i, t〉〉〉가 된다. 그리고 시제의 핵(head)인 T는 동사구(VP)를 논항으로 취하여 진릿값을 내놓는 함수이므로 〈〈i, t〉, t〉의 의미유형을 가진다. 이를 바탕으로 과거, 현재, 미래 시제의 의미를 나타내면 아래와 같다.

(13) 가. $[\![PAST_C]\!]^{w,t,g} = [\lambda P \in D_{<i,t>}. \exists t'(t' < t) \wedge t' \in C \wedge P(t')=1]$

나. $[\![PRES_C]\!]^{w,t,g} = [\lambda P \in D_{<i,t>}. \exists t'(t' = t) \wedge t' \in C \wedge P(t')=1]$

다. $[\![FUT_C]\!]^{w,t,g} = [\lambda P \in D_{<i,t>}. \exists t'(t < t') \wedge t' \in C \wedge P(t')=1]$

(13가)~(13다)에서 C는 맥락(context)을 나타낸다. C는 사건시의 범위가 맥락 의존적으로 해석되도록 한다. 이는 마치 양화사 '모든'의 의미 해석이 맥락 내에서 이야기되고 있는 명사구의 내용으로 제한되는 것과 같다. 예를 들어 '모든 학생이 왔다'라고 했을 때 우리는 이 세상에 존재하는 모든 학생이 온 것으로 해석하지 않고, 맥락 내에서 이야기되고 있는 학생들로 한정하여 '모든'의 의미를 해석한다. 이와 마찬가지로 '철수가 밥을 먹었다'고 했을 때 철수가 밥을 먹은 과거 시점은 발화시 이전의 모든 시간으로 해석되는 것이 아니라, 맥락에서 이야기되고 있는 과거 시간으로 한정된다. 우리가 '어젯밤' 철수가 한 일에 대해 이야기하고 있다면 철수가 밥을 먹은 과거 시점은 '어젯밤'으로 한정된다.

이처럼 제한된 비한정사로 시제를 해석하면 (11)의 예문도 맥락을 고려하게 되므로 올바르게 해석할 수 있다. '문을 안 잠근 시점'이 과거 시간 중 특정한 시점으로 제한되기 때문이다. (13)에서 제시한 관점으로 바탕으로 과거 시제 문장이 해석되는 과정을 통사구조와 함께 제시하면 아래와 같다.

(14) 철수는 영희를 만났다.[16]

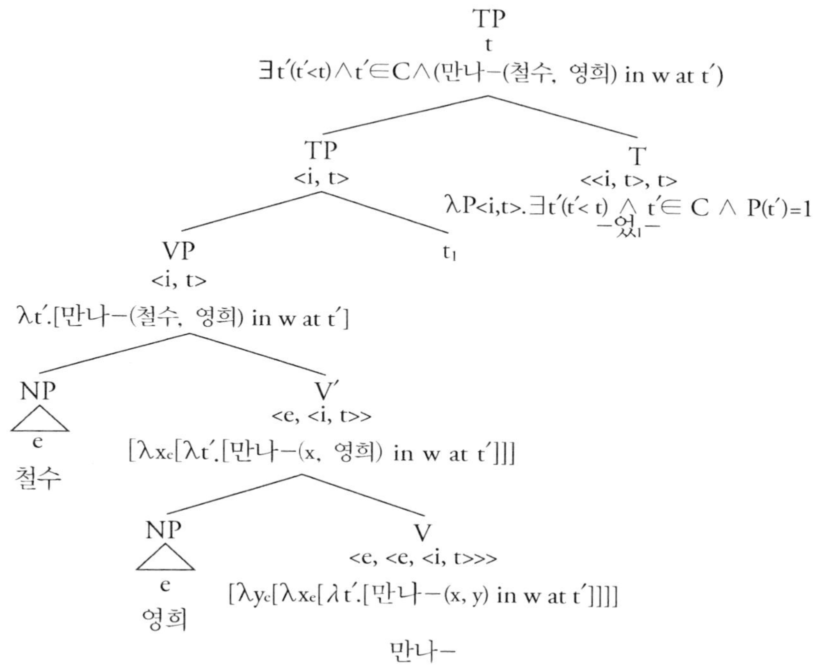

(14)에서 T는 ⟨i, t⟩ 유형의 동사구를 논항으로 취하는 것으로 해석된다. 그러나 시제(T)의 의미유형을 ⟨⟨i, t⟩, t⟩가 아니라 i로 보아도 동사구의 의미유형인 ⟨i, t⟩와 합성하여 t를 결괏값으로 내놓는 데에는 문제가 없다. T의 의미유형을 i로 보는 관점은 시제를 대명사처럼 보고, 한정 시제로 해석하는 것과 통한다. 이러한 관점에서는 과거, 현재, 미래 시제 어미가 각각 기준시 이전, 동시, 이후의 특정 시점에서

16 (14)에서 조사구의 의미 유형이 합성되는 과정은 편의상 생략한다.

해석될 수 있도록 하는 함수로 해석된다.

아래 (15)는 시제를 대명사처럼 다루었을 때를 가정한 구조이다.

(15) 철수는 영희를 만났다.[17]

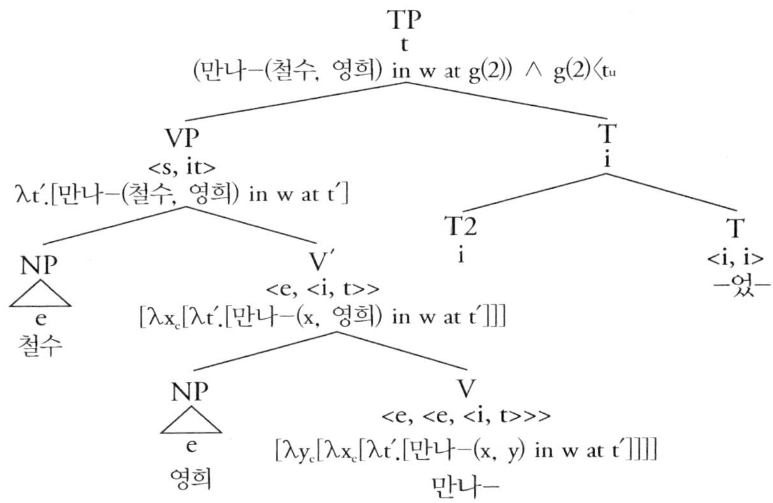

(15)에서 '-었-'은 과거 시간의 지표를 T2로 한정하여 특정 시점을 내놓는 함수로 기능한다. 이를 통해 사건의 시간에 특정 시점을 할당하여 사건이 g(2)라는 시간에서 해석되도록 한다.

지금까지 이 절에서는 시제의 의미를 양화사적 관점과 대명사적 관점에서 해석하는 방법을 살펴보았다. 그러나 반드시 두 관점 중 하나의 관점으로만 시제를 해석해야 하는 것은 아니다. 다양한 맥락에

17 (15)에서 조사구의 의미 유형이 합성되는 과정은 편의상 생략한다.

서 쓰이는 한국어의 시제 어미를 살펴보다 보면 대명사처럼 해석되는 시제도 있을 수 있고, 비한정적 시제 기능을 지닌 경우도 있을 것이다. 따라서 다양한 예문을 바탕으로 한국어 시제를 가장 체계적이고 합리적으로 설명할 수 있는 이론을 탐구할 필요가 있다.

4.3. 어미 '-었-'의 다양한 의미

4.3.1. 완료(perfect)

한국어 어미 '-었-'은 위에서 살펴본 대로 사건의 시점이 기준시 이전에 있음을 지시하여 과거 시제를 나타낸다. 그런데 '-었-'이 쓰인 예문을 자세히 들여다보면 아래 예처럼 단순 과거로만 설명되지 않는 예문이 있다.

(16) 영미가 파란 옷을 입었다.

위의 예에서 '-었-'은 단순히 사건시가 발화시 이전에 존재한다는 것을 나타내지는 않는다. 4.2절에서 살펴봤던 '-었-'의 의미와 달리 위에서는 문장이 나타내는 상황이 현재까지 유효(current relevance)하다는 의미가 해석된다.

그리하여 (16)은 발화시 이전에 영미가 파란 옷을 입는 사건이 발생하여 현재 발화시까지 영미가 파란 옷을 입은 상태가 지속되고 있다는 것으로 해석된다. 만약 현재 영미가 빨간 옷을 입고 있다면, (16)은 거짓이다.

이처럼 과거에 시작된 사건이 현재와의 관련성을 나타내는 것을 단순 과거와 구별하여 현재 완료(present perfect)라고 부른다. 이를 도식화하여 시간선(timeline) 위에 나타내면 아래와 같다.

(17) 

(17)에서 □는 시구간(interval)을 나타내어 '영수가 파란 옷을 입은 사건'이 발화시 이전 과거에 시작되어 발화시 현재까지 존재함을 나타낸다.

그렇다면 사건의 시점이 시간 축 상의 특정 위치에 놓이는 것이 아니라 위처럼 시구간(interval)이 형성되어 현재 관여성을 지니는 완료(perfect)는 시제(tense)라고 할 수 있는가? 아니면 사건의 전개 양상과 관련된 의미 범주인 상(aspects)에 속한다고 봐야 하는가?

완료가 나타나는 사건의 시점을 확장-지금(extended-now) 시구간이라고 칭하고, 그 시구간을 현재 시점으로 간주한다면 완료는 시제 차원에서 논의될 수 있을 것이다(Bennett and Partee 1972, Dowty 1979, McCoard 1978 등).[18] 이는 아래 예와 같이 현재 관련 시간 부사가 결합하는 것에서도 확인할 수 있다.

---

18 Dowty(1979)에서는 이러한 완료(perfect) 시제를 형식화하면서 '확장된 지금(extended now)'이라는 시구간(interval t) 개념을 도입하였다. 즉 확장-지금 시구간은 현재 시점의 일부로 간주되는 것이며 완료 시제가 포함된 문장은 현재 시점에서 진릿값을 판단할 수 있다고 본 것이다.

(18) 가. 나는 지금껏 그 사람을 오해했다.

나. 영미는 오늘 파란 옷을 입었다.

그렇다면 한국어의 어미 '–었–'은 과거 시제(past)도 나타내고 동시에 완료 시제(perfect)도 나타내는 것인가? 그렇다면 '–었–'이 두 가지 어휘적 의미를 지닌다는 것인데, 아래 예문을 보면 '–었–'에서 해석되는 완료 의미는 맥락에서 추론되는 의미이기 때문에 '–었–'이 두 가지 의미를 지녔다고 보기는 어렵다.

위에서 봤던 예문 (16)은 아래 (19)에서 보듯이 '어제'라는 시간 부사와도 잘 어울리며, 현재와의 관련성이 언제든 취소될 수 있기 때문이다.

(19) 가. 어제 영미가 파란 옷을 입었다.

나. 작년 사진을 보니 영미가 파란 옷을 입었다. 요즘 영미는 파란 옷을 전혀 입지 않는다.

이는 영어의 현재 완료 시제가 과거 시제 부사 'yesterday'와 결합하지 못하는 것(예 *John has arrived yesterday (송민영 2011: 402))과 대조적인 현상이다. 따라서 한국어의 '–었–'이 사용된 문장에서 완료(perfect)가 해석되는 것은 '지금껏'과 같은 부사어에 의해 명시적으로 해석되는 것(예 나는 지금껏 그 사람을 오해했다)으로 보고, 맥락에서 추론되어 해석되는 화용론적인 현상으로 봐야 한다.

4.3.2. 완료상(perfective)

위에서는 과거 시제 어미 '-었-'에서 추론되는 '현재까지 유효함'이라는 의미에 대해서 살펴보았다. 아래 예문에서 '-었-'은 문장 의미 해석에 어떻게 기여하는가?

(20) 가. 저 사람도 많이 늙었다.

나. 이 복숭아가 아주 잘 익었다.

(20가), (20나)의 예문도 '저 사람이 많이 늙은 상태', '이 복숭아가 아주 잘 익은 상태'가 현재까지 지속되고 있음을 나타낸다. 그러나 위의 예들은 (16)의 예와 달리, '어제' 같은 특정 과거 시점의 시간 부사를 결합할 수 없다. '*어제 저 사람도 많이 늙었다'나 '*어제 이 복숭아가 아주 잘 익었다'는 비문이 된다. 한편 현재 시제 어미 '-는-'이 결합한 아래 예문을 보면 사건이 진행 중이라는 의미가 해석된다.

(21) 가. 저 사람도 많이 늙는다.

나. 이 복숭아가 아주 잘 익는다.

(20), (21)의 대조적인 현상을 보고 '늙다'나 '익다' 뒤에 결합하는 '-었-'을 완료상(perfective)으로 봐야 한다는 주장이 있을 수 있다. 완료상은 사건 내부가 아니라 외부에서 사건의 전체적인 모습을 포착하여 표현하는 것이다.

그러나 (16)의 예를 설명했던 것과 마찬가지로 '–었–'이 완료상(perfective)을 나타내는 표지라면 다른 서술어에 결합했을 때에도 완료상의 의미가 도출되어야 할 것이다. 그러나 아래 (22)와 같은 예에서 '–었–'은 완료상적 의미를 나타내지 않는다.

(22) 가. 민희는 유학생이었다.

나. 민지는 정말 바빴다.

다. 하늘이 아주 맑았다.

(22)에 결합한 술어는 모두 상태를 나타내므로 이때 '–었–'이 완료상을 나타낸다고 하기 어렵다. 따라서 (20)에서 해석되는 완료상적 의미는 '익다'나 '늙다'와 같은 술어가 가진 의미 특성에 기인한다고 볼 수 있다. '(과일이) 익는 것'이나 '(사람이) 늙는 것'은 보통 그 사건이 완료되기까지 꽤 오랜 기간이 걸린다. 따라서 현재 시제로 표현하면 (23) 도식에서 보듯이 완료되지 않고 진행 중인 것으로 해석될 수밖에 없다.

(23)

그리고 기간성을 지닌 사건이 발화시 이전에 나타나면 '늙는 상황'이 오래 진행되었다고 보아, 완료상적 의미가 추론되는 것이다. 즉, '익다', '늙다', '닮다'와 같은 술어는 그 술어가 나타내는 상황의 실현 결과가 특정 시점에 일시적으로 존재하는 것이 아니라는 특성을 가진다. 따라서 '어제 1시에'와 같이 특정 시점을 나타내는 시간 부사구는 함께 쓰일 경우 어색하지만, '작년에는 이 복숭아가 아주 잘 익었다', '몇 년 전에 그 사람이 이미 많이 늙었어'처럼 오랜 기간을 나타내는 시간 부사어가 결합하는 것은 아주 자연스럽다(한동완 1996: 45).

(24)

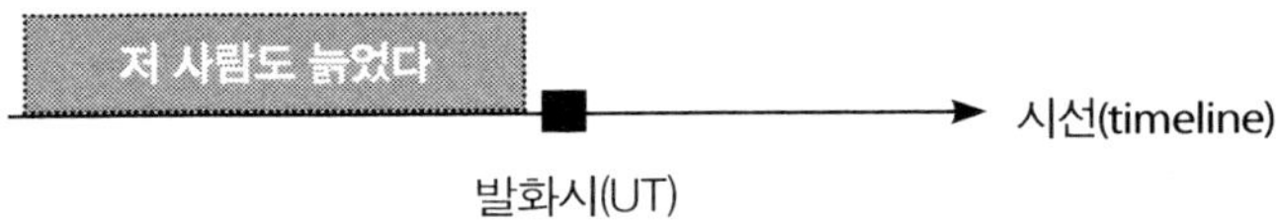

4.3.3. '-었었-'과 중단의 의미

한국어에는 아래 예문에서처럼 '-었-'을 두 번 쓰는 경우가 흔하다.

(25) 가. A: 방학에 이 책 읽었었어?

B: 응, 이 책 읽었었어.

나. A: 이번 방학에 여행 갔었어?

B: 응, 여행 갔었어.

(25가), (25나)처럼 한국 사람들은 과거 사건을 나타낼 때 '-었-'을 한 번만 쓰지 않고 연쇄하여 두 번 사용할 때가 있다. 위에서 '-었었-'은 '-었-'과 다른 기능을 가지고 있는가? 아니면 과거 시제 '-었-'과 동일하게 과거 사건시를 표현하는가?

위에 쓰인 '-었었-'이 '-었-'과 같은 기능을 지니는지 확인해 보기 위하여 '-었었-' 대신 '-었-'을 한 번만 결합하여 말해 보자.

(26) 가. A: 방학에 이 책 읽었어?

B: 응, 이 책 읽었어.

나. A: 이번 방학에 여행 갔어?

B: 응, 여행 갔어.

(26가)와 (26나)는 '-었-'이 한 번만 쓰인 경우인데 (25가), (25나)에 쓰인 '-었었-'과 바꿔 써도 의미 차가 나타나지 않는다. (25)에 쓰인 '-었었-'이 시제 측면에서는, 발화 시점 이전에 어떤 사건이 일어났음을 나타내 과거 시제 기능을 담당하는 것이다.

그렇다면 '-었-'을 중복하여 사용하는 이유는 무엇인가? 경제성의 원리에 따르면 아무 이유 없이 '-었-'을 두 번 사용하는 것은 이상한 일이다. 물론 언어 현상에서 의미가 동일한 언어 형식이 반복되는 일이 없는 것은 아니다. 가령 '매일'이라고 해도 되지만 '매일매일'이라는 단어도 쓰고, '이것 봐'라는 말도 '이것 봐 봐'라고 하며 서술어를 반복하기도 한다. 무언가를 강조하려는 동기나 어감을 세게 전달하기 위하여 단순 반복 현상이 일어날 수도 있는 것이다. 그렇다면 '내가 의미론을 공부했었다'라는 문장에 쓰인 '-었었-'도 그러한 현상의 예로 보아야 할까? '-었-'을 쓸 때와 달리 '-었었-'을 쓸 때 해석되는 또 다른 의미가 있는가?

아래 예를 통해 '-었었-'의 의미가 '-었-'의 의미와 어떻게 다른지 확인해 보자.

(27) 가. A: (밤 늦게까지 영수랑 통화 중인데, 영수가 갑자기 말이 없어졌다. 1분 후 다시 말을 하는 영수에게 물어본다)
{잠들었었어?, #잠들었어?}
B: 어 미안. 잠깐 잠들었었어.
나. A: (꽃이 다 떨어진 것을 보고) 저기 봐! 꽃이 {피었었다!, #피었다!}
B: 그러네. 어느새 꽃이 다 졌네.

(27가A)에서처럼 상대방이 현재는 깨어 있지만 1분 전에는 잠든 상태였다고 생각할 때에는 '잠들었었어'만 자연스럽다. 또한 (27나A)에서도 '피었다'는 어색하고 '피었었다'만 자연스럽다. 이때 대화 참여자들은 현재는 꽃이 다 졌지만 이전에는 꽃이 피어 있었음을 알고 있다.

(27)의 예들에서 '-었었-'이 쓰일 때는 '-었-'과 달리 과거 어느 시점(기준점)보다 앞선 시점에 문장이 나타내는 사건이 일어났으며, 그 이후에 더 이상 그 사건이 지속되지 못하는 또 다른 사건이 일어났음이 해석된다. 즉 (27가)에서는 '잠든 상태'가 현재 발화 시점에는 참이 아니고, (27나)에서는 '꽃이 핀 상태'가 현재 발화 시점에서 참이 아니다.

이러한 의미를 반영하여 (27가), (27나)의 '-었었-'이 쓰인 문장의 의미를 도식화하여 나타내면 아래와 같다.

(28) 가. 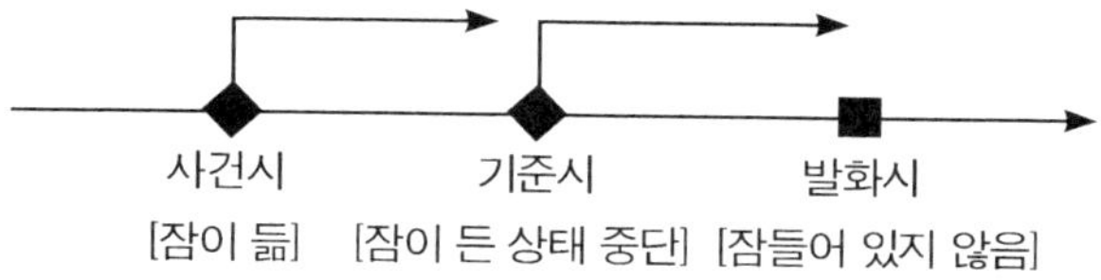

나. 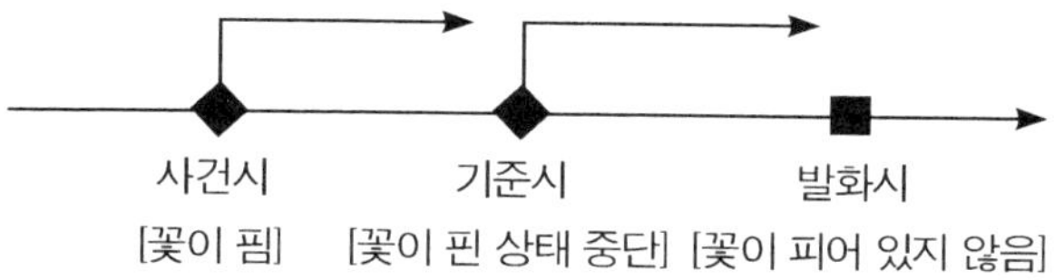

(28가), (28나)의 도식에 나타냈듯이, '-었1었2-'이 쓰이면 뒤에 있는 '-었2-'는 발화시 이전의 기준시를 나타내고 앞에 결합한 '-었1-'은 기준시보다 더 이전 시점을 나타낸다. 가령 (28가)에서 '잠이 든-' 사건 자체는 과거 기준시보다 더 이전에 일어난 사건이며, 기준 시점에 일어난 '중단 사건'에 의해 현재 시점(UT)에는 더 이상 '잠이 든 상태'가 유지되고 있지 않다.

그렇다면 이러한 사건의 중단(cessation) 의미는 '-었었-'에 내재된 어휘적 의미(의미론적 의미)인가? 아니면 맥락에 따라 추론되는 화용론적 의미인가?

위의 (25)에서는 '-었었-'의 중단 의미가 추론되지 않았는데, (25)와 (27)의 차이점이 무엇인지 아래 그 예문을 다시 가져와 살펴보자.

(29) 가. 이 책을 읽었었다. ((25가) 참고)

나. 방학에 여행을 갔었다. ((25나) 참고)

(30) 가. 잠이 들었었다. ((27가) 참고)

나. 꽃이 피었었다. ((27나) 참고)

(29가)와 (29나)에 쓰인 '읽다', '가다'라는 동사는 습관적인 반복 행위를 나타내는 맥락이 아닌 이상, 과거 시제가 결합하면 일회성으로 종결되는 사건을 나타낸다. 따라서 과거 어느 시점에 '이 책을 읽는 사건', '(어딘가에) 간 사건'이 발생하여 완료되고 나면, 상식상 그 이후에 사건이 중단되는 일이 발생할 수가 없는 것이다.

이와 달리 (30가), (30나)의 '잠이 든 사건'과 '꽃이 핀 사건'은 일반 상식상, 관습적으로 해당 사건이 발생한 후에는 그 사건의 결과가 지속되는 것으로 해석된다.

(31) 가. 아기가 잠이 들었다. 지금 아기가 잘 자고 있다.

나. 꽃이 피었다. 지금 피어 있는 꽃이 아주 예쁘다.

그리하여 위의 (31가), (31나)에서 보듯, '잠이 들었다', '꽃이 피었다'가 나타내는 과거 사건은 일반적으로 '잠이 든 결과 상태가 현재까지 지속됨', '꽃이 핀 상태가 현재까지 지속됨'이라는 의미를 함축한다. 앞서 살펴본 예문, '영희가 파란 옷을 입었다'에서 '–었–'이 현재 관여성을 지니는 것과 마찬가지로 '잠이 들었다', '꽃이 피었다'의 '–었–'에서도 현재 관여적 의미가 추론되는 것이다.

이처럼 현재 관여성이 해석되는 경우에 '–었–'이 한번 더 중첩되어 '–었었–'이 되면 (30가), (30나)처럼 중단의 의미가 추론된다. 그러면,

(30가), (30나)에서 해석되는 중단의 의미는 모든 맥락에서 동일하게 해석되는가? 아래 예를 보면 맥락에 따라 이 의미 역시 취소될 수 있다. 아래 (32)는 '잠들었었다'에서 추론될 수 있는 의미를 나열한 것이고 (33)은 '꽃이 피었었다'에서 추론될 수 있는 의미를 나열한 것이다.

(32) 아이가 잠들었었다.

가. (화자는 아이를 한 시간 전에 재웠다. 남편에게 전화해서 이 사실을 알려주고 있다.) 아이가 계속 안 자다가 한 시간 전에 잠들었었어. 지금도 아주 잘 자고 있어.

나. (화자는 자신의 아이가 유치원에서 한 시간 전에 잠들었다는 것을 전해 들었다. 이 사실을 부인에게 전화로 말해 주고 있다.) 한 시간 전에 아이가 잠들었었어. 지금도 자고 있는지는 모르겠다.

다. (화자는 아이를 한 시간 전에 재웠다. 그런데 오 분 전에 아이가 일어났다. 이 사실을 부인에게 말하고 있다.) 한 시간 전에 아이가 잠들었었어. 지금은 다시 일어났어.

(33) 꽃이 피었었다.

가. (화자는 멀리 있는 친구에게 서울에 꽃이 핀 것을 전화로 말해 주고 있다.) 서울에는 지난주에 꽃이 피었었어. 아직 꽃이 지지 않고 예쁘게 피어 있어.

나. (화자는 멀리 있는 친구에게 서울에 꽃이 핀 것을 전화로 말해

주고 있다. 하지만 화자는 지금도 꽃이 피었는지 모른다.) 서울에는 지난주에 꽃이 피었었어. 지금도 꽃이 피어 있는지는 모르겠다.

다. (화자는 친구와 꽃을 보러 나왔는데, 꽃이 다 바닥에 떨어져 있었다. 이를 보고 말한다.) 분명히 지난 주에는 꽃이 피었었어. 지금은 다 졌네.

이처럼 맥락에 따라 취소될 수 있는 추론 의미를 함축(implicature)이라고 한다. '-었었-'에서 해석되는 중단의 의미는 함축적 의미라고 할 수 있다.

다만 재미있는 것은 한국어의 '-었었-'은 '읽었다'나 '갔다'처럼 과거의 종결 사건을 나타내는 경우에는 의미 차이 없이 쉽게 교체되어 쓸 수 있지만 '(꽃이) 피었다', '(아이가) 잠들었다'처럼 과거 사건의 결과가 현재까지 지속되는 것으로 해석될 때에는 의미 차이 없이 교체되어 쓰이지 못한다는 것이다. 다시 말하여, 과거 시제 어미 '-었-'이 결합하여, '꽃이 핀 상태', '잠든 상태' 같은 상태 의미가 해석될 때에는 '-었었-'이 결합하여 '꽃이 피었던 사건', '잠들었던 사건'과 같은 과거 사건을 뜻하고, 이때 '중단'이라는 함축적 의미가 추론되는 것이다.

이러한 현상은 '-었-'이 결합하여 현재 결과 상태를 뜻하는 아래 예문에서 다시 한번 확인된다.

(34) 가. A: 철수가 정말 잘생겼다.

B: 그래? 내 생각에 철수는 어렸을 때 잘생겼었어.

나. A: 너는 근육이 많이 발달됐다.

B: 예전에는 더 발달됐었어.

(34가)에서 '잘생겼다'는 '잘생기다(사람의 얼굴이나 풍채가 훤해 보기 좋게 생기다)'라는 동사에 과거 시제 어미 '-었-'이 결합한 것인데, '현재 잘생긴 상태'라는 것을 나타낸다. 그런데 여기에 (34가B)처럼 '-었었-'이 결합하면 현재가 아니라 과거 시점에 '잘생겼다'는 의미로 해석된다. (34나)에서도 근육이 '발달됐다'는 '현재 발달된 상태'를 가리키는데 여기에 (34나B)처럼 '-었-'이 두 번 반복되면 현재가 아닌 과거 시점에 발달된 상태였음을 의미한다. 그리고 (34가B), (34나B)에서는 '현재는 더 이상 그런 상태가 아님'이라는 중단의 의미가 추론된다.

왜 이러한 함축 의미가 발생할까? '잘생겼다'와 '잘생겼었다'의 관계를 이해하기 위하여 현재 시제와 과거 시제가 대비되는 아래 예문을 보자.

(35) 가. A: 너 아프니?

B: 저 아팠어요.

나. A: 철수가 착하니?

B: 철수는 착했어요.

(35가A)에는 '아프다'라는 상태 술어가, (35나A)에는 '착하다'라는 상

태 술어가 현재 시제로 쓰였다. 이처럼 현재 상태를 물어보는 질문에 (35가B), (35나B)처럼 과거 시제를 사용해 대답하면 어떤 의미로 해석되는가? '-았-'은 단순히 '아픈 상태', '착한 상태'가 과거 어느 시점에 있었다는 것을 의미할 뿐이지만, 이로 인해 '현재는 아프지 않다', '현재는 착하지 않다'라는 의미가 추론된다.

왜 그러한가? 보통 '상태(state)'라는 것은 특정 시점에 순간적으로 위치하는 것이 아니라, 그 이전부터 지속되어 오는 시구간(interval)을 형성한다. 그래서 특정 시점 't'에 어떤 상태가 존재한다는 것은 't'보다 이전 시점(t′ 〈 t)인 't′'에도 그 상태가 존재한다는 것을 뜻한다. 아래 그림을 보자.

(36) 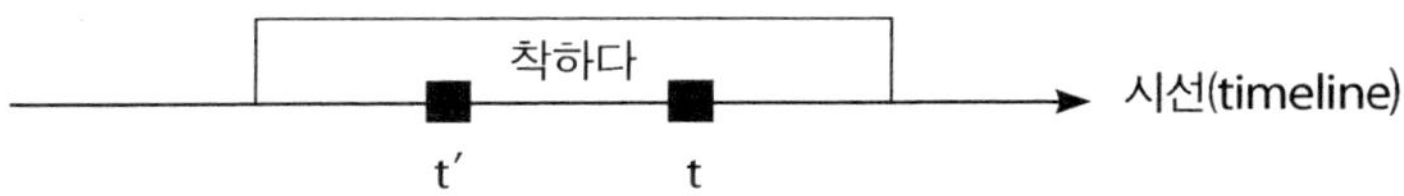

(37) 가. 철수는 착하다.

나. 철수는 착했다.

(36)의 그림에서 (37가)가 성립하면 (37나)도 성립한다. 즉 (37가)가 참이면 (37나)도 참이므로 (37가)는 (37나)를 함의한다고 할 수 있다. 이런 관계를 바탕으로 (37가)가 (37나)보다 강한 의미를 지닌다고 해보자.

우리는 보통 약한 의미 표현을 사용할 때 강한 의미 표현은 부정되는 것으로 해석한다. 아래 예문에서 '모든'과 '어떤', '다섯 명'과 '세 명'이 가지는 관계처럼 말이다.

(38) 가. 모든 사람들이 떠났다.

나. 어떤 사람들이 떠났다.

(39) 가. 나는 동생 다섯 명이 있다.

나. 나는 동생 세 명이 있다.

(38가)의 '모든'이 쓰인 문장은 (38나)의 '어떤'이 쓰인 문장보다 강한 의미를 가진다. (38가)가 참이면 (38나)도 당연히 참이기 때문이다. 그런데 이런 상황에서 (38나)를 발화했다면 그것은 무슨 뜻을 함축하는가? '모든 사람이 떠난 것은 아니다'라는 의미를 함축한다.

(39)에서도 마찬가지이다. (39가)가 참이면 (39나)도 반드시 참이다. 따라서 누군가가 만약 (39나)를 발화했다면 우리는 보통 '저 사람에게는 동생이 세 명만 있고, 세 명 이상 있지는 않다'라고 믿을 것이다.

이런 관계를 보건대, 누군가가 '철수는 착했다'라고 발화했을 때 그가 '(현재) 착한 것은 아님(=(37가)의 부정)'이 추론되는 것은 우리 언어생활에서 흔히 발견되는 현상이다. 또한 현재 결과 상태를 나타내는 '꽃이 피었다' 역시 '-었-'이 한 번 더 결합한 '꽃이 피었었다'로 발화하면 '(현재) 꽃이 피어 있는 상태는 아님'이 추론된다.

지금까지 '-었-'의 의미를 바탕으로 '-었었-'의 시제 의미를 살펴보고, 맥락에 따라 추론되는 중단 의미에 대해서도 논의하였다. 이 절에서는 '-었었-'의 중단 의미가 결합하는 술어의 특성과 맥락에 따라 다르게 나타남을 확인하였다. 구체적으로 '-었었-'이 지속성을 지니는 상태 술어와 결합할 때에는 중단의 의미가 추론되는 반면에 일회성,

종결성을 지니는 상황을 나타내는 술어 뒤에서는 중단의 의미가 잘 추론되지 않는다. 그러나 이러한 분석은 더 다양한 술어와의 결합 양상을 통해 검증될 필요가 있으며, '-었었-'이 결합한 문장에 대한 모국어 화자들의 직관 조사도 필요하다. 이러한 실증적 검증은 후속 연구의 과제로 남겨둔다.

참고 문헌

명정희(2017), '-어야 하다'와 '-었-'의 결합 양상과 함축 의미, 언어와 정보 사회 31, 서강대학교 언어정보연구소, 117-144.

명정희(2019), '-을 수 있-'의 양태와 시간 해석, 한국어학 82, 한국어학회, 1-29.

명정희(2020), 맥락을 반영한 양태 도출 과정에 대하여: 양태의 다기능성을 중심으로, 국어학 93, 국어학회, 309-341.

명정희(2021가), '-을 것이-' 구문의 양태와 시제 해석, 어문연구 49(1), 한국어문교육연구회, 7-37.

명정희(2021나), 한국어 양태 구문의 의미 해석 연구, 서강대학교 박사학위논문.

미우라 도시히코(2011), 가능세계의 철학: 필연과 가능으로 읽는 '존재'와 '세계' (박철은 역), 그린비.

박재연(2006), 한국어 양태 어미 연구, 태학사.

손혜옥(2016), 한국어 양태 범주 연구, 연세대학교 박사학위논문.

송민영(2011), 시제와 상, 염재일 외, 영어의미론, 종합출판 EnG, 369-429.

송재목(2009), 인식양태와 증거성, 한국어학 44, 한국어학회, 27-53.

양정석(2017), 주관적 판단의 문법: 주관성 형용사, 양상, 증거성, 한국문화사.

이광근(2015), 컴퓨터과학이 여는 세계: 세상을 바꾼 컴퓨터, 소프트웨어의 원천 아이디어 그리고 미래, 인사이트.

이정훈(2014), 통사구조와 시제 해석, 어문연구 42(1), 한국어문교육연구회, 63-91.

장경희(1985), 현대국어의 양태범주 연구, 탑출판사.

전영철(2022), 한국어 양상 범주의 형식 의미론적 접근에 대하여, 인문논총 79(2), 서울대학교 인문학연구원, 7-38.

한동완(1996), 국어의 시제 연구, 태학사.

Abusch, D.(1997), Sequence of tense and temporal De Re, *Linguistics and Philosophy* 20, 1–50.

Bennett, M. and Partee, B. H.(1972), Toward the logic of tense and aspect in English, reprinted in *Indiana Linguistics Club in* 1978, Bloomington: Indiana University Linguistics Club.

Carnap, R.(1947), *Meaning and Necessity: A Study in Semantics and Modal Logic*, Chicago: University of Chicago Press.

Dowty, D. R.(1979), *Word Meaning and Montague Grammar: The Semantics of Verbs and Times in Generative Semantics and in Montague's PTQ*, Dordrecht: Reidel Publishing.

Heim, I., and Kratzer, A.(1998), *Semantics in Generative Grammar*, Malden, MA: Blackwell Publishers.

Kratzer, A.(1981), The notional category of modality, In *Words, Worlds, and Contexts: New Approaches in Word Semantics*, (Eds.), H. J. Eikmeyer and H. Rieser, Berlin: de Gruyter, 38–74.

Kratzer, A.(1991), Modality, In *Semantics: An International Handbook of Contemporary Research*, (Eds.), A. von Stechow and D. Wunderlich, Berlin: Walter de Gruyter, 639–650.

Kratzer, A.(1998), More structural analogies between pronouns and tense, In *SALT* Ⅷ: *Proceedings of the Second Conference on Semantics and Linguistic Theory*, (Eds.), D. Strolovitch and A. Lawson, Ithaca, N. Y.: CLC Publications, Department of Linguistics, Cornell University, 92–110.

Lyons, J.(1977), *Semantics*(2vols), Cambridge: Cambridge University Press.

McCoard, R. W.(1978), *The English Perfect: Tense-Choice and Pragmatic Inferences*, Amsterdam: North–Holland Publishing.

Mun, B. K.(2016), The Interaction of Modality and Tense in Korean, PhD Dissertation, Georgetown University.

Partee, B.(1973), Some structural analogies between tenses and pronouns in English, *The Journal of Philosophy* 18, 601–609.

Partee, B.(1984), Nominal and temporal anaphora, *Linguistics and Philosophy* 7(3), 243–286.

Partee, B.(2011), Formal semantics: origins, issues, early impact, *Baltic International Yearbook of Cognition, Logic and Communication* 6, 1–52.

Portner, P.(1998), The proggressive in modal semantics, *Language* 74(4), 760–789.

Portner, P.(2009), *Modality*, Oxford: Oxford University Press.

Prior, A. N.(1967), *Past, Present and Future*, Oxford: Oxford University Press.

Prior, A. N.(1968), *Papers on Time and Tense*, Oxford: Oxford University Press.

von Fintel, K., and Heim, I.(2023), *Intensional semantics*, MIT.

(https://github.com/fintelkai/fintel-heim-intensional-notes)

4부

구문의 의미

8장

보조용언 구문의 구조와 의미

여는 대화

옹자와 메리는 한강을 산책하며 이야기를 나누고 있다.

메리: 곧 비가 올 듯한 날씨인데도 한강에 사람 많다~

옹자: 비가 계속 올 듯, 안 올 듯 하니까 사람들도 그냥 나와서 즐기는 거 아닐까. 요즘 날씨 예측을 하기가 어려워.

메리: 맞아. 그나저나 벌써 올해도 100일밖에 안 남았어. 넌 새해에 하고 싶은 일이 있어?

옹자: 하고 싶은 거야 많지. 그런데 해야 하는 일들이 더 많아서 다 못 할 것 같아 우울하네.

메리: 하고 싶은 것도 하고 해야 할 일도 하면 되지, 뭐가 걱정이야?

옹자: 해야만 하는 일들은 시간이 오래 걸리거든. 회사 일, 학교 일. 이런 것부터 하고 나면 시간이 없어지게 돼.

메리: 너는 조금 여유를 가져도 돼.

옹자: 알겠어. 너는 올해가 가기 전에 뭐 할 거야?

메리: 나는 드디어 헬스장에 가는 습관이 생겨서, 이제는 아침에 헬스장 갈지 고민하지 않고 가도 되게 됐어. 열심히 운동해야지.

옹자: 잠깐만! 방금 너가 한 말 틀린 것 같아. "가도 되게 됐어".

메리: 아, "갈 수 있게 됐어"라고 말하면 괜찮지?

옹자: 응. 스스로 운동할 능력이 생긴 거니까, '-을 수 있게 됐다'가 맞겠다. '-게 되다' 앞에 올 수 있는 말이 정해져 있나 봐.

메리: 한국어는 참 어렵고도 신기해.

옹자: 맞아. 그래서 한국어에 숨겨진 원리를 찾는 재미가 크지!

1. 도입

한국어를 연구할 때 연구의 대상은 어휘가 될 수도 있고, 문장이 될 수도 있으며 이 장에서 다룰 구문(construction)이 될 수도 있다. 구문이란 언어 현상을 설명하기 위해 선택한 이론에 따라 그 정의가 다양해질 수 있다. 이 글에서 바라보는 구문은 여러 어휘항목이 일정한 방식으로 결합하여 특정 의미 범주를 실현하는 것이다.

이러한 정의는 구문을 특정 형식과 특정 의미의 밀접한 결합 관계로 보는 것과 같다. 이는 모든 언어 표현(기호, sign)이 형식과 의미의 결합체라는 것과 통한다. 다만 이 글에서 다루는 구문은 아래 (1)의 예문에 쓰인 '-을 것이-'나 '-으면 안 되-' 처럼 하나 이상의 언어 형식이 결합하여 특정 의미 범주를 드러내는 것으로 단일 어휘보다 그 단위가 크다.

(1) 가. 곧 비가 올 것이다.

나. 박물관에서 소리지르면 안 된다.

'–을 것이–' 구문은 미래 시제나 인식 양상과 관련되며 '–으면 안 되–' 구문은 금지를 나타내는 사건 양상과 관련된다. 그렇다고 하여 이 구문들이 하나의 언어 단위로서 굳어져 분석되지 못하는 대상에 속한다고 주장하는 것은 아니다. 물론 '–을 것이–'나 '–으면 안 되–' 구문이 다른 어휘 형식들의 결합체보다 더 긴밀한 관계를 지니고 있을 수는 있으나 구문을 구성하는 어휘형식들의 결합 정도는 상대적이므로 하나의 의미 단위냐, 아니냐를 구분하는 것으로는 깊은 논의와 설명으로 나아가기 어렵다. 예를 들어 '–을 수 있–' 구문은 구문의 내부 경계가 비교적 투명하여 관형형 어미, 의존명사 '수', 존재 혹은 소유 동사 '있–'의 의미가 잘 해석된다. 그러나 (1가)에 제시한 '–을 것이–'는 가능성의 양상 의미를 해석할 때에 의존명사 '것'이나 계사 '이–'의 의미 기능이 뚜렷하게 드러나지 않는다. 이에 이들은 구문의 내부 경계가 투명하지 않아 하나의 융합된 단위처럼 분석되는 경우도 많다(명정희 2014 등 참고).

이에 이 글에서는 구문을 구성하고 있는 어휘항목들의 의미를 먼저 분석하고 이들을 바탕으로 구문의 형성 과정을 논의하는 한편 전체 구문의 의미와 구문의 형성 과정 사이의 상관성을 논의하는 데 초점을 맞춘다.

한국어에는 접속 구문, 명령 구문, 요청 구문 등 여러 종류의 구문이 많이 있으나 이 글에서는 보조용언이 포함된 보조용언 구문과 의존명사가 결합하여 형성한 의존명사 구문만을 살펴본다.

(2) 가. 너는 이제 집에 가도 된다.

나. 너는 이제 집에 가야 한다.

(3) 가. 사자는 사나운 법이다.

나. 철수가 곧 쓰러질 듯하다.

다. 고양이가 지붕에서 떨어질 듯 말 듯 한다.

(4) 가. 아가는 참다가 결국 울어 버리고 말았다.

나. 영수는 그냥 울고 말아 버렸다.

(2)는 보조용언 '되다'와 '하다'가 결합한 구문이다. 보조용언은 본용언과 연결어미 뒤에 결합한다. (2가)는 본용언 '가-'와 연결어미 '-아도' 뒤에 보조용언 '되-'가 결합하였고 (2나)는 본용언와 연결어미 '-아야' 뒤에 보조용언 '하-'가 결합하였다. 보조용언 구문의 의미와 구조를 분석할 때에는 연결어미의 기능도 주목해야 한다.

(3)은 의존명사 '법', '듯' 과 '이다', '하다'가 결합하여 하나의 일정한 구문을 형성한 경우이다. 의존명사 '법'은 '-을 법하-' 형태도 있지만 이 글에서는 주로 '-은 법이-'에 주목한다. 한편 '듯'이 결합한 의존명사 구문은 (3나)처럼 '듯'과 '하다' 사이에 아무런 요소가 개재되지 못하는 경우도 있고, (3다)처럼 '듯'과 '하다' 사이에 다른 요소가 삽입되어 '하다'를 행위 동사로 분석해야 할 때가 있다.

마지막으로 보조용언 구문이나 의존명사 구문은 (4가), (4나)처럼 두 개 이상 결합하여 실현될 수도 있다. 보조용언 구문이 연쇄될 때에는 보조용언 구문의 결합 순서에 따라 의미가 달라지므로 그 순서 제약에 주목할 필요가 있다. (4가)에 제시된 '-어 버리고 말-' 구성과 (4나)의 '-고 말아 버리-' 구성은 서로 바꿔 쓸 수 있다. 그러나 보조용언 구문들의 결합 순서가 달라질 때 전체 문장의 의미도 완전히 동일한 것은 아니다. 이에 구문들의 결합 관계를 볼 때에는 서로 결합이 가능한 구문들의 종류가 무엇인지 살펴보고 결합 제약이 있다면, 결합 제약의 원인이 무엇인지도 살펴볼 필요가 있다. 더불어 결합 순서에 따른 의미 차이가 구문들의 결합에 어떠한 영향을 미치는지도 논의해야 한다.

아래에서는 (2)~(4)에서 살핀 내용들을 순서대로 논의하고자 한다. 보조용언 구문의 구조와 의미를 다룰 때에는 한국어의 의무나 허가를 나타내는 표현인 '-어야 되-'와 '-어도 되-' 구문에 집중하여 논의를 진행하고 의존명사 구문의 구조와 의미를 다룰 때에는 '-은 법이-' 구문에 집중한다. 마지막으로 구문의 통합관계와 의미에 대해 다룰 때에는 '-을 듯하-' 구문을 중심으로 논의를 진행하고자 한다.[1]

2. 보조용언 구문의 구조

한국어에서 양상이나 시간과 관련된 의미를 전달할 때에는 제7장에

1 제4부에서 다루는 논의들은 개별 구문에 대해 논의한 필자의 기존 논의들을 수정 보완한 것들이다. 8장의 보조용언 구문의 구조는 명정희(2021)을 반영한 것이며 9장의 의존명사 구문의 구조는 명정희(2023), 10장의 구문의 통합 관계와 의미는 명정희(2022), 명정희(2023)을 수정하여 반영한 것이다.

서 다룬 '-겠-'이나 '-었-'처럼 선어말어미를 사용하기도 하지만 일정한 어휘형식이 모여 형성하는 구문을 사용하는 경우도 매우 많다. 특히 보조용언 구문들 중에는 양상(modal) 의미를 나타내는 것들이 많은데, 의무(deontic)와 관련된 양상을 표현하는 것은 대부분 보조용언 구문으로 실현된다.

(5) 가. 도서관에서는 조용히 {해야 된다, 해야 한다}
  나. 도서관에서 {떠들면 안 된다, 떠들어서는 안 된다}
  다. 도서관에서 물을 {마셔도 된다, 마실 수 있다}

위의 (5)에 밑줄 친 표현들은 모두 의무(obligation)나 허가(permission)를 나타낸다. 기존 국어학(언어학) 논의에서 이러한 표현들의 의미를 의무 양상(deontic modality) 또는 당위 양상이라고 불러 왔다. 이처럼 의무나 허가, 금지를 나타내는 표현들이 단일한 어휘 형식이 아닌 구문으로 실현된다는 점, 특히 '-어야 되-', '-어서는 안 되-', '-으면 안 되-' 등의 구문에서처럼 주로 술어 '되-'가 결합한다는 점을 이유로 여기에서는 의무나 허가 표현에 한정하여 논의를 진행한다. 특히 '-어야 되-', '-어도 되-' 이 두 보조용언 구문을 중심으로 논의를 진행하고자 한다.

이 글에서는 보조용언 구문의 의미를 설명하기 위하여 구문을 구성하는 개별 어휘항목들의 의미와 그것들이 모여 형성한 통사구조를 먼저 분석한다. 이에 아래에서도 먼저 '-어야 되-', '-어도 되-' 구문을 구성하는 술어 '되-'의 어휘적 속성과 논항구조를 살펴보고 '-어야', '-어도'라는 접속어미의 의미 특성에 대해 논의한다. 그 이후 '-어야/어도 되-' 구문의 통사적 특징을 토대로 이 구문의 의미가 합성되는 과정을 형식 의미론적 관점에서 정리한다.

2.1. '되-'의 의미와 논항구조

'-어야 되-'나 '-어도 되-' 구문과 같은 보조용언 구문의 의미를 해석하기 위해서는 구문을 구성하고 있는 어휘항목의 의미를 분석하는 것부터 논의할 필요가 있다. 그렇다면 '-어야 되-', '-어도 되-' 구문에 실현되는 술어 '되-'는 어떤 의미를 지니고 있는가? 여러분이 알고 있는 '되-'의 의미는 무엇인가? 보조용언 구문에 쓰인 '되-'의 의미를 파악하기 위해서 '되-'가 단독으로 쓰인 경우를 먼저 떠올려 보면 좋다. 보조용언 구문에 실현된 '되-'가 일반용언으로 쓰인 '되-'와 다른 기능을 가지고 있더라도 일반용언 '되-'의 어휘적 속성을 알아야 의미가 어떻게 바뀐 것인지 등을 추론하며 일반용언과 보조용언 사이의 연관성을 밝힐 수 있기 때문이다. 먼저 일반용언으로 쓰인 '되-'의 일부 예를 제시하면 아래 (6)과 같다.

(6) 가. 일이 되면 만 원 더 준답디다.
　　나. 얼음이 물이 되다.

〈표준국어대사전〉

표준국어대사전에서 (6가)의 '되-'는 '일이 이루어지다'라는 의미로 제시하였고 (6나)에 쓰인 '되-'는 '다른 상태나 성질로 바뀌거나 변하다'라는 의미로 제시하였다.

(6가)의 '되-'는 '일'이라는 주어 명사구 한 개만 와도 문장이 온전해지므로 이루어지는 속성을 채우는 주어 한 개만 논항으로 요구한다. 그리고 (6나)의 '되-'는 '얼음이', '물이'처럼 명사구 두 개를 논항으로 요구하고 있다. (6가)와 (6나)에 쓰인 '되다'를 공통된 '되다'로 보고 논의를 진행할 수도 있지만, 이 글에서는 (6가)와 (6나)에 쓰인 '되다'를 서로 다른 '되다'로 분류한다. (6가)의 경우 '일이 되다'라고만 쓰여도 비문이 되지 않지만, (6나)는 '??얼음이 되다'로만 실현되면 명사구가 한 개 없어 문장 전체의 의미가 잘 전달되지 않기 때문이다.

이러한 관점에서 '되-'의 의미를 정리하면 '되-'의 뜻은 크게 두 가지로 나누어진다. 첫째, (6가)에 쓰인 '되-'는 '기준에 맞음'이라는 의미를 지닌다. 둘째, (6나)의 '되-'는 '변성, 변화'의 의미를 지닌다. 아래 (7)은 '기준에 맞음'의 뜻을 가지는 '되다'의 예이고 (8)은 '변성, 변화'의 의미를 나타내는 '되다'가 쓰인 예이다.

(7) 가. 일이 되었다. (김동식 1984: 397)

나. 된 사람을 가까이하고 되지 않은 놈은 멀리해라. (이정훈 2020: 101)

다. 이 노래 너무 좋다. 이 노래는 됐다. (명정희 2021: 151)

(8) 가. 물이 얼음이 되었다. (김경열 2015: 204)

나. 그분께서 폐인이 되셨다. (김동식 1984: 400)

논자에 따라서는 (7), (8)의 '되-'가 공통적으로 '이루어짐'이라는 의미를 가진다고 생각할 수도 있다. 특히 '되-'의 사건 구조를 고려해보면, (7)의 '되-'와 (8)의 '되-' 모두 상태의 변화를 나타낸다는 점에서는 공통적이다. 일반적으로 상태 변화 동사들의 사건 구조는 과정(e1)과 상태(e2)라는 두 개의 하위 사건으로 구성된다.[2] 이때 중점이 놓이는 사건은 과정일 수도 있고 상태일 수도 있는데 '되다' 술어의 경우에 중점이 놓이는 사건은 상태이다. 그리하여 어떤 과정을 거쳐 이루어진 결과 상태가 더욱 두드러진다.

그러나 이러한 공통점에도 불구하고 (6)의 예를 보며 설명했듯이 (7), (8)에 쓰인 '되-'는 논항구조도 다르고 의미역도 달라 구별된다. (7)의 '되1-'은 '명사(구)'가 '특정 기준에 잘 맞음'이라는 의미를 담고 있어 논항을 한 개 요구한다.[3] 한편 (8)의 '되2-'는 어떤 '명사구 1'이 '명사구

---

2 Pustejovsky(1995)의 생성 어휘부 이론에서는 사건(event)을 '상태(state)', '과정(process)'의 단일 사건과 이것이 복합된 '과정+상태', '과정+과정' 등의 복합 사건으로 나타냈다. 생성 어휘부 이론을 바탕으로 어휘 의미 구조를 논의한 선행 연구는 강범모(2002), 남승호(2004), 김윤신(2019) 등을 참고할 수 있다.

3 (7)의 '되-'는 실제로 '일이 잘 됐다'에서처럼 '잘'과 같은 부사와 자주 결합하여 나타난다. 그러나 부사 '잘'이 없어도 '일이 되다'의 '되-'는 '잘'의 의미를 포함하여 어떤 기준을 '성취하다, 충족하다'라는 의미를 가진다. 한편 '일이 되다'는 관용구처럼 해석될 수도 있다. 실제로 이 예문에서의 '되다'는 '이제 됐다'와 같은 예문에서처럼 주어도 생략된 상태로 많이 쓰인다. 따라서 관용구의 성격을 지닌 것으로 변해가는 과정에 있을 수도 있다. 그러나 '일이 되려니까 하늘이 돕는다', '오늘따라 일이 너무 잘 된다'와 같은

2'로 '변함'이라는 의미를 지녀 명사구 논항 두 개를 필수적으로 요구한다. 이러한 '되-'의 논항구조 차이는 아래의 예에서도 확인할 수 있다. '되1-'은 논항을 한 개만 요구하므로 아래 (9)에서 보듯이 변화의 영향을 받는 대상 명사구를 추가하면 문장이 어색해진다. 이는 '되2-'와 다른 점이다.

(9) A: 그때 말한 일 어떻게 됐어?

B: #그 일이 일이 되었어.

(6)~(9)에서 살펴본 내용을 바탕으로 '되1-'과 '되2-'의 논항구조와 의미역을 정리하면 아래와 같다.

(10) 가. 일이 **되었다**.

나. '되-'의 의미: 기준에 맞음, 충족함

다. NP1이/가 되-

[대상역(Theme)]

(11) 가. 물이 얼음이 **되었다**.

나. '되-'의 의미: 변화

문장도 생산적으로 쓰임을 볼 때 '일이 되다'의 '되-'는 여전히 논항을 한 개 요구하는 술어로 분석된다.

다. NP1이/가 NP2이/가 되–

[대상역(Theme)] [결과상태역(Final state)][4]

앞으로 논의하고자 하는 '–어야 되–', '–어도 되–' 보조용언 구문에 쓰인 '되–'는 (10)에 쓰인 '되–'의 의미로 해석된다. 즉 '특정한 기준에 맞는다, 특정한 기준을 충족한다'의 의미로 쓰인 '되–'가 보조용언 구문에 쓰인 '되–'의 의미와 밀접한 관련을 맺는 것이다. 절을 나누어 보조용언 구문 '–어야/어도 되–' 구문에 쓰인 '되–'의 특징과 보조용언 구문의 구조에 대해 더 살펴보자.

2.2. '–어야/어도 되–' 구문의 통사적 특징과 '되–'의 의미

의무와 허가를 표현하는 '되다' 보조용언 구문 예시를 제시하면 아래와 같다.

(12) 가. {이 놀이기구를 타서는, 타면} 안 됩니다.

나. ≡ {이 놀이기구를 타서는, 타면} (고객님의) 상황이 기준에 안 맞습니다.

4 결과상태역은 보통 조사 '–로'와 결합한 명사구에 부여된다. 결과상태역은 인물의 자격 또는 물질의 성질이나 용도의 변화를 기본 의미로 포함하고 있을 때 그러한 변화의 결과를 나타내는 의미역이다(신서인 2007, 최형강 2019). '되–'의 논항 NP2도 '물음이 얼음으로 되다'에서처럼 조사 '–이/가' 외에 '–로'와 결합하기도 한다. 그러나 '??그는 폐인으로 되었다'가 어색하듯이 항상 'NP2이/가'가 'NP2로'로 실현될 수 있는 것은 아님에 유의해야 한다.

다. 이 놀이기구를 타도 됩니다.

라. ≡ 이 놀이기구를 타도 (고객님의) 상황이 기준에 맞습니다.

마. 이 놀이기구를 타야 합니다.

바. ≡ 이 놀이기구를 타야 (고객님의) 상황이 기준에 맞습니다.

위에서 '되-'의 의미는 '기준에 맞음, 기준을 충족함'으로 해석된다. 위에서 '이 놀이기구를 타다'라는 명제(p)가 판단되는 세계는 '되-'에 의해 도입되는 '상황의 기준'이 결정한다. 이 상황의 기준은 우리가 제7장에서 살펴본 관여 맥락 정보에 의해서 채워진다. 더 구체적으로 이야기하면, (12)에서 '이 놀이기구를 타다'라는 명제는 규칙이나 관습에 따라 결정되는 가능세계들에서 판단된다. 그렇다면 이때 명제 p는 사건 맥락 중에서도 의무(d)와 관련된 맥락 정보들을 바탕으로 판단되는 것이다. '되-'는 관여 맥락 정보들에 따라 결정되는 가능세계에서 해당 명제 p를 만족시키는 최선의 집합이 무엇인지 선택한다. 이를 BEST 함수로 표시하여 '되-'의 의미를 표상하면 아래 (13)과 같다.[5]

(13) $[\![\text{되-}]\!]^{w,g} = \text{BEST}_{d(w)}(P)$

5 Portner(2009)는 BEST 함수를 도입하여 양상 기반에 의해 도출되는 세계들의 집합($\cap f(w)$)이 순서근거 '$\leq A$'를 바탕으로 도출된 최상위(best-ranked)의 집합임을 나타내 위의 식을 더 간단하게 만들었다. 예를 들어 필연성 양상의 문장 의미를 BEST 함수를 통해 형식화하면 아래와 같다. $[\![N\beta]\!]^{c,f,g} = \{w: \text{BEST}(f(w), g(w)) \subseteq [\![\beta]\!]^{c,f,g}\}$ (Portner 2009: 67)

지금까지 보조용언 구문에서 '되-'가 어떤 의미를 지니는지 살펴보았다. 그렇다면 '되-'가 포함된 '-어야/-어도 되-' 구문 전체의 통사적 특징은 어떠한가? '되-'가 일반용언으로 쓰였을 때처럼 '-어야/어도 되-' 구문에서도 논항을 요구하는가? 이를 확인하기 위하여 먼저 아래 현상을 보자.

(14) 가. 반드시 내일까지 숙제를 내야 됩니다.
나. *반드시 내일까지 숙제를 됩니다.
다. 너는 숙제를 안 하면 안 된다.
라. *너는 숙제를 안 된다.
마. 너는 숙제를 해도 된다.
바. *너는 숙제를 된다.

(14나), (14라), (14바)는 (14가), (14다), (14마)에서 '되-' 앞에 선행한 접속어미인 '-어야', '-으면', '-어도'를 삭제한 것이다. 그럴 경우 모두 비문이 된다. 이는 (14가), (14다), (14마)에 실현된 명사구 논항들이 '되-'에 의해 실현된 논항들이 아니고 '되-'에 선행한 '내다', '하다'의 논항들이라는 것을 보여준다.

'-어야/어도 되-' 양태 구문은 특정 어미와 동사가 연속되는 구성을 가진다는 공통점이 있다.[6] 그렇다면 '-어야', '-어도' 같은 어미와

6 '되다' 양태 구문 중에 '-어서는'과 결합하는 '되-' 구문은 항상 '되-'의 부정 형식으로 실현된다는 특징이 있다. '-어서는 안 되-' 구문은 '금지'의 의미를 나타내는데 '되-'의 긍정문인 '*-어서는 되-' 구문은 성립하지 않는

'되-'는 통사구조 안에서 분리되는가? 아니면 긴밀한 관계를 이루어 하나의 단위로 분석되는가? 아래 예를 통해서 이 질문에 대한 답을 찾아보자.

'되다' 구문 중에는 '되-'에 선행하는 어미와 '되-' 사이에 부사가 개재될 수 있는 구문들이 있다. 아래 (15)를 보면 '-어서는, -으면, -어도'와 결합하는 '되-' 구문은 연결어미 뒤에 부사가 개재될 수 있으나 '-어야 되-' 구문은 연결어미와 '되-' 사이에 부사가 삽입되면 어색하다.

(15) 가. 비행기가 연기돼서는 {절대, 진짜, 정말} 안 된다.
나. 내일 지각하면 {절대, 진짜, 정말} 안 된다.
다. 노트북이 있으면 가져와서 해도 {당연히, 물론} 됩니다.
라. *가을이 오면 전어회를 먹어야 {당연히, 정말} 된다.

'되다' 구문에서 선행 성분과 '되-'의 분리 가능성은 '되-'의 독립적인 사용과 '되-'와 선행 용언의 도치 현상에서도 확인할 수 있다.

다. 이는 '-으면 되-' 구문이나 '-어도 되-' 구문에서 '되-'의 긍정과 부정이 모두 성립하여 '-으면 안 되-', '-어도 안 되-' 구문이 가능한 것과 다른 특징이다. 한편 '-어야 되-' 구문은 '안'이 '되-' 앞에 나타나면 '-어야 안 되-'가 되는데 이때 '-어야'는 '-어야 되-' 구문의 '-어야'와 다른 의미로 해석된다. '-어야 되-' 구문에서 '-어야'는 '필수 조건'으로 해석되어 '-어야 되-'의 의미가 '의무'로 해석된다. 그런데 '-어야 안 되-' 구문의 '-어야'는 '양보'로 해석되어 '-어야 안 되-'의 의미가 '-어도 안 되-'의 의미와 같이 해석된다(명정희 2021 참고). 가령 '너는 해 봐야 안 된다.'라는 문장의 뜻은 '너가 해 봐도 (그 일이) 안 된다.' 정도로 풀이된다.

(16) 가. [A] 여기서 사진을 찍어서는 안 돼요?

[B] 안 돼요.

[B]′ 안 돼요, 찍어서는.

나. [A] 여기서 사진을 찍으면 안 돼요?

[B] 안 돼요.

[B]′ 안 돼요, 찍으면.

다. [A] 사진을 찍어도 돼요?

[B] 돼요.

[B]′ 돼요, 찍어도.

(15), (16)을 보면 '–어서는/으면 안 되–' 구문과 '–어도 되–' 구문의 '되–'는 '–어서'나 '–으면', '–어도'가 결합한 선행절과 독립적인 성분으로 분석된다. 그러나 아래 (17)의 '–어야 되–' 구문은 '–어야' 없이 독립적으로 사용되지 못하며 선행 성분과 도치될 수도 없다. 이는 (18가), (18나)에 쓰인 '–고 있–', '–어 있–' 보조용언 구문과 같은 특징이다.

(17) [A] 공부를 열심히 해야 돼요?

[B] #돼요.

[B]′ #돼요, 해야.

(18) 가. [A] 영희와 철수가 이야기하고 있어?

[B] #응, 있어.

[B]′ #있어, 이야기하고.

나. [A] 철수가 지금 책상에 앉아 있어?

[B] #응, 있어.

[B]′ #있어, 앉아.

(15)~(18)을 보면 보조용언 '되다'에 선행하는 어미가 무엇이냐에 따라 선행 성분과 '되-'의 긴밀한 결합 정도가 다름을 알 수 있다. 특히 '-어야 되-' 구문의 '되-'는 다른 '되다' 보조용언 구문의 '되-'보다 선행절 '-어야'와 더 긴밀한 연결 관계를 보이며 독립성이 낮다.

그러나 '-어야 되-' 구문도 시제 어미의 결합 양상을 보면 아래 (19)에서처럼 시제 어미 '-었-'이 '-어야' 앞에도 결합하고 '되-' 뒤에도 결합한다. 이는 '-어야'와 '보조용언 '되-'를 독립된 구성 성분으로 분석해야 한다는 것을 보여준다.

(19) 나는 숙제를 **했어야 됐다**.

(19)에서 선행하는 '-었-'은 '숙제를 하다'라는 사건의 과거시를 나타내고 '되-'에 결합한 '-었-'은 '의무'의 존재 시점이 과거임을 나타낸다.

또한 아래 (20)의 주어 존칭 선어말어미 '-(으)시-'의 결합 양상을 통해서도 '-어야'와 '되-'가 분석되는 통사 단위라는 것이 확인된다.

(20) 가. #할아버지께서 집에 와야 되셨다.

나. 할아버지께서 집에 오셔야 되셨다.

다. 할아버지께서 집에 오셔야 됐다.

(20가)처럼 '-시-'가 '되-'에만 결합하면 어색한데, (20나), (20다)처럼 선행용언에도 '-시-'가 결합하는 경우에는 자연스럽다. (20다)처럼 선행용언에만 '-시-'가 나타나는 것이 제일 자연스러운데 이는 '할아버지께서'가 '-어야' 내포절의 주어 자리에 있기 때문이다.

위에서 살펴본 '되-'의 분리 가능성, 독립적 사용 가능성, 선행 용언과의 도치 양상, 시제 및 존칭 어미 결합 양상은 '어미+되-' 구문에서 '되-'가 독립적인 성분임을 보여준다. 그러나 '되-'의 논항이 문장의 표면에 실현되지 않는다는 점에서 '되다' 보조용언 구문에 나타난 '되-'를 완전한 일반용언으로 보기도 어렵다. 이러한 이중적인 특징을 통해 '되다' 구문의 구조적, 의미적 특징이 공시적으로 변화하고 있다는 것을 확인할 수 있다.

3. 보조용언 구문의 의미 합성

2절에서 살핀 것처럼 '되다' 구문에 실현된 '되-'는 일반용언으로서의 특성도 지니고 있는 한편 보조용언으로서의 특성도 지니고 있어 이중적인 특징을 보인다. 이 절에서는 '되다'가 선행하는 '-어야', '-어도'와 결합하여 구문의 의미가 해석되는 과정을 논의하고자 한다. 이를 위하여 '되다' 앞에 오는 '-어야', '-어도'의 의미를 함께 분석한다.

3.1. '-어야 되-' 구문의 의미 합성

양태 구문에서 해석되는 '되-'의 주어는 아래 예에서 보듯이 항상 상황으로 해석되며 맥락(context)에 의해 구체적인 의미가 채워진다. 이는 '일이 되었다'의 '되-'와 다른 특징이다. 양태 구문에서 '되-'는 일반 용언인 '되-'와 달리 주어 논항이 명시적으로 실현되지 않고 상황에 의해 채워지며 '-어야'절에 의해 표현된 명제를 판단할 세계의 범위를 정해준다. 그리하여 '-어야 되-' 구문은 맥락에 결속되는 상황 논항이 구체적으로 어떠한 의미를 가지느냐에 따라 양태 해석이 달라진다.

(21) 가. A 제가 언제까지 숙제를 해야 돼요?
B 이번 달 말까지 해야 (당신의 상황이) 됩니다.
나. A 너가 좋아하는 사람은 어떤 사람이야?
B 무엇보다 성격이 착해야 (나의 상황이) 돼.

(21가)B에서 '상황'은 '청자 개인의 상황'으로 해석되고 (21나)B에서 '상황'은 '화자의 상황'으로 해석된다. (21가)B는 청자가 지켜야 하는 규정들에 따른 기준에 비추어 보았을 때 '이번 달 말까지 끝내-'는 것이 기준에 맞는 것으로 해석된다. (21가)에서 '-어야 되-' 구문은 '의무(obligation)'의 의미로 해석된다.

한편 (21나)B에서 '기준에 맞는 상황'은 '화자가 만족할 수 있는 상황'이다. 따라서 (21나)B는 '(이상형의) 성격이 착하다'는 것이 화자 내부 기준에 맞다는 것으로 해석되어 전체적으로 '선호(preference)'의 의미를 나타낸다.

그러면 '-어야 되-' 구문에서 '-어야'의 의미는 무엇인가? '-어야'는 선행하는 사건이 특정 상황을 달성하기 위한 '필수 조건'이 된다는 것으로 해석된다(이상태 1977, 양정석 2017 등). 이를 양상 이론에서 다시 해석하면 '-어야'는 선행절의 조건이 후행절의 결과가 성립하기 위한 필연적인 조건임을 나타낸다고 할 수 있다.[7]

아래 (22가)와 (22나)는 서로 바꿔 써도 의미가 변하지 않는다. 이는 '[~[[~상황] 가능성]] = [[상황] 필연성]'의 관계가 성립함을 보여준다.

(22) 가. 눈이 와야 된다.

나. 눈이 안 오면 안 된다.

다음 대화 상황에 쓰인 '-어야' 접속문을 보면, '-어야'절이 나타내는 명제는 후행절이 성립하기 위한 유일한 조건으로 해석된다.

(23) 가. A 졸업하려면 {꼭, 반드시} 논문을 써야 돼요?

B 응, 논문을 써야 졸업할 수 있어.

나. A 철수가 어제 종합시험을 봤대.

B 응, 철수는 종합시험을 봐야만 졸업할 수 있거든.

다. A 공부를 해야 성공할 수 있어.

B 아니야, 공부를 안 해도 성공할 수 있어.

---

7 염재일(2013)에서도 'p-어야 q다'는 p가 q가 되기 위한 유일한 충분조건(the only sufficient condition)이라고 설명하였다. 즉 주어진 상황에서 'p→q'가 필연적으로 성립함을 의미한다고 해석한 것이다.

(23가)[B]는 '꼭, 반드시'의 수식을 받는 질문에 '–어야' 접속절을 사용하여 대답하고 있다. (23나)[B]도 '–어야' 뒤에 유일성을 나타내는 '만'을 결합하여 대답하였다. 이는 모두 '–어야'절의 내용이 후행절의 결과를 성립시키기 위한 유일한 조건임을 보여준다.

(23다)에서 [A]는 '–어야'절을 사용하여 성공의 조건을 제시하였는데, (23다)[B]가 [A]의 의견에 반대하며 '–어야'절의 내용을 부정하고 있다. (23다)[B]는 후행절이 참이 되게 하는 조건이 '–어야'절의 내용이 유일하지 않다는 것을 전달하고 있다. 따라서 (23다)의 대화도 '–어야'가 유일 조건을 나타낸다는 것을 보여준다.

이와 마찬가지로 양상 구문인 'p–어야 되–' 구문에서도 '–어야' 앞의 p는 '되–'가 나타내는 상황의 기준을 충족시키기 위한 필연적 조건으로 해석된다.

지금까지 논의한 '되–'의 구조, '–어야'의 의미를 바탕으로 '–어야 되–' 구문의 의미가 해석되는 과정을 나타내면 아래와 같다.

(24) 가. 너는 논문을 써야 (졸업할 상황이) 된다.

나. 통사구조

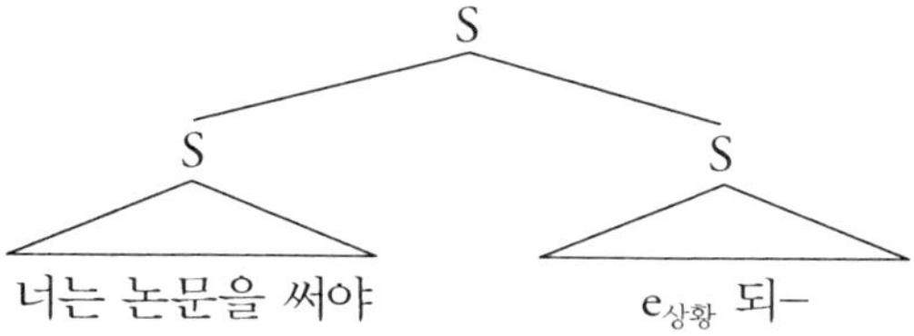

다. 해석: 선행절의 사건이 필수 조건으로 성립할 때에만 상황

의 기준에 맞다 → 사건에 대한 '의무'

'–어야 되–' 구문에서 '–어야'절의 내용이 후행절의 술어인 '되–'의 기준을 만족시키는 유일한 조건이라는 의미를 나타내면 아래와 같다.[8]

(25) $[\![\text{p–어야 되–}_{obligation}]\!]^{w} = \lambda p \lambda w. \forall w'[w' \in BEST_{(w)}(p)\ \&\ p\ in\ w' \rightarrow BEST_{d(w)}(p)(w')=1]\ \&\ \neg\lambda p' \exists w'[w' \in BEST_{(w)}(p')\ \&\ p'\ in\ w' \rightarrow BEST_{d(w)}(p)(w')=1]$

(p 〉 p', p는 p'보다 더 상위에 있음)

3.2. '–어도 되–' 구문의 의미 합성

'–어도 되–' 구문도 '–어야 되–' 구문과 마찬가지로 '되–'에 의해 도

---

8 Chung(2019: 677)에서는 '–어야'의 의미를 다음과 같이 나타냈다.

$[\![\text{–(e)ya}]\!] = [\![\text{only if}_{\exists}]\!] = (\lambda p \lambda q. \exists w' \in BEST_{t(w)}(p) : q(w') = 1 \wedge \forall r \in Alt(p) : \neg\exists w' \in BEST_{t(w)}(r) : q(w') = 1)$

Chung(2019)에서 '–어야 되–' 구문의 의미를 해석할 때, 선행 명제가 '좋음'의 기준이 되는 세계에서 판단되는 것으로 해석한 것은 본고의 해석 과정과 같다. 다만 위의 논의에서는 '–어야'의 의미를 존재 양화사로 해석했다는 것과 '–어야' 조건문을 반사실적 조건(counterfactual interpretation)으로 해석했다는 것이 본고의 의견과 다른 부분이다. Chung(2019: 676)의 각주에서도 언급하였듯이, 한국어에서 '–어야'는 보편 양화사로 해석될 수도 있다. 이는 맥락의 범위를 어떻게 한정하느냐에 따라 달라지는 것인데, 이 글에서는 맥락의 범위를 좁게 한정하여 '–어야'를 보편 양화사로 해석하였다. 한편 한국어의 '–어야' 조건문은 반사실적 조건의 의미가 필수적으로 드러나는 것은 아니다. 가령 (23나)에서 B가 해석되는 맥락을 보면 '–어야'는 반사실적 조건을 나타내지 않는다.

입되는 상황 논항의 구체적인 의미에 따라 전체 구문의 해석이 달라진다.

(26) 가. [A] 우리 아이가 이 놀이기구를 타도 돼요?
[B] 10살 이상이면 놀이기구를 타도 (상황이) 돼요.
나. [A] 우리 오늘 뭐 먹을까?
[B] 오늘도 햄버거 시켜 먹어도 (나의 상황은) 돼.

(26가)[B]에서 '상황'은 '청자를 포함한 공동체의 상황'으로 해석되고 (26나)[B]는 '화자의 상황'으로 해석된다. (26가)와 같은 맥락에서 '-어도 되-' 구문은 '10살 이상이면 놀이기구를 타다'라는 사건이 성립할 때 '공동체의 상황'이 사회 규칙과 같은 기준에 맞다는 것을 의미하므로 '허가(permission)'로 해석된다. 한편 (26나)[B]에서 상황이 지니는 기준은 '화자가 선호하는 바'가 될 것이다. 이에 따라 (26나)[B]의 '-어도 되-' 구문은 '선호(preference)'로 해석된다.

'-어도'는 기존 논의에서 가정이나 양보의 뜻을 가진 것으로 해석되어 왔다(윤평현 1989, 백낙천 2003 등).[9] 양보의 접속문에서는 일반적으

9 접속어미 '-어도'는 종결어미 '-어'와 보조사 '도'가 통합하여 형성된 것으로 분석할 수도 있다(백낙천 2003, 이기갑 2003 등). 이때 보조가 '도'는 양보의 의미를 나타내는 것으로 분석한다. 보조사 '도'는 종결어미 '-어'뿐만 아니라 '-고', '-는데'에도 붙어 양보의 뜻을 표현한다. 가령 '알고도 모르는 척 한다' 등이 그 예에 해당한다. 보조사 '도'와 접속어미 '-어도'와의 의미 상관 관계에 대해서는 더 깊은 논의를 필요로 하므로 이에 대해서는 후고를 기약한다.

로 아래에서 보듯이 'p→q'라는 명제를 전제한다.

(27) 가. 화분에 물을 주어도 꽃이 피지 않는다.

나. 보통은 화분에 물을 주면 꽃이 핀다.

(27가)의 의미는 (27나)의 의미를 전제한다. (27나)가 일반적인 현상인데 그와 어긋나는 결과가 발생하는 경우 양보의 접속어미 '–어도'를 사용하는 것이다.

'허가'가 발생하는 일반적인 상황에 쓰인 '–어도 되–' 구문의 예를 살펴보면 '–어도 되–' 구문을 구성하는 '–어도'에도 양보의 의미가 유지되고 있는 것을 알 수 있다.

(28) 가. 오늘은 빨리 퇴근해도 된다.

나. 보통은 빨리 퇴근하는 것이 안 된다.

다. (너는) 빨리 가도 된다.

라. 보통은 빨리가는 것이 허용되지 않는다.

(28가)는 (28나)처럼 보통 상황에서의 기준과 반대되는 상황인데 '–어도 되–' 구문이 사용되었다. (28다) 역시 기존에 존재했던 규칙을 배제함으로써 '허가'가 생기는 상황이므로 (28라)의 의미를 전제한다. 이처럼 'p–어도 q다'에서 q는 p가 실현된 보통의 상황에서 기대되는 것과 반대되는 상황임을 의미한다.

한편 '-어도 되-' 구문은 '-어야 되-' 구문과 달리 특정 사건이 반드시 실현되어야 하는 필연성을 나타내지 않는다. 가령 위의 (28가)에서 화자가 '(너는) 오늘 빨리 퇴근해도 된다'라고 했을 때 행위주인 청자는 '빨리 퇴근해도' 되고 '빨리 퇴근하지 않아도' 된다. 즉 '오늘 빨리 퇴근하다'라는 명제는 성립할 수도 있고 성립하지 않을 수도 있는 것이다. 다만, '허가'는 일반적으로 행위주가 해당 사건을 원하고 있을 때 나타나므로 명제가 참이 되는 세계가 대화 참여자들이 원하는 기준에 부합하는 세계인 경우가 많다. 정리하면, '허가'를 표현하는 'p-어도 되-' 구문은 p가 성립하는 세계가 존재할 때 그 세계가 기준에 맞음을 의미한다.

'-어도 되-' 구문의 구조를 나타내고 의미를 정리하면 아래와 같다.

(29) 가. 너는 빨리 퇴근해도 (상황이) 된다.

나. 통사구조

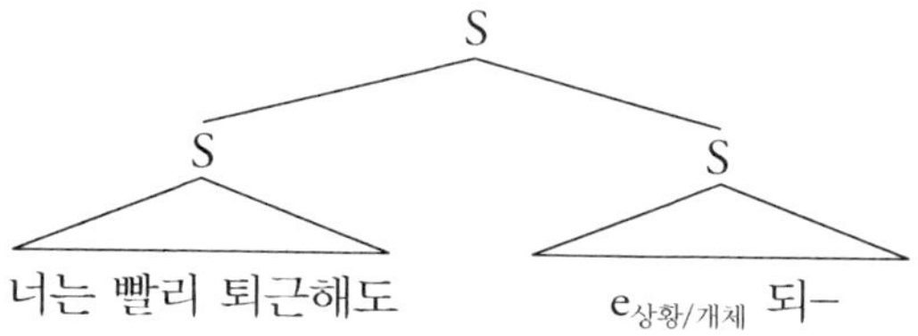

다. 해석: 보통은 선행절의 사건이 성립하면 후행절 사건이 성립하지 않지만 발화 상황에서는 선행절 사건이 성립하는 것이 상황 혹은 개체의 기준에 맞음

→ 사건에 대한 '허가'

(30) $[\![p\text{–어도 되–}_{permission}]\!]^{w} = \lambda p \lambda w. \exists w'[w' \in BEST_{(w)}(p)\ \&\ p \text{ in } w' \rightarrow BEST_{d(w)}(p)(w')=1]$

(단, 일반적으로 $p \rightarrow \neg q$인 상황에서만 위의 정의가 성립됨.)

참고 문헌

강범모(2002), 생성 어휘부 이론의 다의어 기술 방법과 그 적용: 동사 '사다'와 '팔다', 어학연구 38(1), 서울대학교 언어교육원, 275-293.

김경열(2015), '되다' 구성의 논항구조와 유형, 국어학 73, 국어학회, 199-226.

김동식(1984), 동사 '되다'의 연구, 국어국문학 92, 국어국문학회, 395-420.

김민선(2005), '되다' 구문의 유형과 의미에 대한 연구, 서울대학교 석사학위논문.

김윤신(2019), 논항의 유형과 실현 양상: 생성 어휘부 이론을 중심으로, 언어학 83, 한국언어학회, 49-73.

남승호(2004), 한국어 술어의 사건 구조와 상적 의미, 인문논총 52, 인문학연구원, 74-124.

명정희(2014), 양태 의존명사 구문의 융합형 연구: '터'와 '것'을 대상으로, 서강대학교 석사학위논문.

명정희(2021), '-어야/어도 되-' 양태 구문의 구조와 의미 해석, 언어학 91, 사단법인 한국언어학회, 139-164.

명정희(2022), '-을 듯하-' 구문의 구조와 의미 해석, 한국어 의미학 77, 한국어의미학회, 131-152.

명정희(2023), 의존명사 '법' 구문의 구조와 의미: '-은 법이-' 구문을 중심으로, 한글 84(2), 한글학회, 441-477.

백낙천(2003), 국어의 통합형 접속어미, 월인.

신서인(2007), 결과상태 의미역에 대한 연구, 어문연구 35(2), 한국어문교육연구회, 63-88.

양정석(2017), 주관적 판단의 문법: 주관성 형용사, 양상, 증거성, 한국문화사.

염재일(2013), '-어야'의 의미와 서법, 어학연구 49(1), 서울대학교 언어교육원, 1-24.

윤평현(1989), 국어 접속어미에 대한 연구: 의미론적 기능을 중심으로, 전남대학교 박사학위논문.
이기갑(2003), 국어 방언 문법, 태학사.
이상태(1977), 이음말 '-야'와 그 월의 구조, 한글 160, 한글학회, 424-444.
이정훈(2020), '-을 수 있-' 구문의 어휘항목과 통사구조 그리고 의미, 국어학 95, 국어학회, 66-113.
최형강(2019), '로' 명사구의 의미역 설정: EFF, INS, FNS 등을 중심으로, 인문연구 88, 영남대학교 인문과학연구소, 115-144.

Chung, W. J.(2019), Decomposing deontic modality: Evidence from Korean, *Journal of Semantics* 36, 665-700.
Herburger, E.(2015), Only if: if only we understood it, In *Proceedings of Sinn und Bedeutung* 19, 284-301.
Kratzer, A.(1977), What 'must' and 'can' must and can mean, *Linguistics and Philosophy* 1, 337-355.
Kratzer, A.(1979), Conditional necessity and possibility, In R. Bäuerle, U. Egli, and A. von Stechow (Eds.), *Semantics from Different Points of View*, New York: Springer Verlag, 117-147.
Kratzer, A.(1981), The notional category of modality, In. H.-J. Eikmeyer and H. Rieser (Eds.), *Words, Worlds, and Contexts: New Approaches to Word Semantics*, Berlin: de Gruyter, 38-74.
Kratzer, A.(1991), Modality, In A., von Stechow and D. Wunderlich (Eds.), *Semantics: An International Handbook of Contemporary Research*, Berlin: de Gruyter, 639-650.
Lassiter, D.(2011), *Measurement and Modality: The Scalar Basis of Modal Semantics*, New York University PhD Dissertation.
Portner, P.(2009), *Modality*, Oxford: Oxford University Press.
Pustejovsky, J.(1995), *The Generative Lexicon*, Cambridge, MA: MIT Press.
von Fintel, K.(2012), The best we can (expect to) get? Challenges to the classic semantics for deontic modals, Paper presented in a session on Deontic Modals at the Central APA, URL: http://mit.edu/fintel/fintel-2012-apa-ought.pdf.

9장

의존명사 구문의 구조와 의미

1. 도입

위에서는 '-어야 되-'와 '-어도 되-' 보조용언 구문의 구조와 의미 합성 과정을 살펴보았다. 여기서는 의존명사 구문의 구조와 의미 합성 과정에 대해 논의하고자 한다.

의존명사 구문은 아래 (1)의 예에서처럼 관형형 어미, 의존명사, 술어가 결합하여 일정한 의미를 표현하는 구문들에 해당한다.

(1) 가. 곧 비가 <u>올 것이다</u>.

나. 곧 비가 <u>올 수 있다</u>.

다. 곧 비가 <u>올 줄 알았다</u>.

라. 곧 비가 <u>올 모양이다</u>.

(1가)~(1라)에 쓰인 '것', '수', '줄', '모양'에서 알 수 있듯이 의존명사들은 홀로 독립적으로 사용되지 못한다. 늘 선행하는 수식어를 요구하여 '먹을 것', '밥을 먹는 모양'과 같이 관형형 어미를 선행한다. 위의 (1가)~(1라)의 의존명사 구문들은 관형형 어미와 함께 결합하는 동시에 특정한 서술어와 결합하여 하나의 서술부를 이룬다. (1가)의 '-을 것이-'는 추측의 양상 표현을 나타낼 때 쓰이는데, 계사 '이다' 외의 다른 서술어와 결합하여 양상 의미를 드러내지는 않는다. 예를 들어 '*비가 올 것 하다'와 같은 표현은 없는 것이다. 즉 특정 의미를 나타내는 의존명사 구문의 형식에 술어 제한이 있는 것이다. 한편 의존명사 구문은 선행하는 관형형 어미에도 일정한 제한이 있다.

(2) 가. 곧 비가 온 것이다. (≠(1가))

나. *곧 비가 온 수 있다.

다. #곧 비가 온 줄 알았다. (≠(1다))

라. #곧 비가 온 모양이다. (≠(1라))

(2가)~(2라)는 (1가)~(1라)의 예문에서 관형형 어미 '-을'을 '-은'으로 바꾼 것이다. (2가)는 비문은 아니지만 관형형 어미 '-은'이 올 때에는 추측이나 [가능성]의 의미가 해석되지 않고 [필연성]의 단언으로 해석되므로 (1가)와 동의문이라고 할 수 없다. (2나)의 '-은 수 있다'는 아예 비문을 이루고 (2다), (2라)의 '-은 줄 알았다'나 '-은 모양이다'도 (1다), (1라)와 다른 의미로 해석된다.

이처럼 의존명사 구문은 특정한 관형형 어미를 선행하고, 특정 술어를 후행하며 일정한 형식을 구성한다. 그리고 그 형식은 가능성이나 필연성과 같은 특정 양상 의미 혹은 미래와 같은 시간 의미를 나타낸다. 한국어에는 보조용언 구문만큼 의존명사 구문의 사용이 활발한바, 이 장에서는 의존명사 구문을 구성하는 어휘항목의 의미를 밝히고 어휘항목들이 결합하여 형성한 구문의 구조를 논의한다. 그리고 통사구조와의 관계를 고려하며 의존명사 구문의 의미가 해석되는 양상을 제시한다.

한국어의 의존명사 구문에는 (1)에 제시한 것 같이 여러 형식의 구문들이 많지만, 이 절에서는 '-은 법이-' 구문에 주목하여 논의를 진행한다. 이는 제7장에서 내포 의미론을 다루며 미처 다루지 못한 양상 의미, [총칭성]에 대한 논의를 이어가기 위함이다. 내포 의미론을 다루며 우리가 남은 문제로 제시한 것 중 하나는, 한국어 양상 표현의 의미를 분석할 때에 양상의 본질적인 의미 특성을 [가능성], [필연성]으로만 한정할 수 있는지, 아니면 여기에 [총칭성]도 더해야 하는지와 관련된 문제가 있었다. 이에 대한 답을 찾는 과정으로서 의존명사 구문 '-은 법이-'의 구조와 의미에 대해 자세히 탐구해 보자.

2. 의존명사 구문의 구조

(1)의 예를 통해서 봤듯이 의존명사 구문은 관형형 어미를 늘 선행하며, 특정 술어와 결합하여 다양한 의미를 표현한다. 앞으로 논의할 '-은 법이-' 구문은 (1)에서 살펴본 의존명사 구문과 달리 관형형 어미

'-은'이 늘 선행한다는 특징이 있다.

(3) 가. 죄를 지으면 누구나 벌을 받는 법이다.

나. *죄를 지으면 누구나 벌을 받을 법이다.

다. 아는 사람을 만나면 인사를 하는 법이다.

라. *아는 사람을 만나면 인사를 할 법이다.

(3가), (3다)처럼 관형형 어미 '-은'에 현재 시제 '-느-'가 결합한 '-는 법이-' 구성은 자연스러운데, 관형형 어미 '-을'이 결합한 (3나), (3라)는 비문이 된다. 이는 '-은 법이-' 구문이 나타내는 의미에 관형형 어미 '-은'이 일정한 영향을 미치고 있음을 뜻한다. 이는 아래와 같이 의존명사 '법'이 '-을'과 결합하면 후행하는 술어도 달라지는 것을 통해 다시 확인할 수 있다.

(4) 가. 그 말을 들으니 또 그럴 법도 하네요. 〈표준국어대사전〉

나. 그 정도 했으면 이해할 법도 한데.

(4가), (4나)에서 보듯이 의존명사 '법' 앞에 관형형 어미 '-을'이 선행할 때 술어 '하-'가 후행하면 비문이 되지 않는다. 그리고 이때 '-을 법(도) 하-' 구문은 [가능성]의 의미, 구체적으로는 추측을 나타내 '-은 법이-' 구문과 다른 의미를 나타낸다. 이처럼 '법'은 선행 관형형 어미의 결합 제약을 가지는데 이와 관련된 지적은 국어학 논의에서 지속

적으로 언급되어 왔다(박승윤 1998, 안주호 2004, 시정곤·김건희 2009, 이금희 2012, 다카치 토모나리 2018, 명정희 2021 등).

(3), (4)를 통해 두 가지 사항을 확인할 수 있다. 첫째, 의존명사 '법'이 결합하여 형성하는 의존명사 구문이 선행하는 관형형 어미와 후행하는 술어에 따라 의미가 달라진다는 것이다. 둘째, 이 구문의 내부 구조 및 어휘항목들의 의미가 비교적 투명하게 해석된다는 것이다. 이에 아래에서는 '-은'과 '법'의 의미, '이다'의 의미를 각각 분석하고 이들이 결합하여 형성하는 의미를 자세히 논의하고자 한다.

2.1. 의존명사 '법'의 [일반성]과 양상 의미 [총칭성]

현대국어의 의존명사 '법(法)'은 자립명사로도 쓰이고 의존명사로도 쓰인다. 자립명사로 쓰이는 '법'은 아래 (5)에서처럼 '강제력을 수반하는 사회 규범'으로서 국가 및 공공 기관이 제정한 '법률, 명령, 규칙, 조례 따위'를 뜻한다(표준국어대사전 참고). 한편 의존명사로 쓰이는 '법'은 아래 (6)에서처럼 선행, 후행하는 요소에 따라 다양한 의미로 해석될 수 있는 듯하다.

(5) 가. 우리는 모두 법을 지켜야 한다.
 나. 국회 의원들은 법을 제정하는 막대한 임무를 지니고 있다.

(6) 가. 나라고 평생 힘들게 살라는 법이 있니?
 나. 철수는 아무리 빨리 해도 실수하는 법이 없었다.
 다. 추운 겨울이 지나면 봄이 오는 법이다.

라. 네 말을 들으니 그것도 그럴 법하다.

(6가)에서 '법'은 '방법'이나 '방식'으로 해석되어 왔다. (6나)의 '법'은 행동의 '습성'이나 '상시성', (6다)의 '법'은 보편적으로 당연히 발생하는 사건, 당연한 이치로 해석되어 왔으며 (6라)의 '법'은 개연성이나 가능성으로 해석된다(이주행 2009, 이금희 2012, 다카치 2018 등). 그리고 (6)의 의존명사 '법'은 (5)에 쓰인 자립명사 '법'이 가진 '강제성'이나 '상시성'이 약화되면서 파생된 의미로 논의되기도 하였다(다카치 2018: 103).

이러한 기존 논의와 (6)의 예문을 바탕으로 의존명사 '법'의 의미를 정리하면 크게 '방법', '일반성', '가능성'으로 나누어진다. 이 중 '방법'으로 해석되는 (6가)의 '법'은 (6나)~(6라)의 '법'과 달리 후행 성분의 제약이 없으며 의존명사 '법'과 술어 사이에 조사가 개재된다는 점, 양상 의미를 나타내지 않는다는 점에서 구별된다. 그리하여 우리가 관심을 가지고 있는 '-은 법이-' 구문의 '법'이 가진 의미는 결국 (6나)가 나타내는 '규칙적 습성'이나, (6다)가 나타내는 '당연한 이치'에서 공통적으로 도출되는 '일반성'과 관련된다.

일반성(generality)이란 일반 언어학 논의에서 양상 논리를 다룰 때 총칭성(genericity) 개념으로 다루어져 왔던 것이다. 아래 (7)의 예문에서 총칭성의 의미를 확인해 보자.

(7) 가. 사자는 썩은 고기를 먹는 법이 없다.

≡ 사자는 썩은 고기를 먹지 않는다.

나. 새는 나는 법이다.

≡ 새는 난다.

(7가)의 '-은 법이 없-' 구문이나 (7나)의 '-은 법이-' 구문은 현재 시제 단문으로 일반적인 속성을 기술하는 총칭문으로 환언된다. 이때 총칭문의 특징은 주어가 '사자', '새'와 같이 특정 개체를 나타내지 않고 종류를 지시하는 명사구(kind-referring noun phrase)라는 것이다. 특히 '-은 법이-' 구문은 '-은 법이 없-' 구문과 달리 아래 (8)에서처럼 특정 개체를 지시하는 명사와 결합하면 비문이 된다.

(8) 가. 역시 너는 사실을 말하는 법이 없구나.

나. #역시 너는 거짓말을 하지 않는 법이다.

다. 정직한 사람은 거짓말을 하지 않는 법이다.

그리고 '-은 법이-' 구문이나 '-은 법이 없-' 구문은 관형형 어미 '-은'에 현재 시제를 나타내는 '-ㄴ-'이 결합하여 현재 시제로 나타나는 총칭문의 특성을 동일하게 보여주고 있다. 이는 '*새는 {날았던, 날았을, 난} {법이 없다, 법이다}'와 같은 문장이 비문이 되는 것에서 확인된다. 현재 시제는 발화시에 일어나는 사건을 기술할 때도 쓰이지만 반복적이고 습관적으로 일어나는 일반적 상황도 나타내므로 총칭문과 잘 어울린다.

(7)과 (8)을 통해 확인한 '-은 법이-' 구문에 쓰인 '법'의 의미는 [총칭

성]으로 귀결된다. 총칭성, 일반성의 의미는 비단 '-은 법이-' 구문에서만 드러나는 것이 아니라 '-을 법하-' 구문에서도 확인되어 의존명사 '법'이 공통적으로 가지고 있는 의미 중 하나라는 것을 알 수 있다.

'-은 법이-' 구문을 구성하는 의존명사 '법'의 의미적 속성으로 인해 '-은 법이-' 구문은 총칭문의 의미 특성을 가진다. '-은 법이-' 구문은 어떤 상황이 일반적으로 성립하되 예외도 인정함을 나타낸다. 그리하여 아래 (9)에서처럼 예외가 인정되는 추론을 야기한다(강범모 2011, 전영철 2013 등).

(9) 가. 새는 나는 법이다.
　　나. 펭귄은 새이다.
　　다. 따라서 펭귄은 나는 법이다.

(명정희 2023: 457)

(9가), (9나)의 전제를 따르면 (9다)의 결론을 얻어야 한다. 그러나 (9다)는 잘못된 결론이다. 펭귄은 예외적으로 날지 못하기 때문이다. 이처럼 '-은 법이-' 구문은 예외를 인정하는바, 아래 (10)에서처럼 예외를 인정하는 문장이 '-은 법이-' 구문에 후행해도 모순이 발생하지 않는다.

(10) 가. 새는 나는 법이다. 그러나 펭귄은 날지 못한다.
　　나. 고래는 새끼를 낳는 법이다. 그러나 어떤 고래는 새끼를 낳

지 못한다.

다. 토끼는 빨리 달리는 법이다. 그러나 어떤 토끼는 빨리 달리지 못한다.

여러분도 (10가)~(10다)의 문장 중 어색한 문장은 발견하지 못했을 것이다. 이는 우리가 예외가 인정되는 상황에서도 '-은 법이-' 구문을 사용하기 때문이다.

그렇다면 양상 의미 중 위와 같은 문장의 의미는 어떤 의미에 속하는가? [필연성]은 예외를 허용하지 않는 경우에 사용되며, 모든 경우의 세계에서 명제가 참이 됨을 나타낸다. 그리하여 보편 양화사를 사용하여 '(모든 x에 대하여) (x가 새라면, x는 난다)'와 같은 의미구조를 만들 것이다. 하지만 이러한 의미구조는 '-은 법이-' 구문의 의미를 올바르게 포착하지 못한다.

그러면 보편 양화보다 약화된 대개, 거의, 대부분(MOST)과 같은 양화사로 '-은 법이-' 구문의 의미 특성을 표상할 수 있는가?

(11) 대부분의x[고래(x)][새끼를 낳는다(x)]

언뜻 보면 위의 식은 (10나)에 대한 논리 구조로 제시될 수 있어 보인다. 하지만 '대부분'이라는 양화사로 (10나)의 의미를 포착하기는 어렵다. 대부분의 고래가 새끼를 낳지는 않을 것이기 때문이다. 새끼를 낳는 것은 암컷 고래인데, 암컷 고래 전부를 대상으로 삼는다 하더라도 '대부분의 고래'가 나타내는 범위를 차지하지는 않을 것이기 때문이다. 게다가 암컷 고래 중에는 새끼를 낳지 못하는 고래도 존재한다. 따라서 총칭문이라고 하여 주어 명사구의 과반이 총칭성 해석의 절대적 조건이라고 보기는 어렵다(강범모 2018 참고).

이에 일반 양화사 GEN 연산자를 도입하여 총칭문의 의미를 표상하는 것도 최종적인 문제 해결책이 되기는 어렵다. 오히려 우리가 주목해야 하는 것은 아래 (12)에서처럼 총칭성 해석이 맥락에 의존하여 결정된다는 사실이다.

(12) 고래는 새끼를 낳는 법이다.

가. 고래의 DNA 구조 및 신체 구조에 따르면 고래는 새끼를 낳는 법이다.

나. 어미 고래가 키운 새끼들의 성향에 따르면 고래는 새끼를 낳는 법이다.

다. 내가 본 고래에 따르면, 고래는 새끼를 낳는 법이다.

(13) 형제자매들 중 첫째와 셋째의 사이는 좋은 법이다.

가. 한국에 있는 형제자매들 중 우애 관계를 조사한 결과에 따르면 삼형제 중 첫째와 셋째의 사이가 좋은 법이다.

나. 나의 개인적인 경험에 따르면 첫째와 셋째의 사이가 좋은 법이다.

(12), (13)을 통해 알 수 있는 것은 '-은 법이-' 구문에서 표현되는

총칭성이라는 의미가 모든 맥락에서 일괄되게 적용되는 것이 아니라는 것이다. 예를 들어 (12가)는 유전학적으로 총칭성이 결정된 것이고 (12나)는 사회학습적 관점에서 총칭성이 결정된 것이다. 또한 (12다)는 지극히 개인적으로 한정된 경험에 따른 것인데, 그러한 맥락에서도 총칭성의 의미는 도출될 수 있다. 즉 총칭성이 결정되는 가능세계의 범위가 맥락에 따라서 매우 넓어질 수도 있고 매우 좁은 영역으로 특정될 수도 있는 것이다.

이는 총칭성의 의미 해석 역시 어떤 명제를 해석할 때 관여하는 맥락에 따라 정해지는 가능세계를 고려해야 한다는 것을 보여준다. 이때 가능세계는 판단세계에 존재하는 판단자가 선택하는 특정 관점 하에 결정된다. 이러한 점은 대화 배경(conversational background) 함수로 설명할 수 있는 양상 의미와 공통된 점이다. 다시 말하여 '-은 법이-' 구문 역시 관여 맥락에 따라 결정되는 접근 가능한 가능세계에 따라 진릿값이 달라질 수 있는 양상 표현에 해당한다. 이러한 양상 의미론적 특징은 아래 (14)에서처럼 현실세계의 일이 아닌 명제에도 '-은 법이-'가 의미론적 제약이 없이 결합할 수 있는 것에서 다시 한번 확인된다.

(14) 가. 산타는 우는 아이에게는 선물을 안 주는 법이다.
　　나. 외계 생명체들은 지구인들을 이해하지 못하는 법이다.

이처럼 '-은 법이-' 구문을 양상 구문 중 하나로 본다면, '-은 법이–' 구문에서 해석되는 [총칭성] 역시 관여 맥락을 매개 변수로 삼아 진릿값을 내놓는 함수, 양상 연산자로 해석할 수 있다.

2.2. '–은 법이–' 구문의 구조

위에서 살펴본 [총칭성]의 본질적 특성에 대한 논의와 전체 문장의 의미 합성 과정에 대한 논의는 다음 절로 미루고, 여기에서는 먼저 '–은 법이–' 구문을 구성하는 어휘항목 중 '이다'의 의미를 논의하여 '–은 법이–' 구문의 구조가 어떻게 분석되는지부터 살펴보기로 한다.

'–은 법이–' 구문에서 '이–'는 어떤 기능을 하는지 알아보기 위하여 일반적으로 '이–'가 어떤 의미를 지니는지부터 확인해 보자.

(15) 가. 이것이 내가 말한 그 음식이다.

나. 영희가 선생님이다.

(15가)는 동일성(identity)을 나타내는 '이다' 구문이고 (15나)는 서술성(predication)을 나타내는 '이다' 구문이다. (15가)에서 '이것'은 '내가 말한 그 음식'과 동일한 개체를 지시하며 동일성 관계를 맺는다. 이와 구분하여 (15나)에서 '이다'는 '영희'와 '선생님'이 동일한 개체라는 것을 나타내지 않는다. 여기에서 '이다' 앞에 오는 명사인 '선생님'은 첫 번째 명사구인 '영희'의 속성을 표시한다. 이러한 특징을 바탕으로 보통 (15가)와 같은 '이다' 구문의 '이다'는 의미론적으로 공허한 것으로 분석하는 반면, (15나)의 '이다'는 서술성을 지니며 논항 두 개를 요구하는 의미를

지닌 것으로 분석한다.

그렇다면 '새는 나는 법이다'와 같은 문장에 쓰인 '–은 법이–' 구문에 쓰인 '이–'는 어떤 의미를 지닌 '이–'에 속하는가? 만약 동일성 관계를 나타내는 '이다'가 쓰였다면 첫 번째 명사구인 '새'와 두 번째 명사구인 '나는 법'이 동일한 개체를 가리켜야 한다. 하지만 '새'는 일반 명사로 새의 속성을 지닌 개체들의 집합인 반면 '나는 법'은 새의 집합이 아니다. 이에 '–은 법이–' 구문의 '이다'를 동일성을 나타내는 '이다'로 볼 수 없다.

다음으로 '–은 법이–' 구문의 '이다'가 서술성을 나타내는 '이다'인지 살펴보자. (14나)에서 '이다'에 선행하는 명사구인 '선생님'은 선생님의 속성을 지닌 개체를 논항으로 요구하는데 이는 첫 번째 명사구인 '영희'로 채워진다. 이러한 관점은 '이다' 구문에서 '이다'에 의해 의미역이 부여되지 않고 '이다'에 선행하는 명사에 의해 의미역이 부여되는 것으로 보는 것이다. 예를 들어 '나는 그 의견에 반대이다'와 같은 문장을 보면 '반대'에 의해 '나'와 '그 의견에' 같은 명사구가 요구되는 것을 확인할 수 있다(이정훈 2023: 229–232 참고). 이러한 시각에서 '–은 법이–' 구문을 분석하면 '–은 법이–' 구문의 구조를 아래와 같이 분석하는 방법이 하나 있다.

(16) [$_S$ 새는$_2$ [$_{VP}$ [$_{NP}$ [$_S$ 새는$_2$ 나는] 법] 이–]]

'새는 나는 법이다'의 구조를 (16)과 같이 분석하면, 주어 명사구인

‘새는’이 ‘이-’에 의해 의미역을 받는 것이 아니라 ‘이-’에 선행하는 의존명사 ‘법’이 가진 의미역 자질에 의해 실현된 것이라고 볼 수 있다. 즉 의존명사 ‘법’이 두 개의 논항을 가진다고 보고 두 개의 논항 중 하나는 관형절로 실현되며, 또 다른 하나는 계사 ‘이-’에 그 의미역 자질이 전달되어 모문 주어에 실현된다고 보는 것이다. 그런데 이렇게 보면 관형절에 있는 주어 ‘새는’은 필수적으로 삭제되었다고 보아야 하고 그 이유에 대해 설명해야 한다. 또한 의존명사 ‘법’이 실질적 어휘 의미를 지니지 않음에도 적극적으로 의미역 자질을 부여한다는 것이 다소 부담스럽다.

이에 이 글에서는 의존명사 뒤에 결합하는 ‘이다’는 선행 명사에 의해 전달받아 채워져야 하는 의미역 틀을 지니지 않는다고 본다. 의존명사와 결합하는 술어 ‘이다’는 (15나)의 ‘이다’와 마찬가지로 논항 두 개를 요구하긴 하지만 선행 명사((16)에서는 의존명사 ‘법’)에 의해 의미역 틀을 받는 것은 아니다. 따라서 ‘새는 나는 법이다’에서 ‘새는’은 ‘법’의 의미역 자질로 인해 실현되는 것이 아니라 관형절의 서술어인 ‘날다’에 의해 부여되는 논항이라고 분석한다. 이렇게 분석하면 [$_S$ [$_{VP}$ [$_{NP}$ [$_S$ 새는 나는] 법] 이-]]라는 구조가 된다. 하지만 ‘새는’의 위치가 관형절 주어의 위치에 남아 있다고 보기는 여전히 곤란하다.

왜냐하면 아래 (17)에서 보듯이 ‘NP은/는’은 모문 위치에 있을 때 중립적인 해석을 가지고 내포절의 주어 위치에서는 대조 해석을 받는 경향성이 있기 때문이다.

(17) 가. 철수는 똑똑하다. [중립적]

나. 나는 철수는 똑똑하다고 생각한다. [대조]

(18) 새는 나는 법이다. [중립적]

그런데 (18)에서 '새는'은 중립적인 해석을 가지며 대조 해석을 갖지 않는다. 따라서 '-은 법이-' 구문에 실현된 주어 명사구 'NP은/는'은 모문 주어 위치에 실현되었다고 봐야 한다.

이제 '-은 법이-' 구문의 주어가 모문 위치에 분포하는 동기만 설명하면 된다. 이는 '-는'과 '법'이 결합하여 총칭성의 의미를 가진 술어를 형성하면서 긴밀한 통합 관계를 형성한 데에 기인한다. 그리하여 총칭성 구문은 선행하는 전체 명제를 대상으로 화자의 추측 판단을 나타내는 인식 양상과 달리 주어 명사구에게 총칭성의 속성이 있는가를 판단하는 것으로서 사건 양상과 같이 사건 참여자(즉, 총칭문의 주어)의 속성과 관련된 것을 판단하는 양상으로 분석된다. 인식 양상은 일반적으로 그 영향권(scope)이 명제 전체에 해당하는 반면(신서인 2017, 명정희 2019 등), 사건 양상의 영향권은 사건참여자를 제외한 동사구, 형용사구에 해당한다. 즉 '[…]은 법이-'의 구조가 아니라 '[ ] [[…]은 법이]'의 구조를 지니는 것이다.

'-은 법이-' 구문의 주어는 관형절 주어 자리에서 생성되었다가 총칭성의 해석을 받기 위하여 모문 주어의 위치로 이동한 것이다. 지금까지 설명한 '-은 법이-' 구문의 구조를 도식화하여 제시하면 아래와 같다.

(19) 가. 새는 나는 법이다.

나. 통사구조

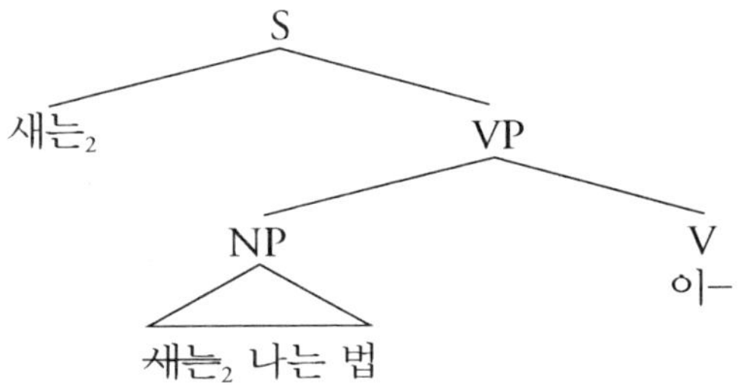

다. 해석: 주어 명사구가 어떤 속성을 가지는 것이 일반적임.

3. 의존명사 구문의 의미 합성

위에서는 의존명사 '법'의 의미와 '이다'의 의미를 분석한 것을 토대로 '–은 법이–' 구문의 구조를 논의하였다. 이 절에서는 '–은 법이–' 구문에서 해석되는 [총칭성]의 의미의 본질적 특성을 주로 논의하고자 한다. [총칭성]의 의미적 본질이 먼저 밝혀져야 '–은 법이–' 구문의 의미가 전체 문장의 의미 합성에 어떻게 기여하는지 논의할 수 있기 때문이다.

2.1절에서 논의한대로 '–은 법이–' 구문이 기술하는 일반적인 상황은 어떤 가능세계에서 판단하느냐에 따라 기준이 달라진다. 즉 관여 맥락 정보에 따라 '–은 법이–' 구문의 선행 명제에 대한 총칭성 판단이 결정되는 것이다.

양상 의미 이론 중 가능세계 의미론에서는 관여 맥락을 반영하여 접근 가능한 가능세계 중 명제가 참이 되는 세계가 하나 이상 존재하는 것을 가능세계에 대한 존재 양화로 설명하고, 모든 접근 가능한 세계에서 명제가 참이 되는 경우를 보편 양화로 설명한다.

그렇다면 상황이 일반적으로 성립한다는 뜻의 [총칭성]은 무엇인가? 위에서 논의한 대로 [총칭성]을 도입하는 GEN이라는 양화 연산자를 새로 도입하더라도 이것이 무슨 의미인지 밝히지 않는 한, [총칭성]의 의미적 본질에 대한 의문은 계속 남는다. 따라서 아래에서는 '-은 법이-' 구문의 의미가 [가능성]으로 설명이 되는가에 대해 논증해 보고, 이어서 [필연성]의 의미로 설명이 되는가에 대해 논증해 보고자 한다. 만약 [가능성]과 [필연성]의 의미 중 어느 연산자로도 설명이 되지 않는다면 [총칭성]이라는 연산자를 도입할 필요가 있지만 두 의미 중 하나로 설명이 된다면 [총칭성]의 의미는 [가능성] 혹은 [필연성]으로 설명될 수 있을 것이다.

그럼 먼저 '-은 법이-' 구문의 양상 의미론적 의미를 [가능성(possiblity)]으로 설명할 수 있는지부터 살펴보자. 아래 (20)의 '-은 법이-' 구문의 의미를 가능세계 개념을 통해 설명하기 위해 도식화화하면 (21)과 같다.

(20) 아이들은 행복한 법이다.

(21)

☻는 아이가 행복한 것을 나타내고 ☹는 행복하지 않은 것을 나타냄.

(20)의 의미를 (21)로 표현했다고 생각해 보라. (21)에는 w1과 w2라는 두 개의 세계가 있는데, w1에서는 행복하지 않은 아기도 있는 것이다. 이런 경우 (20)의 의미는 (21)의 두 가지 가능세계에서 모두 성립하는가? 성립한다. '-은 법이-' 구문은 예외를 인정하므로 모든 아이가 항상 행복한 경우에만 '-은 법이-' 구문을 말할 수 있는 것은 아니기 때문이다. 따라서 모든 세계에서 100% 명제가 참이 되지 않더라도, '-은 법이-' 구문은 (21)의 상황에서 사용될 수 있다. 이를 바탕으로 '-은 법이-' 구문의 의미가 [가능성]이라고 볼 수 있을 듯하다.

그렇다면 전형적인 [가능성]의 양상 표현인 '-을 수 있-' 구문과 비교해보자. 아래 (22)는 '-을 수 있-' 구문인데 이 구문은 (23)과 같은 상황에서 잘 사용된다.

(22) 아이들은 <u>행복할 수도 있다</u>.

(23)

(23)은 예외적으로 한 명의 아이만 행복하지 않은 것이 아니라 대다수의 아이들이 행복하지 않은 경우이다. 이런 경우에도 (22)의 [가능성] 양상 표현은 자연스럽게 쓰인다. 하지만 '아이들은 행복한 법이다'라는 문장이 (23)의 경우를 상정했을 때에도 자연스러운가? 그렇지 않

다. '-은 법이-' 구문은 '-을 수 있-' 구문이 참이라고 하여 항상 참이 되는 것은 아니다. 즉 '아이들은 행복할 수 있다' 그러니 '아이들은 행복한 법이다'가 되는 것은 아니다. 반대로 '아이들은 행복한 법이다' 따라서 '아이들은 행복할 수 있다'라는 함의 관계는 성립한다. 다시 말하여 '-은 법이-' 구문이 나타내는 가능성은 '-을 수 있-' 구문이 나타내는 가능성의 범위보다 매우 제한적이고 좁다. 쉽게 말하여 '-을 수 있-' 구문은 아주 낮은 가능성부터 높은 가능성까지 포괄하는 반면, '-은 법이-' 구문은 아주 높고 강한 가능성만을 나타낼 수 있는 것이다.

이러한 차이는 아래 언어 자료에서도 확인된다.

(24) 가. #그럴 리 없지만 어쩌면 새는 나는 법이다.

나. 그럴 리 없지만 어쩌면 새는 날 수도 있다.

이에 '-은 법이-' 구문의 의미는 강한 가능성(=예외가 인정되는 필연성)임을 알 수 있는데, 이것은 어떻게 포착할 수 있을까? 먼저 [필연성]으로 [총칭성]의 의미를 나타내는 방법을 고려해 보자.

일단 '-은 법이-' 구문은 아래 (25)의 예에서처럼 '언제나', '항상'과 같이 항시성을 나타내는 부사와 잘 어울린다.

(25) 가. <u>항상</u> 인간은 죽는 법이다.

나. <u>언제나</u> 작은 불씨가 온 산을 태우는 법이다.

'–은 법이–' 구문의 의미를 가능세계 모형에 적용하여 설명해 보자. '–은 법이–' 구문을 발화하는 화자는 모든 가능세계에서 명제가 일반적이라는 것을 말하는 것이 아니다. 화자는 자신이 상정하는 특정 맥락에서 해당 명제(p)가 참이 된다는 것을 표현할 때 '–은 법이–' 구문을 사용한다. 가능세계를 반영하여 '–은 법이–' 구문의 의미를 풀어 쓰면 아래와 같다.

(26) 아이들의 행복이 보장되는 **가장 정상적인 세계**를 가정하면, 아이들은 행복한 법이다.

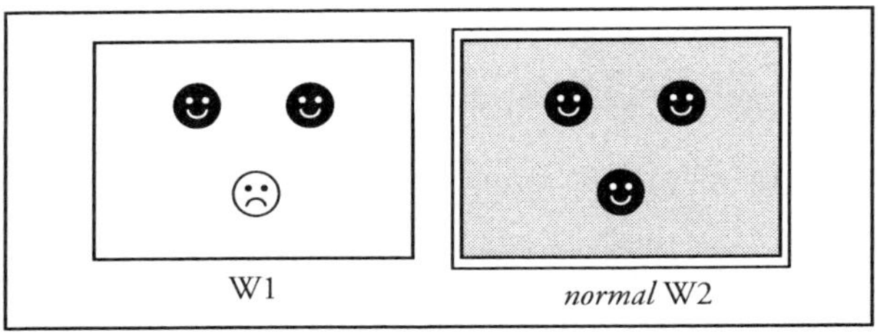

(26)의 예처럼 특정한 관여 맥락을 가정한다면 위의 그림에서처럼 w2로 접근 가능세계가 좁혀지고 그 안에서 아이들이 모두 행복한 것으로 해석된다. 따라서 '–은 법이–' 구문이 나타내는 총칭성은 필연성으로 설명할 수 있되, 명제가 참이 되는 가능세계의 범위를 두 가지 기준으로 제약하게 된다. (26)을 예로 들어서 설명하면 첫째, 아이들의 행복이 보장되는 세계를 가정해야 하고, 둘째, 그 안에서도 정상적(normal)이라고 생각되는 명제들의 집합이 성립하는 가능세계로 한 번

더 좁혀져야 한다. 이렇게 가능세계의 범위를 정상적인 경우로 한정하면 명제가 참이 되는 경우는 보편 양화사로 설명할 수 있다.

결국 '-은 법이-' 구문이 나타내는 총칭성의 의미는 제한된 맥락 범위 안에서의 필연성으로 설명될 수 있다고 본 것인데, 이는 아래 (27), (28)에서 보듯이 반대되는 명제를 이어서 말하면 모순이 되는 것을 통해서도 증명된다. 또한 이는 '-어야 하-' 구문이 보이는 특징과 동질적인 반면 '-을 수 있-' 구문이 보이는 특징과는 반대된다.

(27) 가. #아이들은 행복한 법이다. 그리고 아이들은 행복하지 않은 법이다.
나. #아이들은 행복해야 한다. 그리고 아이들은 행복하지 않아야 한다.
다. 아이들은 행복할 수 있다. 그리고 아이들은 행복하지 않을 수 있다.

(28) 가. #아는 사람을 보면 인사를 하는 법이다. 그리고 아는 사람을 보면 인사를 안 하는 법이다.
나. #아는 사람을 보면 인사를 해야 한다. 그리고 아는 사람을 보면 인사를 안 해야 한다.
다. 아는 사람을 보면 인사를 할 수 있다. 그리고 아는 사람을 보면 인사를 안 할 수도 있다.

지금까지 논의한 사항을 정리하면, '-은 법이-' 구문의 총칭성이라는 의미는 [필연성]의 의미로 설명이 가능하다. [필연성]의 의미를 나타내는 '-어야 하-' 구문과 다른 것은 화자가 명제를 판단할 때 상정하는 가능세계의 종류이다. '-어야 하-' 구문이 발화될 때 화자가 상정하는 가능세계의 종류와 '-은 법이-' 구문이 발화될 때 화자가 상정하는 가능세계의 종류가 다르다 보니 '-어야 하-' 구문의 필연성이 성립하는 맥락과 '-은 법이-' 구문의 필연성이 성립하는 맥락은 다를 수밖에 없다. 가령 아래 예처럼 '-어야 하-' 구문은 개인적이고 개별적인 규칙이 가정되는 맥락에서 사용될 수 있지만 '-은 법이-' 구문은 그렇지 않다.

(29) 맥락(context): 철수는 영희에게 밥을 사겠다고 약속했지만 약속을 지키지 못했다. 영희는 철수게에 화가 나서 아래와 같이 말한다.

가. 영희: **너는** 지키지 못할 약속을 안 해야 한다.

나. 영희: #**너는** 지키지 못할 약속을 안 하는 법이다.

(30) 맥락(context): 영희는 오늘 상견례를 하기로 했지만 남편 부모님에게 일이 생겨 상견례가 취소됐다. 영희는 이 사실을 어머니에게 알렸다. 그러자 영희의 어머니는 일방적으로 상견례를 취소한 것과 이 사실을 자신에게 직접 알리지 않은 것에 매우 화가 났다. 화가 난 엄마는 아래와 같이 말한다.

가. 영희 엄마: 연기해야 할 사정이라면 **그 사람 엄마가** 나한테

직접 전화해서 양해를 구해야 해! 우릴 무시하는 게 아니라면 말이다.

나. 영희 엄마: #연기해야 할 사정이라면 **그 사람 엄마**가 나한테 직접 전화해서 양해를 구하는 법이야!

위의 (29)이나 (30)의 맥락에서 '–어야 하–' 구문은 자연스럽지만 '–은 법이–' 구문은 부자연스럽다. 그 이유는 주어에서 찾아볼 수 있는데, 명제의 내용이 매우 개인적이고 개별적인 규칙에 해당하며 주어가 특정한 개체를 나타내 일반적인 규칙을 이야기하는 것이 아니다. 따라서 이상적인 세계를 대상으로 필연성 판단을 하는 '–어야 하–' 구문은 제약 없이 사용될 수 있다. 그러나 '–은 법이–' 구문은 관여 맥락이 정상적이고 일반적인 세계이므로 위와 같은 맥락에서 사용될 수 없다.

이 장을 정리하기 전 마지막으로 '–은 법이–' 구문과 '–어야 하–' 구문의 통합관계에서 보이는 특이한 사항을 확인해 보자. '–은 법이–' 구문은 위의 (29), (30)에서는 사용되지 못하는 데 반해 아래 (31)에서와 같이 '–어야 하–' 뒤에 결합하게 되면 개인적이고 개별적인 상황이라도 사용될 수 있다.

(31) 가. ((29)의 맥락에서)

영희: 너는 지키지 못할 약속을 안 해야 하는 법이다.

나. ((30)의 맥락에서)

엄마: 연기해야 할 사정이라면 그 사람 엄마가 나한테 직접 전화해서 양해를 구해야 하는 법이야!

위에서 '-어야 하는 법이-' 구문이 자연스러운 이유는 개인적인 상황의 당위성이 일반적인 도덕성이 지켜지는 세계에서도 성립함을 표현하고자 하는 화자의 의도가 반영되었기 때문이라고 볼 수 있다.

예를 들어 (31가)에서 '너가 지키지 못할 약속을 안 하-'는 것이 이상적인 세계에서 항상 지켜져야 하는 명제인 동시에, 일반적 도덕 규칙 및 관습이 성립하는 정상적인 세계에서도 항상 지켜져야 하는 명제에 해당한다는 것을 전달하는 것이다. 이처럼 의존명사 구문은 구문의 통합 관계에 따라 허용되는 맥락의 범위가 달라질 수 있다. 따라서 구문의 의미를 논의할 때에는 구문의 분포 및 통합 관계 양상도 면밀히 관찰해야 한다.

참고 문헌

강범모(2011), 명사구의 의미 해석, 염재일 외, 영어의미론, 종합출판 EnG, 105−139.

강범모(2018), 의미론: 국어, 세계, 마음, 한국문화사.

남길임(2003), '이다' 구문의 한 유형: 양태 구문으로서의 '이다' 구문 연구, 한글 259, 한글학회, 171−198.

다카치 토모나리(2018), '−는 법이다'와 '−기 마련이다'의 양태 정도성, 어학연구 54(1), 서울대학교 언어교육원, 97−121.

다카치 토모나리(2020), 빈도성과 시간적 국소 한정성의 상관관계: 한국어의 문법적 연어를 중심으로, 언어와 정보 사회 39, 언어정보연구소(서강대), 1−30.

명정희(2019), '−을 수 있−'의 양태와 시간 해석, 한국어학 82, 한국어학회, 1−29.

명정희(2020), 맥락을 반영한 양태 도출 과정에 대하여: 양태의 다기능성을 중심으로, 국어학 93, 국어학회, 309−341.

명정희(2021), 한국어 양태 구문의 의미 해석 연구, 서강대학교 박사학위논문.

명정희(2023), 의존명사 '법' 구문의 구조와 의미: '−은 법이−' 구문을 중심으로, 한글 84(2), 한글학회, 441−477.

박승윤(1998), 형식명사 술어 구문의 문법화 현상, 담화와인지 5(2), 담화인지언어학회, 41−56.

시정곤·김건희(2009), 의존명사 구문의 양태적 고찰, 한국어학 44, 한국어학회, 177−212.

신서인(2017), 양태 표현의 다의성과 구조적 중의성, 우리말글 72, 우리말글학회, 1−29.

안주호(2004), '−ㄴ 법이다'류의 양태 표현 연구, 국어학 44, 국어학회, 185−212.

양정석(1996), '이다' 구문의 의미 해석, 동방학지 91, 연세대학교 국학연구원, 99-134.

이금희(2012), 의존명사의 문법화 정도와 양태적인 의미: '-기 마련이다, -는 법이다, -기 십상이다, -기 일쑤이다'를 중심으로, 어문연구 40(3), 한국어문교육연구회, 57-89.

이정훈(2023), 한국어 기술 생성 통사론, 역락.

이주행(2009), 한국어 의존명사 연구, 한국문화사.

전영철(2012), 총칭성과 양화, 한국어 의미학 39. 한국어의미학회, 51-76.

전영철(2013), 한국어 명사구의 의미론: 한정성/특정성, 총칭성, 복수성, 서울대학교 출판문화원.

Chierchia, G.(1995), Individual-level predicates and inherent generics, In G. Carlson and F. Pelletier (Eds.), *The Generic Book*, Chicago: The University of Chicago Press, 176-223.

Diesing, M.(1992), *Indefinites*, Cambridge, MA: MIT Press.

Portner, P., and Rubinstein, A.(2016), Extreme and non-extreme deontic modals, In N. Charlow and M. Chrisman (Eds.), *Deontic Modality*, Oxford: Oxford University Press, 256-282.

Rubinstein, A.(2020), Weak necessity, In D. Gutzmann, L. Matthewson, C. Meier, H. Rullmann, T. E. Zimmerman (Eds.), *The Wiley Blackwell Companion to Semantics*, V.5, Hoboken: Wiley Blackwell, 3153-3196.

Silk, A.(2022), Weak and strong necessity modals: On linguistic means of expressing "A primitive concept OUGHT", In B. Dunaway and D. Plunkett (Eds.), *Meaning, Decision, and Norms: Themes from the Work of Allan Gibbard*, Ann Arbor, Michigan: Maize Books, 203-245.

von Fintel, K., and Iatridou, S.(2008), How to say ought in foreign: The composition of weak necessity modals, In J. Guéron and J. Lecarme (Eds.), *Time and Modality*, Dordrecht: Springer, 115-141.

10장

구문의 통합 관계와 의미

1. 도입

보조용언 구문이나 의존명사 구문은 단독으로 실현될 수도 있지만 아래 예문에서처럼 다른 구문과 통합하여 실현되는 경우도 흔하다.

(1) 가. 영수는 울어 버리고 말았다.
　　나. 영수는 울고 말아 버렸다.
(2) 가. 고양이가 나에게 올 듯 하고 있다.
　　나. 고양이가 나에게 오고 있을 듯하다.

(1가)와 (1나)는 '-어 버리-' 보조용언 구문과 '-고 말-' 보조용언 구문이 통합한 예이다. (1가)와 (1나) 모두 가능한 것을 보아 '-어 버리-'와 '-고 말-' 구문의 통합 순서에는 제약이 없는 듯하다. 그러나 (1가)

로 말할 때와 (1나)로 말할 때에는 의미 차이가 있다. (2)의 예도 마찬가지이다. (2가)와 (2나)는 의존명사 구문 '-을 듯하-'에 진행상을 나타내는 보조용언 구문 '-고 있-'이 통합하였다. (2가)처럼 '-을 듯하-'가 '-고 있-'에 선행하는 경우에는 고양이가 나에게 올 듯, 말 듯 하고 있는 행동이 표현되는 반면에 (2나)처럼 '-을 듯하-' 구문이 뒤로 가면 고양이가 나에게 오고 있는 것을 상상하여 추측하고 있다는 의미가 해석된다.

이처럼 보조용언 구문이나 의존명사 구문은 다른 구문과 통합하여 다양한 의미를 표현하는 데 사용되는데 그 분포에 따라 의미 기능이 달라진다. 그리고 (1), (2)에서는 하나의 구문이 선행할 수도 있고 후행할 수도 있는 모습을 보였지만 모든 구문이 통합할 때 아무런 제약이 없는 것은 아니다. 예를 들어 '-어 가-' 구문과 '-고 있-' 구문은 통합할 때 고정된 어순만을 보인다. '모두들 바보가 되어 가고 있다'라는 예문은 가능한데 '*모두들 바보가 되고 있어 간다'는 불가능하기 때문이다. 따라서 개별 보조용언별로 통합 순서를 밝힐 필요가 있으며, 통합 순서가 있다면 그 어순에 적용되는 원리가 무엇인지도 탐구해야 한다.

이 장에서는 보조용언 구문과 의존명사 구문 중, 시제, 상, 양상의 통합 관계를 보여줄 수 있는 '-을 듯하-' 구문과 다른 구문들의 통합 관계를 주로 논의하고자 한다. '-을 듯하-' 구문은 의존명사 '듯'이 형성하는 구문인데 후행하는 술어 '하-'의 의미가 두 가지로 해석되어 그 의미에 따라 통합할 수 있는 구문의 종류나, 분포할 수 있는 위치가 달라져 흥미롭다.

2. '-을 듯하-' 구문과 다른 구문의 통합 관계

'-을 듯하-' 구문은 추측을 나타내기도 하고 행위주의 행위를 나타내기도 한다. '-을 듯하-' 구문의 다양한 예를 제시하면 아래와 같다.

(3) 가. 비가 내릴 듯하다.

나. 고양이가 나에게 올 듯 한다.

다. 수도꼭지에서 물이 떨어질 듯 말 듯 한다.

(3가)의 '-을 듯하-' 구문은 [가능성]을 표현하며 맥락 의존적 의미로는 '추측'을 드러낸다. 이때 '하-'는 형용사와 같은 성격을 보여 현재 시제가 영형태소에 의해 표시된다. 반면에 (3나), (3다)의 '-을 듯하-' 구문에는 현재 시제 '-ㄴ-'이 결합하여 '하-'가 동사와 같이 행동한다. 또한 (3나), (3다)에서 '-을 듯하-' 구문은 화자의 추측을 나타내지 않고 화자가 관찰한 고양이의 행동, 수도꼭지의 모습을 나타낸다.[1]

이처럼 '-을 듯하-' 구문의 '하-'는 맥락에 따라 형용사 같은 특징을 보이기도 하고 동사 같은 특징을 보이기도 한다. 이러한 특징은 아

1 (3가)의 예문과 관련하여 고재설(1999: 149)에서는 아래의 예를 제시하며 선행 성분 '비가 내릴 듯'이 완전히 동일한 요소인데도 동사적 굴절과 형용사적 굴절을 모두 보인다고 하였다.

가. (먹구름이 낀 것을 보고) 날씨가 비가 내릴 듯하구나.
나. (먹구름이 끼는 것을 보고) 날씨가 비가 내릴 듯하는구나.

이 글에서는 위의 (가)와 (나)의 '하-'가 같은 요소 뒤에 결합하였지만, (가)에 쓰인 '-을 듯하-' 구문과 (나)의 '-을 듯하-' 구문은 서로 다른 맥락에서 다른 의미로 사용된다고 본다.

래 (4)처럼 진행상을 표현하는 '-고 있-' 구문과의 통합 여부에서도 확인할 수 있다.

(4) 가. #비가 내릴 듯하고 있다.

나. 고양이가 나에게 올 듯 하고 있다.

다. 수도꼭지에서 물이 떨어질 듯 말 듯 하고 있다.

(4가)의 '-을 듯하-' 구문 뒤에는 '-고 있-' 구문이 오는 것이 어색하지만 (4나), (4다)에서는 자연스럽다.[2] 즉 (4가)처럼 명제에 대한 화자의 현재 판단을 나타낼 때에는 '-을 듯하-' 뒤에 '-고 있-'이 결합하는 것이 부적격하지만 단순히 주어의 행위를 묘사하고 있는 '-을 듯하-' 뒤에는 '-고 있-'이 결합할 수 있는 것이다.[3]

그렇다면 (3가), (4가)의 추측을 나타내는 '-을 듯하-' 구문과 (3나), (3다), (4나), (4다)의 상황의 변화나 주어의 행위를 나타내는 '-을 듯하-' 구문은 어떤 관계인가? 이러한 질문에 답하기 위해서는 먼저 다양한 맥락에서 쓰이는 '-을 듯하-' 구문의 의미와 구조에 대한 이해

2 (4가)가 자연스럽다는 직관이 있을 수 있다. 그러한 경우는 '비가 내릴 듯하는구나'도 자연스럽다고 할 것인데, 이는 (4가)의 '비'나 판단의 맥락을 제공하는 '날씨' 정도를 의인화하여 해석한 경우이다.

3 추측을 나타내는 의존명사 구문 중 '-을 것이-' 역시 '-고 있-' 결합을 허가하지 않는다. 예를 들어 '*비가 내릴 것이고 있다'는 비문이다. 그러나 추측을 나타내는 인식 술어 뒤에는 '-고 있-'의 결합이 제한되지 않는다. '나는 비가 내릴 것이라고 추측하고 있다'와 같은 예문은 자연스럽기 때문이다. 따라서 추측과 진행상 결합의 제약은 의미 제약이라고 보기 어렵다.

가 필요하다. 이에 여기에서는 '-을 듯하-' 구문을 구성하는 어휘항목과 '-을 듯하-' 구문의 구조를 토대로 '-을 듯하-' 구문의 의미를 해석하여 구조와 의미 해석 사이의 조화를 확인하는 것을 목적으로 한다. 이를 바탕으로 위의 (4)에서 본 '-을 듯하-' 구문과 다른 보조용언 구문의 통합 양상 및 제약 현상을 이해하는 데까지 나아가고자 한다.

3. '-을 듯하-' 구문의 구성 성분과 의미 해석

'-을 듯하-' 구문은 [가능성]의 의미를 지니는 양상 구문이다. 기존 논의에서는 주로 추측을 나타내는 것으로 해석되어 왔다(이기종 2000, 다카치 2017 등). 그런데 아래 (5)~(7)의 예를 보면 '-을 듯하-' 구문의 의미를 단순히 추측의 양상으로만 한정지을 수 없다.

(5) 가. 비행기가 {연착된, 연착되는, 연착될} 듯하다.
　나. 철수가 {착한, 착할} 듯하다.
　다. 날씨가 {더운, 더울} 듯하다.
(6) 가. 철수는 무슨 대단한 {일을 한, 일을 하는, 일을 할} 듯 한다.
　나. ??철수는 {똑똑한 듯, 똑똑할 듯} 한다.
　다. *날씨가 {더운, 더울} 듯 한다.
(7) 가. 영이는 무엇인가 {*말한 듯 말한 듯, *말하는 듯 말하는 듯, 말할 듯 말할 듯} 한다.
　나. 불이 {*꺼진 듯 꺼진 듯, *꺼지는 듯 꺼지는 듯, 꺼질 듯 꺼질 듯} 한다.

다. *날씨가 {더운 듯 더운 듯, 더울 듯 더울 듯} 한다.

(5)~(7)의 '-을 듯하-' 구문은 각각 '추측', '가식', '의지' 및 '예정'으로 해석되는데 각 구문의 통사적 특징도 상이하다.

(5)에서 '-을 듯하-' 구문은 '추측'을 나타낸다. 이때는 (5가)처럼 '-을 듯하-' 앞에 동사가 결합할 수도 있고 (5나)처럼 형용사가 결합할 수도 있다. 또한 (5다)에서 보듯이 주어에 '날씨'와 같은 무정물이 올 수 있다.

반면에 '하다'가 동사의 성질을 보이는 (6)에서는 '추측'이 해석되지 않는다. 기존 논의에서는 (6가)와 같은 예에서 '듯'이 '가식(거짓꾸밈)'을 나타낸다고 하였다(김용석 1982: 7, 안효경 1999: 134, 송복승 2002: 74).[4] 이처럼 '듯'이 '가식'으로 해석될 때에는 (6나)처럼 관형형 어미 앞에 형용사가 결합하면 어색하다.[5] 또한 (5)와 달리 의지를 실현할 수 없는 무정물 주어가 오면 (6다)처럼 비문이 된다.

4 김용석(1982: 7-8)에서는 '그 사람은 자기가 밥을 {먹는, 먹은, 먹을} 듯 한다'의 예를 제시하며 '듯'이 '거짓꾸밈(가식)'의 뜻으로 쓰인다고 하였다. 안효경(1999: 134)에서는 '철수가 부자인 듯 거들먹거렸다'와 같은 예처럼 주어가 유정물일 때는 '듯'이 '가식'의 의미를 나타내고 '세상이 벌집을 쑤셔 놓은 듯이 소란하다'처럼 주어가 무정물일 때는 '듯'이 '비유'의 의미를 나타낸다고 하였다.

5 (6나)처럼 '-을 듯하-'의 '하다'가 동사처럼 활용할 때 형용사가 선행하면 어색하지만 '영이는 여기가 자기 집인 듯 한다.'에서 보듯이 계사 '-이-'가 오는 것은 자연스럽다. 한편 김용석(1982: 13)에서는 '그 사람은 (자기가) 머리가 좋은 듯 한다'라는 문장에서 '듯'을 '거짓꾸밈(가식)'으로 해석하였고 '-은 듯 한다'가 자연스럽다고 보았다. 하지만 필자의 직관에는 '듯하다'에 비해 '듯 한다'의 경우 형용사가 선행하면 상대적으로 매우 어색하다.

한편 (7)은 '-을 듯'의 반복 구문인데 이때에도 '하-'는 동사의 성질을 보인다. 〈표준국어대사전〉에서는 '-을 듯 을 듯 하-' 구성으로 쓰일 때의 '듯'은 '행동하거나 어떤 일이 일어날 것처럼 보임'의 뜻을 나타낸다고 하였다. 즉, (7가), (7나)에서 '-을 듯 을 듯 하-'는 '가식'으로 해석되지 않는다. '-을 듯 을 듯 하-'는 (7가)처럼 주어가 의지가 있는 행위주일 때에는 '의지' 행위로 해석되고 (7나)처럼 주어가 무정물이면 곧 일어날 사건의 '예정'을 나타낸다.[6] 이러한 의미 특성은 (7)의 '-을 듯 하-' 반복 구문의 관형형 어미가 '-을'로 제한되는 것과 유관하다. 한편 '의지'나 '예정'으로 해석되는 '-을 듯' 반복 구문은 (7나)에서 보듯이 무정물 주어와 결합하는 것은 가능하지만 (7다)처럼 형용사가 결합하는 것은 불가능하다.[7]

이처럼 '-을 듯하-' 구문은 '추측'과 '가식' 및 '의지', '예정'으로 해석되는데 '추측'을 나타내는 경우와 '가식', '의지', '예정'을 나타내는 경우

---

6 (7가)에서는 '-을 듯'이 반복되었는데 '-을 듯'이 반복되지 않아도 주어의 '의지'가 해석될 수 있다. '영이가 무엇인가 말할 듯 한다'는 맥락에 따라 '가식'으로도 해석되지만 '영이가 무엇인가 말하려고 하다'의 '-려고 하-' 구문처럼 행위주의 '의지'로도 해석될 수 있다.

7 '-을 듯' 반복 구문은 (7)처럼 같은 술어가 동일하게 반복될 수도 있지만 '영이가 무엇인가 말할 듯 말 듯 한다'처럼 부정 서술어가 후행하여 반복될 수도 있다. 이 경우 행위주의 의지는 동일 술어가 반복될 경우보다 더 약하게 해석된다. 본 논문에서는 '-을 듯 말 듯하-' 구문에 대해서는 자세히 다루지 않는다. 다만 이 구문도 '하-'가 동사적 특징을 보이며 형용사 및 계사 '-이-'와는 결합하지 않고 주로 타동사와 결합한다는 관찰(다카치 2022: 101-102)을 보건대, (6), (7)의 '-을 듯하-' 구문과 같은 부류로 구분될 수 있다는 것만 지적하고자 한다.

는 선행하는 용언의 종류나 '하다'의 성질에서 서로 구분된다.[8] 또한 전자는 '*영이는 착한 듯이 하다'에서 보듯이 '듯' 뒤에 부사 파생 접사 '-이'가 결합하지 못하지만, '가식', '의지'를 나타내는 경우는 '영이는 무슨 대단한 일을 하는 듯이 한다'에서처럼 '듯' 뒤에 '-이'가 결합하기도 한다.[9]

'-을 듯하-' 구문의 다양한 의미는 위에서 살펴본 것처럼 구분되지만 동시에 서로 유관한 의미를 가지고 있다. 아래 (8)은 (5)~(7)에 쓰인 '-을 듯하-' 구문이 포괄적·공통적 차원에서 '가능성(possibility)'을 나타냄을 보여준다. 이때 해석되는 가능성은 양상(modal) 논리의 가능성을 의미한다.

---

8 (7가)의 '-을 듯하-' 구문에서 해석되는 '의지'는 한국어 양상 논의에서 '의지'를 드러내는 '-을 것이-' 구문이나 선어말어미 '-겠-'의 의미와는 차이가 있다. 아래 예에서 보듯이 '-겠-'이나 '-을 것이-'는 판단자와 행위주가 일치하면 '의지'로 해석되지만(가) 판단자와 행위주가 일치하지 않으면 '추측'으로 해석된다(나).

(가) 내가 {가겠다, 갈 것이다} [의지]
(나) 영희가 {가겠다, 갈 것이다} [추측]

하지만 이와 달리 '-을 듯하-' 구문은 '*나는 곧 일을 갈 듯 한다'에서 보듯이 1인칭 주어(판단자=행위주)가 결합하면 비문이 된다. 즉 '영희가 곧 집에 갈 듯 한다'에서 드러나는 '의지'는 위의 (가)에서 드러나는 주관적 '의지'와 달리, 화자가 행위주의 행동을 직접 관찰하고 판단하여 기술한 의지적 행위를 의미한다. 이러한 의미는 '영희는 곧 집에 가려고 한다'에 쓰인 '-려고 하다' 구문에서도 해석된다. 이러한 차이가 있지만 (7가)의 '-을 듯하-' 구문 역시 실제 세계에서 일어난 일을 기술하는 것이 아니라 행위주의 의도가 반영된 미래의 가능세계에서 실현될 수 있는 일을 기술한다는 점에서 양상으로 해석 가능하다.

9 '듯'과 '듯이'의 발달 과정 및 용언 어간 뒤에 바로 결합하는 '듯이'의 문법화와 관련된 논의는 송복승(2002), 최대희(2017)를 참고할 수 있다.

(8) 가. 아마 비행기가 연착될 듯하다.

⇔ 아마 기차가 연착될 가능성이 있다.

나. 철수는 마치 무슨 대단한 일을 할 듯 한다.

⇔ 철수는 마치 무슨 대단한 일을 할 {양, 것처럼} 한다.

⇔ 철수에게 이 일은 대단한 일일 가능성이 있다.

다. 영이는 마치 무엇인가 말할 듯 말할 듯 한다.

⇔ 영이에게 무엇인가 말할 가능성이 있다.

(8가)는 '-을 듯하-' 구문이 추측을 나타내는 부사 '아마'의 수식을 받은 예이다. 이때 '-을 듯하-' 구문은 '비행기가 연착되-'는 사건이 실현될 '가능성'이 있다는 화자의 판단을 나타내므로 '아마 비행기가 연착될 가능성이 있다'로 환언될 수 있다.

(8가)와 달리 (8나), (8다)는 '아마'보다는 '마치'와 같은 부사의 수식을 받는 것이 더 자연스럽다. 이때는 행위 주체인 '영이'에게 사건이 참일 '가능성'이 있는 것으로 해석된다. 이 '가능성'은 (8나)처럼 '대단한 일을 하-'는 것이 '영이'에게는 참일 가능성이 있지만 다른 사람들에게는 그렇지 않은 맥락에서 사용되면 '가식(거짓꾸밈)'으로 해석된다. (8나)의 '-을 듯하-'는 가능성을 나타내는 '-을 양하-' 구문이나 '-을 것처럼 하-' 구문으로 환언될 수 있으며 '영이에게 이 일이 대단한 일일 가능성이 있다'라는 문장으로도 풀이될 수 있다. 한편 (8다)처럼 '무엇인가 말할 가능성'이 행위주 '영이'의 내적 태도에 있는 맥락에서 쓰이면 '의지'로 해석된다.

'-을 듯하-' 구문이 '가능성'을 나타내는 것은 아래 (9)의 함의 관계와 (10)의 모순 관계를 통해서도 확인할 수 있다.

(9) 가. 기차가 연착될 듯했다. ⊮ 기차가 연착됐다.

나. 영이는 대단한 일을 할 듯 했다. ⊮ 영이는 대단한 일을 했다.

다. 영이는 무엇인가 말할 듯 했다. ⊮ 영이는 무엇인가 말했다.

(9가)~(9다)에서처럼 '-을 듯하-' 뒤에 과거 시제가 결합하더라도 사건이 실현되었음이 함의되지는 않는다.[10] 하지만 '-을 듯하-'가 없이 '기차가 연착됐다'와 같이 쓰이면 사건이 과거에 실현되었음이 보장된다.

'-을 듯하-' 구문에 과거 시제가 결합한 것이 사건이 실현되었음을 함의하지 않으므로, 아래 (10가), (10나), (10다)에서처럼 '-을 듯하-' 구문 뒤에 사건을 부정한 문장이 연결되어도 모순되지 않는다. 이는 '-을 듯하-'가 결합하지 않은 (10가'), (10나'), (10다')와 다른 점이다.

(10) 가. 기차가 연착될 듯했지만 연착되지 않았다.

가'. #기차가 연착됐지만 연착되지 않았다.

나. 영이는 대단한 일을 할 듯했지만 대단한 일을 하지 않았다.

나'. #영이는 대단한 일을 했지만 대단한 일을 하지 않았다.

다. 영이는 무엇인가 말할 듯 했지만 말하지 않았다.

다'. #영이는 무엇인가 말했지만 말하지 않았다.

10 '-을 듯하-' 구문에서 '하-' 뒤에 결합하는 과거 시제 어미 '-았-'은 판단자(화자)가 명제를 판단한 시점이 과거임을 나타낸다. '-을 듯하-' 구문에 '-았-'이 선행하더라도 (9)의 함의 관계는 변하지 않는다.

그렇다면 '-을 듯하-' 구문의 포괄적 의미인 [가능성]은 관형형 어미와 의존명사 '듯', '하-' 중 무엇이 담당하는가? 아래 예를 보면 '하-'가 생략된 경우에도 [가능성]의 의미가 포착된다. 따라서 '하-'는 '-을 듯하-' 구문의 [가능성]에 기여하는 어휘항목에서 제외된다.

(11) 가. 2월 자동차, 휴대전화, 가전 등 업황 좋을 듯. (YTN, 2022. 1. 23.)

나. 나는 곧 집에 갈 듯.

다. Ⓐ 영이가 어떻게 했는데?

Ⓑ 나랑 사귈 듯이!

(11가)는 신문 기사 제목인데 '-을 듯' 뒤에 '하다'를 생략하여도 '추측'의 의미를 나타낸다. 최근에는 채팅과 같은 통신 언어뿐만 아니라 대면 구어 상황에서도 '하다'를 생략한 형태로 추측을 표현하는 경향이 높아졌다. (11나)도 '하다' 없이 행위주(나)의 '의지'를 나타낸다. 한편 (11다)는 '한다'가 생략되고 '듯이'로 실현된 예인데 여기에서도 [가능성]의 의미는 도출된다.

이처럼 '하-'가 [가능성]의 의미를 보장하는 것이 아니라면 [가능성]의 의미는 관형형 어미와 '듯'에서 찾을 수 있다. 그런데 '-을 듯하-' 구문에서 관형형 어미는 시제 의미를 부각하여 시제 차이를 드러낸다. 따라서 [가능성]의 의미는 의존명사 '듯'에 의한 것임을 알 수 있다.

(12) 가. {어제, *지금, *내일} 비가 온 듯하다.

나. {*어제, 지금, 내일} 비가 오는 듯하다.

다. {*어제, 지금, 내일} 비가 올 듯하다.

(13) 가. 영이는 마치 {어제, *지금, *내일} 혼자 일을 한 듯 한다.

나. 영이는 마치 {*어제, 지금, 내일} 혼자 일을 하는 듯 한다.

다. 영이는 마치 {*어제, 지금, 내일} 혼자 일을 할 듯 한다.

(12), (13)에서 보듯이 '비가 {온, 오는, 올} 듯하다'의 의미는 관형형 어미로 무엇을 취하든 '추측'이며(시정곤·김건희 2009 참고), '영이는 마치 혼자 일을 {한, 하는, 할} 듯한다'의 의미는 '가식'이다.

행위 주체의 의지나 어떤 상황의 예정을 나타낼 때 관형형 어미가 '-을'로 실현되는 것도 '-을 듯하-' 구문에서 관형형 어미가 시제를 나타냄을 보여준다.[11]

(14) 가. 영이가 무언가 {*말한 듯 말한 듯, *말하는 듯 말하는 듯} 한다.

나. 영이가 무언가 말할 듯 말할 듯 한다.

위에서 '-을 듯 을 듯 하-' 구문은 주체가 곧 실현할 수도 있는 행위를 나타내므로 [+선시성](anteriority)을 담당하는 '-은'과 결합하기 어

11 '-을 듯하-' 구문이 긍정형과 부정형이 결합된 반복 구문을 형성할 때에는 관형형 어미가 '-는'으로 실현되기도 한다. 가령 '그는 공부하는 듯 마는 듯했다'와 같은 문장에서 'X는 듯 마는 듯 한다'는 'X하기도 하고 X하지 않기도 했다'는 것을 나타낸다. 긍정형과 부정형의 '-을 듯' 반복 구문에 대한 논의는 다카치(2022) 논의를 참고할 수 있다.

렵다. 반면에 [+후시성](posteriority)을 나타내는 '–을'은 미래 사건을 표현하므로 '의지'나 '예정' 사건과 결합하는 데 아무런 문제가 없다.

정리하면 '–을 듯하–' 구문에서 관형형 어미 '–은, –는, –을'은 시제 기능을 담당하며 [가능성]의 의미는 '듯'이 보장한다. '듯'은 기존 논의에서 '유사성(similarity)'이라는 공통된 의미를 가진다고 논의되어 왔다(김용석 1982, 송복승 2002, 다카치 2017, 2022 등).[12] 이 '유사성'의 의미는 어떤 상황(X)이 실제 세계에서 참이 되는 상황(X')이나 행위 주체에게 참인 상황(X")과 유사함을 나타내므로 이 글에서 논의하고 있는 [가능성]의 의미와 통한다.

4. '–을 듯하–' 구문의 해석과 두 가지 구조

'–을 듯하–' 구문에서 관형형 어미는 시제로 해석되며 '듯'은 구문이 [가능성]으로 해석되는 데 기여한다. 그렇다면 '하–'는 어떻게 해석해야 하는가? 이 절에서는 '하–'의 기능 및 범주를 확인하고, '–을 듯하–' 구문의 의미 해석과 구조의 관련성을 살펴보고자 한다.

'–을 듯하–'의 '듯하–'는 추측의 보조형용사로 논의되기도 하였다(최현배 1937 등). 〈표준국어대사전〉에도 추측 구문의 '듯하다'가 '앞말이 뜻하는 사건이나 상태 따위를 짐작하거나 추측함을 나타내는 말'

12 이주행(2009: 167–169)에서는 의존명사 '듯'의 의미 변화를 논의하며 중세 한국어의 '듯'이 [유사함]의 의미를 지닌 한자어 '若, 如, 似' 등에 대응된다고 하였다. 또한 다카치 토모나리(2017: 104, 2022: 95)에서도 '듯'의 근원적(원형적) 의미를 [유사함]으로 보고 여기에서 [비유], [가식], [추측]의 의미가 파생되었다고 보았다.

의 보조형용사로 등재되어 있다. 하지만 '듯하다'가 하나의 보조용언이라면 관형절이 용언을 바로 수식하는 구조가 되어 문제가 된다. 관형절은 명사구(NP)를 수식하기 때문이다. 이에 이 글에서는 '-을 듯하-' 구문을 구성하는 어휘항목인 '-을'과 '듯', '하-'가 형태·통사적으로 유의미한 분석 단위가 될 수 있다고 본다.[13]

그렇다면 '추측'을 나타내는 '-을 듯하-' 구문의 '하-'와 '가식', '의지'를 나타내는 구문의 '하-'는 같은 것인가? 아래 예를 보면 '추측'의 '-을 듯하-' 구문에서는 '하-'가 생략이 되어도 '추측'이 잘 도출되는 반면, '가식'이나 '의지'는 그렇지 않다.[14]

(15) 가. 영이가 곧 올 듯. [추측], [*가식], [*의지]

나. 영이가 뭔가 말할 듯. [추측], [*가식], [*의지]

(15가), (15나)에서 '하-'가 생략된 '-을 듯'은 아주 특정한 맥락을 설정하지 않는 한 '추측'으로만 해석된다. 이러한 현상은 '추측'의 '-을 듯

13 또한 기존 논의에서 많이 언급되었듯, '-을 듯하-' 구문의 '듯' 뒤에는 보조사 '-도', '-은/는', '-이야'가 결합할 수 있다는 점도 '듯'과 '하다'가 분리될 수 있다는 점을 보여준다(김용석 1982, 이영제 2016 등).

14 1인칭 주어가 오면 '나는 곧 갈 듯'이라는 예문에서처럼 '-을 듯'만으로 화자 자신의 약한 '의지'를 표현할 수 있다. 1인칭의 경우 '-을 듯'만으로 '의지'가 해석될 수 있는 이유는 화자가 자기 자신의 미래 행위에 대해서 '추측'하는 것이 가능하기 때문이다. 즉 화자가 자신이 할 수 있는 미래 행위 중 하나를 추측하는 상황에서 '의지'와 같은 의미가 도출된 것이다. '나는 곧 갈 듯'이라는 예문도 '*나는 곧 갈 듯 한다'에서 보듯이 행위성을 지닌 '하다' 동사를 복원할 수는 없다.

하–'에서 '하–'는 문장 전체의 의미 해석에 크게 기여하는 바가 없는 용언인 데 비해 '가식', '의지'를 나타내는 '–을 듯하–'의 '하–'는 의미 해석에 기여하는 어휘 용언(lexical verb)임을 보여준다.[15] 이에 이 글에서는 [추측]의 '–을 듯하–' 구문의 '하–'는 논항을 실현하지 않으며 의미가 결여된 지지 동사(support verb)로 분석하고 [가식], [의지]를 나타내는 구문의 '하–'는 행위주 주어와 목적어를 요구하는 중동사(heavy verb)로 분석한다.[16]

'–을 듯하–' 구문의 '하–'가 지지 동사로 해석되면 '–을 듯하–' 구문에 실현된 논항은 '–을 듯하–'에 선행하는 용언의 논항으로 분석될 것이다. 지지 동사 '하–'는 의미적으로 아무런 기여를 하지 않으며 오직 어미의 의존성만이 그 존재 기반이 되기 때문이다(이정훈 2016: 165). 이에 비해 중동사 '하–'는 2항 술어로서 논항을 실현한다.

아래 (16), (17)에서 존칭 어미 '–으시–' 일치를 통해 '–을 듯하–' 구문에 실현된 주어의 분포를 확인할 수 있다.

---

15 '하–'에 대한 포괄적 접근은 정연주(2015)와 이 논의에서 소개된 논의들을 참고할 수 있다. 정연주(2015)에서는 '하다'의 자리채우미 기능에 대해 논의하며 의미적 서술성이 구문 속 다른 요소를 통해 실현된 경우에 '듯하다'를 포함시켰다.

16 박소영(2011)은 '하–'를 중동사, 경동사, 허사의 세 가지로 분류하였는데, 이 중 허사 '하–'가 '하–'지지 규칙의 '하–'에 해당한다. 중동사로서의 '하–'는 행위주 주어와 목적어를 그 논항구조로 가지며 일반적인 어휘동사와 같다. 한편 '하–' 지지 규칙에 대한 자세한 논의는 이정훈(2016)을 참고할 수 있다. 이정훈(2016: 165)에서는 'V–기' 반복 구문, 내포 접속문, 장형 부정문, '–려고 하–', '–도록 하–' 구문에 '하–' 지지 규칙이 관여한다고 설명하였다. 'support verb'는 '지지동사' 외에 '기능동사'로 번역되기도 한다(채희락 1996, 목정수 2003 등).

(16) 가. 선생님께서 곧 오실 듯했다.

나. *선생님께서 곧 올 듯하셨다.

(17) 가. ?선생님께서 곧 오실 듯 했다.

나. 선생님께서 곧 올 듯 하셨다.

다. ?선생님께서 무언가 발표하실 듯 했다.

라. 선생님께서 무언가 발표할 듯 하셨다.

(16)은 '추측'의 '-을 듯하-' 구문인데, 존칭 주어는 선행 용언 '오-'에 결합한 '-시-'와 호응하며 '-을 듯하-' 뒤에 결합한 '-시-'와 호응하지는 않는다. 한편 '가식'이나 '의지'로 해석되는 '-을 듯하-' 구문은 (17나), (17라)에서 보듯이 '-시-'가 '하-' 뒤에 결합해도 비문이 되지 않는다. 오히려 (17가), (17다)처럼 '-시-'가 선행 용언에만 결합하면 어색하다. 정리하면, '추측'으로 해석되는 '-을 듯하-' 구문에 실현된 주어는 '-을 듯하-' 앞에 결합한 용언 '오-'의 주어 자리에 분포하고, '가식', '의지'로 해석되는 구문의 주어는 모문에 위치한다.

더불어 'NP은/는'이 결합한 '-을 듯하-' 구문의 해석을 보면 [추측]의 '-을 듯하-' 구문에서는 'NP은/는'이 내포절에 분포하고 그 외의 '-을 듯하-' 구문에서는 'NP은/는'이 모문에 분포하는 것을 알 수 있다. 모문에 분포하는 'NP은/는'은 주제로 해석될 수 있지만 내포절에 분포하는 'NP은/는'은 주제로 해석되지 않고 대조로만 해석되기 때문이다(이정민 1992, 전영철 2006, 이정훈 2020 등).

(18) 가. [[[[대조/*주제 영이는] 똑똑할] 듯]하다]

나. [[대조/주제 영이는] [열심히 일할 듯] 한다]

다. [[대조/주제 영이는] [무언가 말할 듯 말할 듯] 한다]

(17)~(18)에서 살펴본 내용을 바탕으로 '추측'의 '-을 듯하-' 구문의 구조와 [가식] 및 [의식]로 해석되는 '-을 듯하-' 구문의 구조를 그리면 아래와 같다.

(19) 비가 올 듯하다. [추측]

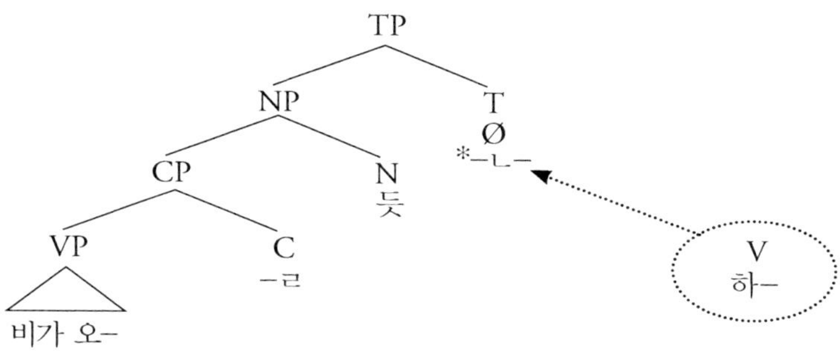

(20) 영이가 무언가 말할 듯 한다. [의지]

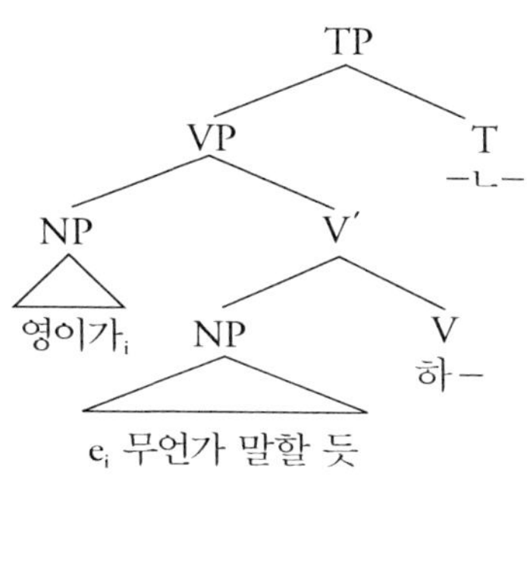

(19)의 통사구조는 [추측] 구문을 나타내고 (20)의 통사구조는 [의지] 구문을 나타낸다. (19), (20)의 구조적 차이는 양태 해석의 차이와도 연결된다. [추측]은 화자의 인식 맥락을 바탕으로 해석되는 인식 양상에 해당하며 [의지]는 행위주의 행위와 관련된 양상에 해당한다. 이는 결국 의미의 차이가 통사구조의 차이와 대응하는 것을 보여준다.

(19)에서 '비가 오-'는 사건에 대한 '추측'은 의존명사 '듯'에 의해 드러난다. '추측'의 대상이 되는 '비가 오-'는 사건은 VP로 실현되는데 추측의 [가능성]을 나타내는 '듯'은 명사(N)이므로 VP와 바로 결합할 수 없다. 이에 '듯'은 항상 관형형 어미를 선행한다. 또한 '-을 듯' 명사구만으로는 어미의 의존성이 해소되지 못한다. 이에 '하-' 지지 규칙이 동원되면 '하-Ø'가 형성되고 최종적으로는 '-다'에 의해 '-을 듯하-Ø-다'가 형성된다. 이때 '하-'의 통사 범주는 동사(V)인데, 주지하다시피 지지 동사 '하-'는 아래 (21)에서처럼 형용사의 성격도 보이고, 동사의 성격도 보인다.

(21) 가. 영이가 착하기는 하다.

나. 영이가 밥을 먹기는 한다.

(21)에서 '하-' 뒤의 어미 실현과 관련하여 중요한 것은 '-기는'에 선행하는 동사구의 성격이다. (21가)에서 V '착하-'는 형용사이므로 현재시제 T 'Ø'와 어울리는 것이고 (21나)에서 V '먹-'은 동사이므로 T '-ㄴ-'과 어울리게 된다.

그렇다면 '–을 듯하–' 구문에서 '하–'의 형용사적 성격은 무엇이 결정하는가? 아래 (22)에서 보듯 '–을 듯하–' 구문은 V가 형용사이든 동사이든 항상 '하–Ø–'로 실현되므로 '–을 듯' 앞의 V가 '하–'의 성격을 결정한다고 보기 어렵다.

(22) 가. 영이가 착한 듯하다.

나. 비가 오는 듯하다.

'–을 듯하–' 구문에서 '하–'가 형용사적 성격을 보이는 것은 선행하는 명사 '듯'이 [+상태성]인 것과 연관이 있다. '듯'은 '–을 듯하–' 구문에서 '추측'의 의미를 보장하는 어휘항목이며 포괄적인 의미로서 [가능성]을 지닌다. [가능성]은 어떤 대상(사건)의 속성으로 심리성을 지니는 상태 명사에 포함된다.[17]

또한 '듯'이 부사 파생 접사 '–이'와 결합할 수 있다는 점에서도 [+상태성]의 특성을 가진다는 것이 확인된다. '–이'가 결합하는 통사 범주는 [+상태성]을 지니며 [–상태성]의 자질에 대해서는 결합이 제약되기

---

17 최경봉(2001)에서는 어휘의 의미를 분류하면서 상태명사는 존재 양태를 표시한다고 하였다. 이러한 상태명사는 관찰과 심리 체험에 의해 규정되는 부류와 시공간적 위치나 제도적 구분에 의해 규정되는 부류로 나누어진다. 가령 '추위'나 '노랑' 등의 어휘는 현상에 대한 감각적 인식을 나타내는 '춥다'나 '노랗다'와 의미적 관련성이 있다는 점에서 '현상'으로 분류된다. 또한 '사랑'이나 '슬픔'은 심리적 실재로서 추상적인 '마음의 상태'를 나타내는 명사에 속한다. 이 글에서 다루는 '듯'은 화자가 어떤 사건에 대한 가능성을 인식했음을 나타내는 '가능하다'와 의미적 관련성이 있다는 점에서 '현상성–사태'로 분류될 수 있다.

때문이다(박동근 1998: 130).[18] 또한 '–이'는 아래 (23)처럼 주로 심적 상태를 의미하는 형용사에 결합하여 부사를 파생한다는 특징이 있다.

(23) 괴롭다 - 괴로이, 즐겁다 - 즐거이, 슬프다 - 슬피,
가엾다 - 가엾이, 애달프다 - 애달피 …

(박동근 1998: 132의 (6) 참고)

이처럼 '듯'이 [+상태성]의 특징을 가진다고 보면 '하–'가 왜 항상 형용사처럼 어미 '–Ø–'와 어울리는지가 해명된다.

한편 행위와 관련된 [의지] 및 [가식]을 나타내는 '–을 듯하–' 구문에서는 '하–'가 [+행위성]을 가진 중동사로 해석된다. 이때의 '하–'는 [추측]의 '–을 듯하–' 구문의 '하–'와 달리 명령문이나 청유문으로도 실현된다.

18 '–이'는 형용사뿐만 아니라 명사나 부사와 결합하여 부사를 파생하기도 한다. 명사와 결합하는 경우는 주로 반복형식을 취한다는 특징이 있다. 가령 '겹겹이, 곳곳이, 낱낱이, 점점이, 집집이, 일일이'와 같은 예가 해당한다. 이때 '–이'의 의미는 대개 '~마다'의 뜻을 갖는데 '곳곳'처럼 '–이'의 생략이 가능한 경우도 많아 명사 반복형식에서 '~마다'의 의미가 도출된다고 볼 수 있다(박동근 1998: 135). 따라서 이 글에서 다루고 있는 '–을 듯하–' 구문의 '듯'이 명사에 속하더라도 반복형식을 취하고 있지는 않고 '듯이'에서 '~마다'의 의미가 도출되는 것도 아니므로, '듯'은 오히려 '–이' 앞에 결합하는 [+상태성] 자질의 형용사와 같은 의미 특성을 지니고 있다고 보아야 할 것이다.

(24) 가. *비가 {올 듯해라, 올 듯하자}

나. (연기자에게 연기를 지도하며) 이 장면에서는 넘어질 듯 해 봐.

다. 우리 사장님한테 가서 다 같이 회사를 그만둘 듯 하자.

(24나), (24다)의 주어는 모문에 위치하므로 (20)에서 보듯 내포절의 주어와 동지표 관계를 맺는 것으로 표시할 수 있다.

5. '-을 듯하-' 구문과 '-고 있-', '-어 있-'의 통합

'-을 듯하-' 구문은 상을 나타내는 보조용언 구문들과 어울려 나타날 수 있다. 이때 '-을 듯하-' 구문은 위에서 살펴본 의미에 따라 다른 보조용언 구문과 통합하는 양상이 달라진다. 이러한 양상은 지금까지의 논의를 바탕으로 설명할 수 있다.

먼저 진행상을 나타내는 '-고 있-'과 '-을 듯하-' 구문의 통합 양상을 살펴보면 아래 (25)와 같다.

(25)가. 영이가 밥을 {먹고 있을 듯하다, 먹고 있을 듯 한다}

나. 영이가 밥을 먹을 듯 하고 있다.

'-을 듯하-' 구문은 (25가)처럼 '-고 있-' 구문 뒤에 올 수도 있고 (25나)처럼 앞에 올 수도 있다. (25가)의 '-고 있을 듯하-'는 진행하는 상황에 대한 [추측]도 허용하고 앞으로 진행 가능한 사건에 대한 화자의 [가식]이나 [의지]를 허용하기도 한다.[19] 그러나 (25나)에서 '-을 듯하-'는 [추측]은 허용하지 않고 행위주가 현재 진행 중인 사건에서 확인되는 행위주의 [의지] [가식]만 허용한다. 만약 (25나)에서 '-을 듯하-' 구문이 [추측]으로 해석된다면 한국어의 추측 구문인 '-을 것이-' 등과 대체될 수 있어야 할 것이다. 하지만 이는 '*영이가 밥을 {먹을 것이고 있다, 먹을 것 같고 있다}'처럼 불가능하다.

아래 '-을 듯하고 있-' 통합 구문에서도 '-을 듯하-'는 화자의 [추측]으로 해석되지 않는다. 이때 '-을 듯하-' 구문은 행위주(수애, 홍순상)의 행위와 유사하다고 판단된 사건으로 해석된다.

(26) 가. 배우 수애가 15일 오전 서울 롯데시네마 건대입구에서 열린 영화 '심야의 fm' 제작보고회에 참석해 짧은치마가 신경 쓰이는 듯 하고 있다. (스타뉴스 2010. 9. 15.)

나. 홍순상이 4번 홀에서 퍼트를 한 뒤 눈으로 기를 불어 넣는 듯 하고 있다. (마니아타임즈 2013. 8. 16.)

(25), (26)에서 보듯 '-고 있-' 앞에 결합하는 '-을 듯하-'가 [추측]을 허용하지 않는 것은 '-고 있-'이 [+상태성]의 용언 뒤에는 결합하지

19 (25가)를 실제로 발화하는 경우 '-고 있을 듯 한다'로 쓰이기보다는 '-고 있을 듯하다'가 더 자연스러운 경향이 있다. 그러나 (25가)가 '-을 듯 한다'로 실현되는 것이 불가능한 것은 아니다. 가령 영이가 식당에서 친구들을 기다리고 있다고 해 보자. 친구들에게 전화해서 빨리 오라고 하며, 늦게 오면 밥이 남아 있지 않을 것이라고 말하는 상황이면 '영이가 친구들이 오기 전에 혼자 밥을 먹고 있을 듯 한다'라고 말할 수 있다.

않기 때문이다. '*귀엽고 있다'에서 보듯이 형용사 뒤에 '-고 있-'이 결합하지 않는 것처럼 [+상태성]의 성질을 지니는 '-을 듯하-' 뒤에 '-고 있-'이 결합하지 않는 것이다. 또한 보편적인 양태와 상의 계층구조 관계를 고려했을 때에도 상을 나타내는 '-고 있-' 아래에 인식 양상을 나타내는 '-을 듯하-'가 오는 것은 어렵다.[20] 따라서 '-을 듯하-+-고 있-'이 통합하면 아래 (27)의 구조만 지닌다.

(27) 영이가 밥을 먹을 듯 하고 있다.

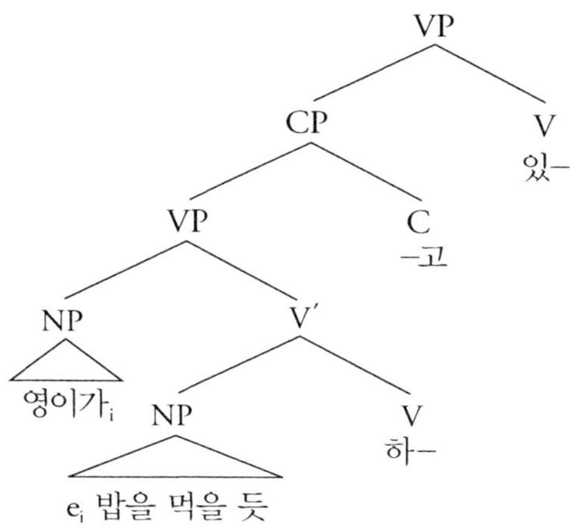

다음으로 '-을 듯하-' 구문과 '-어 있-' 구문의 통합 양상을 살펴보면 아래에서 보듯이 '-을 듯하-'가 후행하는 구조만 가능하다.

20 Cinque(1999)는 양태와 여타 다른 의미 범주가 '인식양상(epistemic modality) 〉 시제(tense) 〉 상(aspect) 〉 사건양상(root modality)'와 같은 상대적 계층구조 관계를 보여준다고 하였다.

(28) 가. 영이가 학교에 {가 있을 듯하다, 가 있을 듯 한다}

나. *영이가 학교에 갈 듯 해 있다.

(28가)처럼 '-을 듯하-' 구문이 '-어 있-' 구문 뒤에 결합하면 '-고 있-'과의 통합 양상과 마찬가지로 [추측]과 [가식] 및 [의지]가 모두 해석될 수 있다. 하지만 '-을 듯하-'는 '-어 있-' 앞에 결합할 수 없다.

'-어 있-'은 종결된 사건의 상황을 나타내므로 '-어 있-' 앞에 결합한 '-을 듯하-' 구문은 추측이 아니라 행위를 나타내야 할 것이다.[21] 그렇다면 '-어 있-' 앞에 결합할 수 있는 '-을 듯하-'는 [의지]나 [가식]으로 해석될 텐데 [의지]나 [가식]은 아직 실현되지 않은 가능성의 행위를 나타낸다. 따라서 (28나)에서 '영이가 학교에 갈 듯하-'는 것은 그 결과가 있을 수 없다. 즉, 미실현된 행위를 표현하는 '-을 듯하-' 구문 뒤에 결과 상태를 나타내는 '-어 있-' 구문이 올 수 없는 것이다.

위에서 살펴보았듯이, '-을 듯하-' 구문이 상을 나타내는 보조용언 구문에 후행하면 [추측], [가식], [의지]를 모두 나타낼 수 있다. 그러나 '-을 듯하-' 구문이 '-고 있-', '-어 있-' 보조용언 구문에 선행하면 추측은 허용되지 않고 행위와 관련된 해석만 도출된다. 이때 '-을 듯하-'가 나타내는 행위는 가능성을 지닌 행위이기에 진행을 나타내

21 '-어 있-'이 추측의 '-을 듯하-' 뒤에 결합하지 못하는 것은 '-어 있-'이 형용사 구문과 결합하지 못하는 아래 예문을 통해서도 확인된다.

가. *순희가 예뻐 있다.
나. *친구가 좋아 있다. (정태구 1994: 212, 한동완 2000: 260)

는 '-고 있-'과는 어울리지만 결과 상태를 나타내는 '-어 있-'과는 어울리지 않는다.

참고 문헌

고재설(1999), 동사 '하-'와 형용사 '하-', 국어학 33, 국어학회, 145-175.

김건희(2006), 형용사의 부사적 쓰임에 대하여 -'-이'와 '-게' 결합형을 중심으로-, 형태론 8(2), 형태론, 313-337.

김용석(1982), '듯'의 의미와 통사, 배달말 7, 배달말학회, 11-31.

다카치 토모나리(2017), '관형사형 어미+성싶/듯싶/듯하-'의 기능 차이, 언어와 정보 사회 30, 서강대학교 언어정보연구소, 99-130.

다카치 토모나리(2022), 의존명사 '둥'/'듯' 반복 구성체의 공통점과 차이점, 어학연구 58(1), 서울대학교 언어교육원, 91-118.

명정희(2022), '-을 듯하-' 구문의 구조와 의미 해석, 한국어 의미학 77, 한국어의미학회, 131-152.

목정수(2003), 한국어 문법론: 비교론적 관점에서 본 조사와 어미의 형태 통사론, 월인.

박동근(1998), 어찌씨 파생의 뒷가지 '-이' 연구, 한말연구 4, 한말연구학회, 127-146.

박소영(2011), 한국어 장형 부정문의 격 교체와 '하다'의 유형론, 한국어학 52, 한국어학회, 83-119.

서정수(1975), 동사 '하-'의 문법, 형설출판사.

송복승(2002), '듯'과 '듯이'의 발달에 대하여, 배달말 30, 배달말학회, 69-89.

시정곤 · 김건희(2009), 의존명사 구문의 양태적 고찰, 한국어학 44, 한국어학회, 177-212.

안효경(1999), 현대국어 의존명사 연구, 가톨릭대학교 박사학위논문.

안효경(2001), 현대국어의 의존명사 연구, 역락.

이기종(2000), {듯하다}, {듯싶다}, {성싶다}의 의미 차이, 한국언어문학 44, 한국언어문학회, 647-676.

이영제(2016), 한국어 기능명사 연구, 태학사.

이정민(1992), (비)한정성/(불)특정성 대 화제(Topic)/초점, 국어학 22, 국어학회, 397-424.

이정훈(2016), 한국어의 '하-' 지지 규칙, 한국어학 73, 한국어학회, 159-191.

이정훈(2020), '-을 수 있-' 구문의 어휘항목과 통사구조 그리고 의미, 국어학 95, 국어학회, 65-113.

이주행(2009), 한국어 의존명사 연구, 한국문화사.

전영철(2006), 대조 화제와 대조 초점의 표지 '는', 한글 274, 한글학회, 171-200.

정연주(2015), '하다'의 기능에 대한 구문 기반 연구, 고려대학교 박사학위 논문.

정태구(1994), '-어 있다'의 의미와 논항구조, 국어학 24, 국어학회, 203-230.

채희락(1996), '하-'의 특성과 경술어 구문, 어학연구 32(3), 서울대학교 언어교육원, 409-476.

최경봉(2001), 지식기반 구축을 위한 어휘의 의미 분류: 명사의 분류를 중심으로, 담화와 인지 8(2), 담화·인지언어학회, 275-303.

최대희(2017), 의존명사 '듯'의 변천과 어미화 과정, 영주어문 35, 영주어문학회, 153-175.

최현배(1937/1965), 우리말본, 정음사.

한동완(2000), '-어 있-' 구성의 결합제약에 대하여, 형태론 2(2), 형태론, 257-288.

Brennan, V.(1993), Root and Epistemic Modal Auxiliary Verbs in English, PhD Dissertation, University of Massachusetts at Amherst.

Cinque, G.(1999), *Adverbs and Functional Heads: A Cross-Linguistic Perspective*, New York: Oxford University Press.

찾아보기

ㄱ

ㄴ

ㅇ

ㅈ

ㅊ